U0543612

卓越教师 教学主张丛书

厦门市卓越教师培育项目成果
西南大学教育学"双一流"学科建设实践成果
总主编 陈珍 朱德全

2023年度福建省基础教育课程教学研究课题
"新课标视域下备、教、学、评一体化区域教研模式实践研究"成果
（课题编号：JYKT2023-004）

以真立教
——"真数学"教学主张的实践与探索

苏巧真 著

西南大学出版社
SWUP 国家一级出版社 全国百佳图书出版单位

· 重庆 ·

图书在版编目(CIP)数据

以真立教:"真数学"教学主张的实践与探索 / 苏巧真著. -- 重庆 : 西南大学出版社, 2024.8. -- (卓越教师教学主张丛书). -- ISBN 978-7-5697-2651-0
Ⅰ. G633.602
中国国家版本馆CIP数据核字第2024NM1590号

以真立教——"真数学"教学主张的实践与探索
YI ZHEN LI JIAO——"ZHENSHUXUE" JIAOXUE ZHUZHANG DE SHIJIAN YU TANSUO
苏巧真　著

责任编辑:杜珍辉
责任校对:秦　俭
封面设计:闽江文化
版式设计:散点设计
排　　版:张　艳
出版发行:西南大学出版社(原西南师范大学出版社)
　　　　　地址:重庆市北碚区天生路2号
　　　　　邮编:400715
　　　　　市场营销部电话:023-68868624
印　　刷:重庆亘鑫印务有限公司
成品尺寸:170 mm × 240 mm
印　　张:18.25
字　　数:330千字
版　　次:2024年8月　第1版
印　　次:2024年8月　第1次印刷
书　　号:ISBN 978-7-5697-2651-0
定　　价:49.00元

编委会

总主编
陈　珍　朱德全

副总主编
洪　军　刘伟玲　庄小荣　潘世锋　罗生全　周文全

执行主编
范涌峰　魏登尖

编委（以姓氏笔画为序）
王天平　王正青　牛卫红　艾　兴　叶小波　朱德全
庄小荣　刘伟玲　陈　珍　陈　婷　范涌峰　罗生全
周文全　郑　鑫　赵　斌　侯玉娜　洪　军　唐华玲
　　　　　　　　　　　韩仁友　潘世锋　魏登尖

总序

习近平总书记在2024年全国教育大会上指出,要实施教育家精神铸魂强师行动,加强师德师风建设,提高教师培养培训质量,培养造就新时代高水平教师队伍。《中共中央 国务院关于弘扬教育家精神加强新时代高素质专业化教师队伍建设的意见》指出,要加强中小学学科领军教师培训,培育一批引领基础教育学科教学改革的骨干。强化中小学名师名校长培养。

厦门市历来重视名师队伍的培育培养工作,根据教师专业成长规律,经二十年探索,逐步形成了"骨干教师—学科带头人—专家型教师—卓越教师"的金字塔式名师阶梯成长体系。自2021年起,厦门市教育局与西南大学开展战略合作,共同推进厦门教育高质量发展和教师队伍建设。"厦门市首期卓越教师培育项目"是由厦门市教育局与西南大学教育学部联合倾力打造的精品培训项目,也是厦门市迄今为止最高层次的教师培训项目。该项目旨在打造一支具有教育情怀、高尚师德,富有创新精神,具有鲜明教育教学思想和教学主张,在教育教学和教育科研上发挥领军作用的高层次教育人才队伍。项目以产出导向为理念,坚持任务驱动,通过个人自学、高端访学、课题研究、讲学辐射、挂钩帮扶、发表论文、出版专著、提炼教育思想、推广教学主张等方式优化培育过程。

三年琢磨,美玉渐成。通过三年的探索,围绕成为"有实践的思想者"这一核心目标,每一位卓越教师培育对象形成了特色鲜明、理念前沿的教学主张,并以教学主张为中心形成了一本专著,从而汇集成目前呈现在大家面前的"卓越教师教学主张丛书"。本丛书,既是"厦门市首期卓越教师培育项目"三年实施成果的沉淀,是每一位卓越教师培育对象思想的结晶,也是西南大学教育学"双一流"学科建设的实践成果。

仔细阅读本丛书,可以欣喜地看到,卓越教师培育对象们不仅能敏锐地捕捉到教育教学领域的难点、热点问题,揭示其中的本质规律,还能结合本地教学实际智慧地提出解决方案。总体来说,本丛书有以下三个方面的特点。

一是有较浓厚的学术气息。29位培育对象中有获得国家、省级基础教育教学成果奖的教师,有正高级教师,有省特级教师,但他们还在不断突破,追寻对教育教学本质的理解,追寻从实践到思想的蝶变,追寻高水平的专业表达。他们从实践中提炼出主张,再用主张引领实践,他们在书稿中融入了理论的阐释,学会了建构模型,并借助模型简洁地表述自己的教育教学思想,读起来不生涩也不单调。

二是有较强的系列探索味道。《义务教育课程方案(2022年版)》提出,应做好学段间的教育教学衔接。29位培育对象中,既有教育科研专职人员和学校的管理者,也有班主任、一线教师等,研究成果覆盖了小学、初中和高中的大部分学科,最终形成了29本培育对象教学主张的专著和1本全景式呈现卓越教师培育的经验和初步成效的论著。因此,本丛书既有基于教育者几十年教学实践的思想提炼,又有深入课堂的案例剖析,可以"用眼睛来读",作为教师专业发展的自读文选;也可以"用行动去做",作为教学范例直接进入课堂实践,在行动研究中孵化、创生;也适合专门研究者或管理人员参阅,从中窥探从小学到高中的教育教学重点与发展脉络。

三是有鲜明的课程育人特色。本丛书的撰写以学科课程为载体,以学科课程核心素养为目标,积极探索新时代背景下的育人方式变革,寻求育人最佳路径,以德施教,立德树人。因此,单看每本专著,已能感受到其中鲜明的课程育人特色,综合丛书来看,这一特色更加明显。

期盼厦门市首批卓越教师培育对象大力弘扬践行教育家精神,追求卓越的步伐永不停留,不断完善、应用和推广自己的教学主张和教学成果,为厦门教育做出更多更大的贡献。也期盼本丛书能为广大中小学教师深化教学改革提供参考,为教育学"双一流"学科服务教育实践提供借鉴。

是为序。

陈 珍
(中共厦门市委教育工委书记、厦门市教育局局长)
朱德全
(西南大学教育学部部长、西南大学教育学一流学科建设"首席责任专家"、国家重大人才工程特聘教授、国务院学位委员会学科评议组成员)

序言

教育是国之大计、党之大计，承载着为党育人、为国育才的光荣使命。回归教育本真，还原教育本色，追求教育真谛，培养德智体美劳全面发展的社会主义建设者和接班人，是教育人的初心使命和永恒主题。基础教育课程改革以来，教师的教学观念、教学方式发生了较大的变化，从灌输式走向对话式，从关注教走向关注学，特别是近几年特别强调学习中心，课堂上出现了一些"被学习""假学习""不真""不实"的现象。教、学、评如何才能达到一致？教是为了学，学是需要教的，教是手段，学是目的。教在学的需要时，教师如何真教、真评，学生如何真知、真学，这些都成为当下基础教育课程教学面临的一个紧迫问题。

"千教万教，教人求真；千学万学，学做真人"是陶行知先生的教育思想。作为一名校长，苏老师秉持陶行知先生的教育思想，在学校中践行"真教育"的办学主张；作为一名数学教师，苏老师坚持一线课堂教学，坚守儿童立场，尊重学生差异，将学生的差异看作自己教学中一笔宝贵的资源，以真立教；作为厦门的一名卓越教师培养对象，苏老师主张并践行"真数学"，老师真教，学生真学，真教促真学，以真学反哺真教，求真育人。

《以真立教——"真数学"教学主张的实践与探索》这本书是苏老师对其"真数学"教学主张的系统阐释。全书围绕"真数学"的四个特征"真知""真教""真学""真评"展开。"真知"强调知识的结构化，彰显知识的本质；"真教"强调教师是引导学生展开交流的组织者、引导者、合作者，强调"教在学的需要时"；"真学"强调要为学生提供探索的机会，让学生充分自主地学，发展学生的思维能力、合作能力和理性精神;"真评"则强调评价的科学性、全面性和发展性,以评促教、以评促学,实现"教-学-评一体化"。全书既有理论思考,又有丰富的教学实践案例,这些教学案例是苏老师二十多年教学实践经验的精华,是对其"真数学"教学主张的最好阐释,相信会对读者有所启迪和借鉴。

苏老师是我在厦门卓越教师培养对象培训班指导的学员,三年来,很荣幸我们形成一个学习共同体,一起研讨,相互促进,我目睹了她的成长与蜕变,在朝卓越教师迈进的路上,她的步履坚定,给我留下了非常深刻的印象。在她的专著即将出版之际,欣然为之作序。

陈婷

2024年8月20日

西南大学教授、博导,教育部西南基础教育课程研究中心、西南大学基础教育研究中心常务副主任,中国少数民族教育学会数学教育专业委员会常务副理事长兼秘书长

前言

从教二十八年，积累了些许教学经验，每每外出上课或讲座，总能听到同行的鼓励：你的课和讲座很实在、很受用，有很强的操作性和可借鉴性，我们一线教师很受启发，建议您写成书，这样可以让更多的老师受益……每次听到同行的夸赞和鼓励，我都信心满满，立誓一定要著书立说，但每每诉诸笔端，却又觉得无话可说，即使写出来也总觉得与内心所悟相差甚远。2021年我有幸参加厦门市首期卓越教师培育对象的培训，其中一项硬任务便是著书立说。2021—2023年，在西南大学各位专家、导师的指导下，在学习了同学的课题和教学主张后，我对近三十年来教学理念、教学经验进行了梳理、提炼，提出"真数学"的教学主张。

有人说"因为你的名字有个'真'，所以你主张'真数学'"；有人说"你教学严谨，追求知识本质的教学，所以你主张'真数学'"；有人说"因为你的课很真实，基于学生的认知发展规律进行教学，所以你主张'真数学'"……从教之初，陶行知先生的"千教万教，教人求真；千学万学，学做真人"的教育思想深深地影响着我，不忘初心，以真立教，培养学生学真知识，练真本领，育真品格，是我二十几年来不懈的追求与实践。

2014年教育部研制印发《教育部关于全面深化课程改革落实立德树人根本任务的意见》，指出要"明确学生应具备的适应终身发展和社会发展需要的必备品格和关键能力"。核心素养是党的教育方针的具体化，是连接宏观教育理念、培养目标与具体教育教学实践的中间环节。党的教育方针通过核心素养这一桥梁，可以转化为教育教学实践可用的、教育工作者易于理解的具体要求,明确学生应具备的必备品格和关键能力,从中观层面深入回答"立什么德、树什么人"的根本问题,引领课程改革和育人模式变革。无论是近代的教育思想,还是当代的国家政策,都要求学校要培养有品格、有能力的人。2022年颁布的《义务教育数学课程标准(2022年版)》强调课程内容结构化,创设真实的问题情境,让学生在解决真实问题的过程中培养发现问题、提出问题、分析问题、解决问题的能力,在评价中指出命题要注意真实性。"真数学"教学主张的实践与探索致力于在真实的问题情境中发展学生的核心素养,促进教师和学生同步发展。身为一名教师,我们要遵循"真"的本义,遵循回归本真的学生观,探究知识本源的知识观,促进学生积极参与、展示学生真实学习过程的教学观,以及全面、动态关注学生情感态度价值观等方面积极发生变化的评价观;要把握真知,根据教育规律和学生身心发展规律,实现真教、真学、真评,发展学生的核心素养,培育社会主义建设者和接班人。

  本书是我从教二十八年来教学经验的总结提炼。本书的主要内容包括:第一章"'真数学'的提出背景";第二章"'真数学'的理论基础";第三章"'真数学'的内涵意蕴";第四章"真知:追寻数学的本质";第五章"真教:助推学生真学";第六章"真学:实现学习进阶";第七章"真评:促进最优发展";第八章"基于'真数学'的案例分析和单元教学设计"。

  本书撰写特别鸣谢西南大学陈婷教授、范涌峰教授、王天平教授高屋建瓴、细致入微的指导;感谢厦门市集美区杏东小学刘婷老师、厦门市苏巧真名师工作室成员杜婷婷、林榕、陈丹、陈鹭云、郭小龙、黄幼红等老师提供的部分教学案例。

目录

第一章 "真数学"的提出背景

第一节 核心素养导向下学科育人的应然之举……………003
第二节 小学数学教学的现状审视……………………………005
第三节 "真数学"的形成过程…………………………………010

第二章 "真数学"的理论基础

第一节 陶行知的教育思想……………………………………017
第二节 真实性学习理论………………………………………020
第三节 建构主义学习理论……………………………………024
第四节 深度学习理论…………………………………………027

第三章 "真数学"的内涵意蕴

第一节 "真数学"的概念界定及内涵………………………033
第二节 "真数学"的构成要素及关系………………………035
第三节 "真数学"的价值取向…………………………………038
第四节 "真数学"的实践路径…………………………………041

第四章　真知:追寻数学的本质

第一节　纵读:把握联系　建构图谱 ········· 049
第二节　横读:对比分析　取适借鉴 ········· 060
第三节　深读:提炼本质　明晰思想 ········· 067

第五章　真教:助推学生真学

第一节　激学:激发动机　促进参与 ········· 076
第二节　准教:基于学情　以学定教 ········· 078
第三节　智教:预设生成　共生共长 ········· 095

第六章　真学:实现学习进阶

第一节　启学:搭建支架　撬动思维 ········· 102
第二节　展学:展示过程　发展思维 ········· 114
第三节　深学:迁移运用　进阶思维 ········· 129

第七章　真评:促进最优发展

第一节　多元:方式多样　以评促学 ········· 148
第二节　循证:课堂观察　以评促教 ········· 167
第三节　进阶:反思调整　以评促改 ········· 178

第八章　基于"真数学"的案例分析和单元教学设计

第一节　基于"真数学"的案例分析 ········· 185
第二节　基于"真数学"的单元教学方案设计 ········· 225

参考文献 ········· 275

第一章

"真数学"的提出背景

基础教育课程改革是进入21世纪以来我国教育领域最为重要的改革之一,这是一场具有深远影响的教育变革。就小学数学学科而言,从《全日制义务教育数学课程标准(实验稿)》到《义务教育数学课程标准(2011年版)》,再到《义务教育数学课程标准(2022年版)》,与之相配套的课标解读和指导性文件也在不断完善和修改,指导一线教师的思考和实践。在这一过程中,由课程改革引发的教育教学改革总体上是积极向上、深入人心的,取得一些成效。但随着课程改革和教学改革的不断推进,与学科育人目标不匹配的教学现象也日益突显。聚焦于"真数学"展开数学教学研究与实践是突围基础教育数学教学困境,深化基础教育数学教学改革良好的举措。

第一节 核心素养导向下学科育人的应然之举

党的二十大报告明确提出:教育是国之大计、党之大计。培养什么人、怎样培养人、为谁培养人是教育的根本问题。育人的根本在于立德。全面贯彻党的教育方针,落实立德树人根本任务,培养德智体美劳全面发展的社会主义建设者和接班人。任何的教育教学都要围绕这一指导思想和根本任务进行改革和实践。"真数学"教学主张的实践与探索是践行"立德树人"根本任务的应然之举。

一 "真数学"体现了核心素养的育人导向

《中国学生发展核心素养》明确指出:学生发展核心素养,主要指学生应具备的,能够适应终身发展和社会发展需要的必备品格和关键能力。《中国学生发展核心素养》对"立德树人"的育人目标做了全面的阐述和论证,确立了中国学生发展核心素养是以培养"全面发展的人"为核心。《义务教育数学课程标准

（2022年版）》提炼了数学学科核心素养，具体落实到数学教育上，其核心任务就是"数学育人"。"真数学"教学切合时代发展的需要，基于教育教学规律和学生身心发展特点培养"全面发展的人"，关注数学教学的育人价值，注重培养学生的思维，让学生学会思考，有逻辑地思考，创造性地思考；着力于学生科学精神的培养，立足于数学知识发生发展的过程，遵循学生的思维规律和认知特点，从知识本源上启发思考，促进思维发展，把数学学科核心素养的培育落实到数学课堂教学中，让学生在解决真实问题的情境中发展核心素养。

二 "真数学"体现了数学课标的育人价值

《义务教育数学课程标准(2022年版)》立足学生核心素养的发展，集中体现数学课程的育人价值，并对核心素养进行了明确：用数学的眼光观察现实世界，用数学的思维思考现实世界，用数学的语言表达现实世界。在小学阶段，核心素养主要表现为：数感、量感、符号意识、运算能力、几何直观、空间观念、推理意识、数据意识、模型意识、应用意识和创新意识。数学核心素养是具有数学基本特征的关键能力、思维品质以及情感、态度与价值观的综合体现，是与数学教育育人行为有关的终极目标。"真数学"要求教师注重观念的更新，把握课标精神，遵循学生的认知规律，突出数学的学科特点，回归数学的本质属性，创设真实的问题情境，引导学生独立思考、合作探究、大胆表达，追寻本真的数学教学之路，发展学生核心素养，把学生培养成为"有理想、有本领、有担当"的时代新人。

三 "真数学"是确保"双减"政策落地的有力举措

"真数学"回归了数学教育教学的本真。随着"双减"政策落地，在小学阶段推广"真数学"是大有裨益的。"双减"要求减轻学生过重的课业负担，强调学生核心素养的培养以及数学综合能力的提升。因此教师必须寻找更合适的教学策略，这意味着以生为本，提高课堂教学质量是教学的首要、关键任务。教师要充分把握学科的真知，设计符合学生真实学情又能促发学生深入学习的教学任务，并驱动学生真探究、真合作、真评价，在这过程中让学生产生对学习的兴趣、积极的情感，增强学习数学的自信心，积累数学活动经验，获得数学思想方法，解决挑战性的问题。"真数学"正是倡导这样的学习路径，以期真正促进"双减"落地。

第二节 小学数学教学的现状审视

新课程实施以来，数学教师对教材的解读和教学方式在新的理念的影响下发生了可喜的变化：教师组织学生进行合作、交流和探索，已经成为一种时尚；注意启发学生的思考，引导学生探索知识的形成过程；借助现代媒体辅助课堂教学等；以教师传授为主的课堂模式逐步转变为学生的合作、交流和探索的教学方式；课堂上民主平等的新型师生关系正在逐步确立，课堂气氛开始活跃起来，更多的学生喜欢上了数学课。但是，当热热闹闹的课堂静下来时，会发现在一些课堂教学中教师过多地追求形式，过多地追求考试成绩，而忽略了最重要的"真"。

曾经跟随教研员到一所学校参加教学视导工作，听了一节课"比"。任课教师是个很有经验的老师，常年带毕业班，教师非常明确本课教学知识的重点和难点，把大部分的教学时间用在练习写比、求比值，而"比"这个概念的教学仅用3分钟，随即很快地从两个例子得出比的概念，便进入写比、求比值的训练。这样的教学，学生对知识的掌握不会差，但学生的学习能力、思考能力、研究能力、解决问题的能力并没有得到培养，仅仅是学会了简单的技能。课后我与该教师交流，该教师很无奈地说："我们地处农村，学生基础差，为了提高教学成绩，我总是用最快的速度把该讲的知识讲完，然后不断重复地复习，以提高学生的做题能力。你跟我提的建议以前也有教研员跟我提过，但我不敢放手，我怕进度太慢，怕学生的学习成绩提高不快……"

在一次六年级毕业班教研会上，某位教师提出"有这样一道题学生经常出错：某种口罩2月份的价格比1月份涨了20%，3月份的价格比2月份降了20%。3月份的价格和1月份相比是（　　）。A.涨了；B.降了；C.没涨没降；D.无法确定"。大家纷纷点头表示赞同该教师的说法。对此，大家纷纷提出自己平时的教学"绝招"。甲教师：我告诉学生无论"先涨后降"还是"先降后涨"肯定选"降了"；乙教师：如果分率不同，就不能这样选了；丙教师：要确定标准量和比较量，才能选……听着同行们的争论，不免让我们反思：为什么这样的问题学生经常出错？为什么教师要用那些无奈的方法？过程方法重要还是结论重要？在一线教学当中是不是存在很多这样的教学现状?

在平时的教学中,经常听到很多老师表达他们的担心和抱怨:数学课一周只有四五节怎么够,每个年级的数学课都有太多的知识点,没有足够的时间全部讲解;这次又没考好,学生真的是太粗心、太糊涂了;这些题目我都讲了几十遍了,怎么还错;为什么昨天讲了会了,今天又不会了呢;怎么就不会举一反三呢? 家长太不给力了,完全不管孩子,孩子作业不会做也不教……这是很多一线数学教师的教学现状——负担重效果微。从大量的听课、访谈、研讨进行深入分析,存在以上现状的根本原因在于以下几个方面。

一、从教师的层面看

(一)目标问题:培养目标不明确

主要存在四个方面的原因:其一,教师缺乏清晰的教育教学理念,一些教师可能没有深入思考教育的本质和目的,致使教育教学理念不够明晰,进而在教学实践中缺乏明确的目标和方向;其二,缺乏有效的教师培训,一些教师没有接受过系统、有效的教师培训,无法掌握教学技能和方法,也无法领会教育目标和课程要求,从而无法有效地培育学生的能力和素质;其三,有的教师在教学中以分数为重,认为"分数"就是"目标",导致在教学中采用"知识压缩"传授、大量练习的方法进行教学,学生通过大量的反复练习提高学习技能,但素养得不到发展;其四,命题导向存在问题,众多教师以各级教研部门、学校统一命制的题目为教学的"航标","考什么就教什么",但因为考试命题水平参差不齐,存在以知识为导向的命题现象,致使教师在教学中存在以知识教学为主,而不是以发展学生数学核心素养为目标导向的现象。

(二)"根基"问题:数学本质把握不准

随着课改的深入,数学教材每年或每几年都有微小的改变,而很多教师基于经验教学,不愿花时间去研读课标和教材,导致课标读不透、教材读不懂,如此,教师缺乏必要的数学"根基",对数学课程和教材体系结构、内容设置、编排意图及编排方式把握不准,缺少整体认知和大局观。在有些学校里,教师的"学段教学"现象突出,他们或被动或主动地固定在某一个学段或某一个年级任教。

在长期重复的教学中,他们的思维与眼界被固定在原地踏步的教学内容的圈子里,对于整个小学阶段的课程内容缺乏整体把握,对数学知识的体系结构缺乏必要的理解或存在理解上的偏差和错误,导致在日常教学中缺少前后一致的思想方法主线,照本宣科,就题讲题,很少甚至不能为学生的后续学习预留促进知识生长的方法和策略。这无疑会造成学生的数学学习缺少思想方法引领,数学知识的获得更多是靠记忆而不是理解,问题的解决更多是套用模仿而不是应用策略;学生的新旧知识之间缺少内在的逻辑联系,没有形成科学合理的认知结构,对知识的本质模糊、区分度低、遗忘速度快、生长和迁移能力弱。有的教师抓不住要领而使课堂教学质量低下:在无关大局的细枝末节上耗费宝贵的课堂时间,捡芝麻丢西瓜;依赖于课后时间,让学生耗时间、拼体力机械地重复练习。这些都是因为教师缺乏必要的数学"根基"造成的教学质量低下。

(三)方法问题:教与学不匹配

在深度探究课程与课堂教学变革的过程中,许多教学模式应运而生。这些模式符合不断变化的改革诉求与潮流。然而,毋庸讳言,诸多伪学习、虚学习、被学习、假学习等现象也相伴而生。主要体现在以下五个方面:一是部分教师把握不住知识的本质,导致备课流于表层、设计的教学任务不符合学生的认知;部分教师用大容量、高浓缩的教学内容,讲授式的学习方式以及快节奏的教学进度进行教学,这些均与学生学习特点存在冲突,导致学生学习的表面化、浅层化,即思考不深入,只会听、抄别人的观点和想法,缺乏自己的真知灼见和独立思考。二是有些教师在教学理念上明白要坚守"儿童立场",但实践中儿童主体缺位、儿童学习受限等现象依然屡见不鲜,重教轻学、为教而教等现象依然存在。三是课堂中或多或少地存在一些"不真"与"不实"的情况,如突出学生的自主性,忽视了教师的主导性;追求活动的外在性,忽视了活动的体验性;强调了探究的过程性,忽视了探究的实效性;等等。四是有的教师过度地依赖课件进行教学,缺少让学生进行动手操作、实践体验的机会。五是大班额教学背景下,教师的教学方式与每个学生的学习方式难匹配,如有的学生是听觉型、有的是视觉型、有的是实践型,有的学生习惯自学、有的喜欢与同伴一起学习、有的喜欢听老师讲授等。大班额教学,教师难以兼顾每个个体,不匹配的教与学的方式导致学生不爱学、跟不上、假装学等现象。

(四)评价问题:方式单一、内容片面

随着课改的深入,教师们越来越重视"以评促教""以评促学"。然而对于一些学校或教师来说仅仅是口号,有些学校和老师依旧存在重结果评价轻过程评价的现象,有的甚至还是用"一张卷"来评价学生,评价方式单一、乏味,不能全面地反映学生的发展情况。从评价内容看,传统评价单纯考查学生掌握孤立、零散学科基本知识和技能的数量和质量,更多关注学科学习成绩,而对学生的批判性思维、问题的解决能力、交流与合作的能力、创新能力,以及正确收集和运用信息解决问题的能力的培养明显不足。从课堂上看,有些教师在课堂上对学生进行表扬时,习惯用"真棒""不错""很好"等固定评价用语,此类评价过于简略,未能具体指出学生的长处,不能引起学生思想、情感上的共鸣。每个学生都有不同于他人的先天素质和生活环境,学生学习能力和心理发展都存在着差异,简单、不及时的表扬很难激发学生的进取之心,不利于增强学生自信心、调动学生的积极性。有些教师对学生进行批评时不注重方式方法,语言较为尖刻极端,会伤害到学生的自尊心,这样的批评非但不能使当事人心悦诚服,亦会使其他学生厌烦,影响教师在学生心目中的形象。从作业上看,很多学校的作业设置依然是以教辅为主,有的学校甚至设置两本教辅,让学生"浸没"在"作业的海洋"里,这样的作业只有书面评价,缺乏增值性评价、表现性评价等过程性评价。有的学校虽然设置了各种评价表,但没有真正落地,仅是应付上级部门的检查。

二 从学生的层面看

当我们坐到学生身边,跟踪他们的学习过程,观察他们在课堂中是如何思考、如何与同学互动、如何处理错题与难题时,就会发现,并非所有的学生在课堂都经历了真实的学习。相当一部分学生要么没有达成学习目标,要么没有产生认知能力、学习能力的增长,反而在学习中养成了被动的学习心态和不良的学习习惯。从大量的课堂跟踪中可以发现,当前学生的课堂学习,主要存在以下三大困境。

(一)机械学习

指学生主要通过死记硬背和简单模仿来学习数学。他们学了,但很快就忘了,很少思考知识间的联系,很少进行策略性的、反思性的学习,不会举一反三、学以致用,他们只关注正确答案和考试成绩,对与考试无关的学习内容没有兴趣。

(二)虚假学习

有的学生安静地坐在座位上,看似在学习;有的学生假装自己听懂了,不停地点头,但没有自己真正的问题和理解,教师提问支支吾吾;有的学生只是在配合教师的"教",他们非常清楚教师要的行为表现或答案是什么。

(三)竞争性的学习

他们认为自己的成绩是最重要的,而同伴的学习和自己无关,同伴和自己在学习上是一场你输我赢、你赢我输的竞赛。他们很少有机会体会到"同舟共济",课堂中的对话、合作很多时候并没有展现出良好的社会性技能,也没有呈现出深度的对话与讨论。①

基于以上现状及成因,我们有必要深入地理解义务教育阶段国家的培养目标以及如何正确地看待质量监测与学生的素养培养。《义务教育课程方案(2022年版)》指出"义务教育要在坚定理想信念、厚植爱国主义情怀、加强品德修养、增长知识见识、培养奋斗精神、增强综合素质上下功夫,使学生有理想、有本领、有担当,培养德智体美劳全面发展的社会主义建设者和接班人"。刘坚教授在《从国家教育质量监测看数学教育改革》报告中也指出要科学、正确看待质量监测,关注学生能力发展及数学素养提升,改进教学方式,让教育教学改革步伐跟上国家改革发展的需要。要落实立德树人的根本任务,关键在于课堂,教师要重视学生学习的过程,在教学过程中让学生经历知识的形成过程、技能的形成过程、数学思想方法的渗透过程、关键能力的形成过程,形成正确的情感、态度、价值观。

---

① 夏雪梅.项目化学习设计:学习素养视角下的国际与本土实践[M].2版.北京:教育科学出版社,2021:7.

第三节 "真数学"的形成过程

我的"真数学"教学主张形成经历了以下三个阶段。

一 萌芽阶段(1995—2011年)

1995年我中师毕业参加工作,一参加工作,我便加入陶行知研究会,成为学陶积极分子。在教育教学中,我始终秉持陶行知先生提倡的"千教万教,教人求真;千学万学,学做真人"的教育思想。作为一线教师,我们经常会把学生的学习成绩放在首位,每次考试,学生成绩名列前茅,领导、同行、家长都会投来满意、欣赏的目光,竖起点赞的大拇指。但成绩优异的背后,有各种各样的方式,有的是"练出来的",有的是"教出来的",有的是"学出来的"。哪一种对学生更有益?哪一种更高效?那么究竟怎样的教学才能让学生学得轻松,又考得好呢?我的经验是教师要精准把握数学本质,并且根据学生的认知规律进行教学。在教学中我一贯求真求实,教学严谨,注重数学本质的教学。课改后,曾有两年时间(2004年9月—2006年7月)参与学校的教学改革,用北师大版本教材进行教学,从教材的编排看,教材非常重视学生的动手操作和活动体验感悟。陶行知先生也提倡"生活即教育",《全日制义务教育数学课程标准(实验稿)》中明确指出:有效的学习活动不能单纯依赖模仿与记忆,动手实践、自主探究、合作交流是学生学习数学的重要方式。因此,我在教学中极其重视对课标、教材的解读,重视学生的动手操作、自主探究和感悟体验,让学生在体验中学习。正如有一位很有造诣的高中教师在访谈时,坦言:"做事就是事先就有一种朦朦胧胧的感觉,大概往这方面去做,总不会太差,然后去做。做了以后,发现挺好,就继续往下做。有时候做做,发现做不下去了,就进行反思调整,然后再做。"

二 研究阶段(2011—2021年)

理论与实践相结合,提出"真数学"。2011年我初步学习做课题研究,学习如何把教育教学中遇到的问题形成课题进行研究,先后做了"利用数学日记促进小学生有效学习""小学数学校本作业编制的实践研究""基于核心素养提升的小学数学深度教学课例研究"等研究。在研究中,我发现当时课堂上仍然存在"虚假学习""表层学习""重结果轻过程""重知识教学轻思维培养""重教轻学"等现象,这样的教学不利于学生核心素养的发展,这更坚定了我倡导"真数学"的教学主张,即教师要把握数学本质,创设真实性的学习情境,让学生真思考、真合作、真探究、真交流、真表达,让学生敢说真话、敢质疑、敢提问,在师生、生生交往中学会欣赏他人,帮助他人,培养学生良好的思想品格、实事求是的探索精神。2021年我参加厦门市第八届基础教育课堂教学改革创新大赛,参赛的要求是在课堂教学中要有个人的教学主张。借着参赛的机会,我进一步对教学主张进行了梳理,认为"真数学"是在数学教学过程中把握真知(即数学本质)、基于真情(即真实学情)、实现真学(即促进学习真正发生)的一种教学样态。

三 完善阶段(2021—2023年)

2022年我有幸参加厦门市首期卓越教师培育对象在西南大学的培训。在西南大学导师陈婷教授、重庆市教育科学研究院初等教育研究所所长康世刚导师的指导以及同学的帮助下,结合对《义务教育数学课程标准(2022年版)》的理解,参考了相关教学主张(如"真语文""本真数学"等),阅读了相关的理论,以陶行知先生的教育思想、真实性学习理论、建构主义理论、深度学习理论等作为"真数学"的理论基础,在此基础上进一步完善了"真数学"教学主张的概念界定、内涵、实施路径等,并在教育教学实践中践行。课堂是教学的主阵地,基于"真数学"的教学理念,我提出了"求真课堂":"求真"即探究事物发展真理所在及客观规律,"求真课堂"即遵循知识本质和学生的身心发展规律,设计符合学生认知特点的教学方案并在课堂教学中有效实施,在实施过程中培养学生的倾听、合作、提问、质疑、反思等学习能力,培养学生的高阶思维,发展学生的核心素养。2022年我成为"厦门市小学数学苏巧真名师工作室"的领衔人,在工作室活动的开展过程中依托"求真课堂"的范式开展了大单元教学研究,练习课、复习课教学策略研究等,以"真数学"的理念引领课堂教学。工作室的老师认为这样的课堂实在、接地气,不仅能发展学生核心素养,提高课堂教学质量,还能促进教师专业水平的提升。

第二章

"真数学"的理论基础

关于"真数学"教学主张,国内相近的教学主张有"真语文""本真数学"等。这些主张的相关观点对"真数学"教学主张起着参考作用。

2012年1月,黄玉峰在南京举行的"苏浙沪语文教学高层论坛"上提出了"真语文"的概念。"真语文"的提出是与"假语文""伪语文""非语文""反语文"相对的。所谓"真语文",它的核心在于语文教学的"科学性"与"人文性"。他说:"是让学生积累大量的语文素材,还是只重视分析;是给学生以'事实',让学生自己判断,还是给他们以'结论',不许有自己的思考。这是区别'真语文'和'假语文'的分水岭。"他认为所谓"事实",主要指文本,包括一切真实的体验,让学生从大量的文本中,通过精读和泛读,积累素材,自由地形成观点,自然地陶冶性情,自发地培养情操、掌握各种能力,发挥出自己的创造力。这就是"真语文"。所谓给他们以"结论",就是用现成的观点,用所谓的标准答案去束缚学生。把学生变成被迫接受某些人的"主观意见"的盛器。这就是"假语文"。所有的教育活动归根到底,都是在这两者面前分出真伪。语文教学承担着养成独立人格、高尚品德、运用母语能力的重任。"真语文"的本质即实践王旭明老师概括的以语言为核心,以语文活动为主体,以语文综合素养的提高为目的,是"真语文"的基本要求。黄厚江提出"真语文"就是把语文课上成语文课,用语文的方法教语文。以语言为核心就是品味语言。感受语言、品味语言、解读语言、运用语言、积累语言,这是语文课的五件大事。这五件大事告诉我们,要以"语言"为核心,不管是教学还是教人,都要用心灵去教育,用智慧去唤醒。语文课要通过语文学习活动来展开,词条分析、课文阅读才是语文学习活动的主体。以语文综合素养的提高为训练目的的教师就是好的语文教师,要教给学生语文知识,教给学生一种方法和能力,更重要的是要提升学生的综合素养。

国内有几位教师提出了"本真数学"。江苏省常熟市莫城中心小学周秋英老师主张"本真数学",她认为"本真数学"是指站在儿童立场,追寻数学背后的道理,把握数学的本真,促进儿童对数学的理解,并培养儿童的理性思维和创新精神。哈尔滨市公园小学的杨波、李艳丽老师主张打造"四循五环"的本真课堂,认为"本真课堂"就应该是回归到课堂的基本要素——儿童、内容、教学本身,尊重教育规律,尊重儿童成长规律,尊重知识的内在规律,追求对生命的理解和尊重、对智慧的激发和启迪、对能力的培养和提升、对品格的培养与锤炼的扎实而有效的课堂。"四循五环"即"循生而教、循思而教、循标而教、循学而教",学生通过"观察、倾听、思考、表达、操作"这五种学习行为相互交融,获得广学、多思、善谈、质疑、力行的终身学习力,实现为终身发展奠基的教育目标。福建省莆田市秀屿区教师进修学校唐少雄老师也主张"本真数学",他认为"本"是"真"的基础,"真"是"本"的关键。落实在数学课堂上,主要表现在真起点、真思维、真探索和真思想四个层面。它是基于素养本位,立足在互动课堂层面上,整体把握教材的呈现方式,关注数学知识的发生过程,基于学生的学习需求,彰显知识的呈现过程,关注学生认知数学的过程。吉林省第二实验学校王成老师提出"本·真"数学。他认为"本·真"数学在追求数学的根本、本原和本质之时把握数学之本,在核心问题驱动之下对质、争论、交锋、扭变,达成深度思考,在本质追问之下辩驳、质疑、归纳、联想,达成智慧创生。

不同学科同一领域的研究为"真数学"的提出提供了参考、奠定了基础。"真数学"的提出主要源自陶行知先生的教育观、真实性学习理论、建构主义理论、深度学习理论等。

第一节 陶行知的教育思想

陶行知先生有丰富的教育思想,其中他的"千教万教,教人求真;千学万学,学做真人"以及"小先生制"对"真数学"教学主张的研究有深远的影响。

一 "千教万教,教人求真;千学万学,学做真人"

"教人求真""学做真人"是陶行知思想的精髓,这句话最早出现在1943年9月,陶行知给广东大埔县百侯中学写的《百侯中学复校十周年纪念》一诗中。后来陶行知以这一首祝词为蓝本,写了百侯中学校歌。1946年4月陶行知在《小学教师与民主运动》中,又做了进一步的阐述:教师的职务是"千教万教,教人求真"。学生的职务是"千学万学,学做真人"。这是陶行知追求的教育真谛。陶行知先生要求我们要做真人,教导我们要求真知,我认为这是他对中华民族最伟大的贡献之一。在中国传统社会,基本上是追求善与美的,甚至善与美是不分的,但是很少追求真或者说中国古人很少打破砂锅问到底地追求事物的真相。陶先生这种求真的精神就是对中国传统文化的一种推广与发展。[1]

陶行知眼中的"真人"是具有丰富生活力的人,能掌握23种常规技能,也是一个完整的人。

(一)具有生活力的人

生活力,包括生存能力、生活能力、发展能力、创造能力等,即具有解决问题、担当责任、征服自然和改造社会的能力。陶行知认为,每个人都需要具备3000种以上的生活力。这些能力大体上能分为五类核心生活力:康健的体魄、劳动的身手、科学的头脑、艺术的兴趣、改造社会的精神。[2]

---

[1] 胡吉振,陶然."教人求真,学做真人"的教育意义阐释[J].生活教育,2024(1):19.
[2] 陶行知.教学做合一下之教科书(下)[J].教学管理与教育研究,2019(4):6.

(二)掌握23种常规技能的人

1939年陶行知在重庆创办了育才学校,他要求学生掌握23种常规技能(常能),其中16种初级常能,7种高级常能。16种初级常能包括:会当书记、会说国语、会参加开会、会应对进退、会做小先生、会管账目、会管图书、会查字典、会烧饭菜、会洗补衣服、会种园、会布置、会修理、会游泳、会急救、会唱歌。7种高级常能包括:会开汽车、会速记、会打字、会接电、会担任翻译、会临时讲演、会领导工作。[1]

(三)完整的人

陶行知眼中一个完整的人要具备三种要素:(1)有健康的身体——身体好。要做一个八十岁的青年,别做一个十八岁的老翁。(2)有独立的思想——虚心,思想透彻,有判断是非的能力。(3)有独立的职业——要有独立的职业,为的是要生利。滴自己的汗,吃自己的饭。自己的事,自己干。靠人,靠天,靠祖先,都不算好汉。[2]

(四)追求真理的人

宁为真白丁,不作假秀才。追求真理做真人。[3]陶行知要求教师要做具有"敢探未发明的新理,敢入未开化的边疆"精神的人。[4]陶行知教育学生热爱真理、追求真理,并随时准备为真理而献身。在他看来,真理就是与客观事实相符合的认知,他称之为"真知识"。他说"真知识是思想与行为结合而产生的知识",是"从经验里发芽长叶、开花结果的真知灼见"。为了激励学生重视实践,反对死记硬背,他大力推动学生将所学知识运用到实践中去,不仅动手操作实验、参与生产劳动,还积极投身当时的社会运动。除此之外,他为了追求真理、获得新知,还提出了"三合一理论"。要想获得真知,必须"质疑与创造合一"。

陶行知毕生致力于教育事业,不仅创立了完整的教育理论体系,而且进行了大量教育实践,可谓"人所同钦,世所共仰"。尤其是他的"千教万教,教人求

---

[1] 陶行知.育才二十三常能[M]//陶行知.生活即教育.武汉:长江文艺出版社,2021:84-86.
[2] 陶行知.学做一个人[M]//陶行知.生活即教育.武汉:长江文艺出版社,2021:79.
[3] 陶行知.追求真理做真人[M]//胡晓风,金成林,张行可,等.陶行知教育文集:2版.成都:四川教育出版社,2007:488.
[4] 陶行知.第一流的教育家[M]//胡晓风,金成林,张行可,等.陶行知教育文集:2版.成都:四川教育出版社,2007:46.

真;千学万学,学做真人",应该成为我们每个教师的座右铭和每个学生的指南针。现代科学技术的发展和进步,更需要求真的精神和学做真人,只有把真人做好了,从事于自然科学研究才能更好地获取伟大的科学成就。

一个"真"字,指明了现代教育最重要、最本质的属性。教师作为现代进步教育思想的实践者,应当教学生求真知、学真本领、养真品德,以"真"字作为立教之本。教育的核心是做人的教育,教学的核心是教学生追求真理,做品行端正的人。这与国家提出的立德树人的培养目标是一致的。国际21世纪教育委员会向联合国教科文组织提交的报告中提出"终身学习是21世纪的通行证",而终身学习又特指学会求知、学会做事、学会共处、学会做人,即21世纪教育的四大支柱,其同样也是做人的教育。

二 "小先生制"

"小先生制"是陶行知先生在生活教育实践中倡导并推广实施的一种教育组织形式,其核心思想是"即知即传",主张由一部分已经懂得知识的小学生担任教师,将小学生自己所学的知识传授给其他学生。儿童作为知识传承过程中的主要承担者,将习得的文化知识不断地延伸推广、随时随地地教给别人。小先生教会别人知识,也同时教会别人成为另一个小先生。在当时,"小先生制"能够解决师资不足、经费缺乏的问题,能够帮助群众在谋生的同时进行文化学习,也能够促进女子教育的发展。

课堂是教学的主阵地,是学生学习的主要场所。首先,在课堂上,教师要让每一位学生都有机会当"小先生",去学、去说、去展示。在教学中教师要认真挑选和培训小先生,确保他们具备足够的知识和表达能力。其次,教师需要为小先生制定详细的教学计划和目标,并给予他们充分的教学资源和支持。比如教师先对某个教学内容进行讲解和启发学生思考相关问题,学生如果理解了,就可以作为"小先生"组织语言讲给小组同伴或者教师听;学生如果还没理解,就先听其他"小先生"讲,倘若还不理解,就寻求教师帮助,直到真正吸收理解了,再以"小先生"的身份把内化的东西讲给大家听。这样的教学组织形式能够充分利用学生资源,发挥学生的主观能动性,有助于培养学生的表达能力和组织能力,同时也能激发学生的学习积极性,培养学生的团队协作精神和领导能力,还能促进生生之间的互动和交流,增强班级凝聚力和向心力。

第二节 真实性学习理论

传统教育视域下,教学更多地指向知识传授和认知发展,忽略了教学的育人指向。传统教学存在知识与生活经验脱节,学科与儿童特点相脱节,知识学习成了概念、规则等抽象事件的理性活动,未让学生在真实的体验中获得真知,从而导致知识学习和人的发展的割裂。因此,走向真实性学习是当下教学变革的应然选择。真实性学习乃是"真数学"教学主张重要的理论基础。下面从真实性学习的定义、特征和教学模式谈谈真实性学习理论对"真数学"的影响。

一 真实性学习的定义

真实性学习的概念在教育界由来已久,但国内外对其内涵的讨论尚未达成共识。笛卡儿(Descartes)提出"真实性"这一概念,强调真实性就是遵循道德内在的声音。真实性学习概念产生于20世纪下半叶,通过改变教师中心、学生死记硬背的惯性,以培养学生在真实生活情境中的学习能力和运用能力为主要培养目标。多诺万(Donovan)、布兰斯福德(Bransford)和佩莱格里诺(Pellegrino)指出真实性学习允许学生在涉及真实世界的、与学生相关联的问题、项目的情境脉络中进行探寻、商讨以及有意义地建构概念与关系。[1]徐玲玲、刘徽认为"真实性学习是指基于真实生活并面向真实世界的学习"[2]。赵健等人强调真实性学习是"对专家学习的有目的的模拟"[3],而李妍聚焦于真实性学习中的问题,强调个体通过多元化实践共同体以真实问题为载体,灵活运用领域性的工具和

---

[1] DONOVAN M S, BRANSFORD J D, PELLEGRINO J W.How People Learn: Bridging Research and Practice[M].Washington, D.C.: National Academy Press,1999:55-64.
[2] 徐玲玲,刘徽.真实性学习理念下的学校课程构建:加拿大上游学院的经验与启示[J].世界教育信息,2019,32(7):66.
[3] 赵健,裴新宁,郑太年,等.适应性设计(AD):面向真实性学习的教学设计模型研究与开发[J].中国电化教育,2011(10):8.

符号获得知识[①]。代建军、王素云则认为"真实性学习把学生置身于真实的情境之中,通过真实问题的设计,引发真实体验,促发真实认知,进而实现行以致知、转识成智,最终促进学生核心素养的发展"[②]。虽然关于真实性学习的定义未形成统一的共识,但其中要表达的共同观点是:基于学生的认知起点,把学生置于真实的情境中,让学生在解决真实问题的过程中,获得真实的体验,习得真实的认知,获得真实的情感,发展学生的核心素养。

二 真实性学习的特征

综合国内外学者对真实性学习的研究,真实性学习具有以下特征:

(1)真实性。这是真实性学习最为显著的特征。真实性学习是与真实世界高度相关的,强调真实的情境,以真实的问题驱动学生学习,以真实的任务引领学生思考、探究,学习任务的设计、学习活动的开展和反思都与真实世界保持紧密联系。

(2)互动性。真实性学习强调学生在真实情境中解决真实问题,学习者在学习的过程中,独立思考,通过小组合作学习,进行互动交流,在小组交流互动的基础上与全班同学、老师进行交流与共享。

(3)深度性。真实性学习不仅关注学生的低阶思维的培养,还关注学生高阶思维的培养。用高阶思维包裹低阶思维,将识记、理解等学习任务置于学习活动前,由学生自学完成,课中重视学生分析、评价、创新能力的培养,以驱动性的核心问题引领学生进行深度参与、深度思考。

(4)开放性。真实情境的不确定性、真实问题的劣构性、学生思维的多维性决定了真实性学习的开放性。主要体现在以下四个方面。一是学科的多元性:真实性学习的范畴超出具体的某一学科,往往涉及多个学科的学习资料、思考方式,呈现多元化特征。二是过程的开放性:学习者知识与技能的获得不再仅局限于课堂,而是面向真实世界的开放性学习平台,课内与课外结合,线上与线下结合,家庭、学校、社会相互配合。三是结果的开放性:真实性学习活动的结果不局限于某个具体答案,而是具有多样性。四是评价的开放性:评价主体可

---

① 李妍.面向真实性学习的问题设计与模型开发[J].中国电化教育,2017(9):111-118.
② 代建军,王素云.真实性学习及其实现[J].当代教育科学,2021(12):44.

以是教师、学生、同伴、家长等,评价方式是多元的,过程性评价与结果性评价相结合,重视表现性评价和增值性评价。注重对学习过程的观察、记录和分析,倡导基于证据的评价。

三 真实性学习的价值取向

（1）真实性学习能够激发学生的学习动力。首先,真实的情境、真实的任务有利于激发学生的挑战欲,促进学生的高情感投入、高认知参与,保持学习的参与度。其次,真实性学习倡导学生自主操作、合作探究,既有个性化体现又互相提升,在合作的基础上创造出完美的作品,激发学生学习的动力。

（2）真实性学习能够培养学生的高阶思维。高阶思维是指分析、评价、创造等。真实性学习是在真实的情境中解决真实的问题,需要学生具备识别和处理问题的能力,调动相关的知识体系和生活经验进行全面的分析、取舍、评价,有利于促进学生像"学科专家一样思维",并在解决真实问题的过程中培养学生的创造能力,发展学生在校外生活中解决问题所需的多方面能力。

（3）真实性学习能够培养学生的综合能力。刘徽、张俊杰、张嘉指出真实性学习的价值是提升学生解决现实生活中真实问题的能力,包括自主学习能力,创新和实践动手能力,合作与交流能力,区分可靠信息和不可靠信息的判断能力,听取其他观点的耐心能力,识别陌生环境中相关模式的综合能力,跨越学科和文化界限创新解决方案的灵活能力和学生的就业能力等。

（4）真实性学习有利于促进同伴交往。真实性学习是在个人独立思考、合作探究的努力过程中解决复杂问题的意义学习。学生在解决问题、深度学习的同时积极进行对话、交流,彼此共同协作,换位思考,互相帮助,互相学习,形成情感共同体。在真实的角色扮演和交流互动中激发了学生的共同情感,培养学生的人际交往能力和领导力。

综上所述,真实性学习以学生为主体,聚焦学生真实认知,营造真实的学习情境,激发学生学习主动性与积极性,重视生活与学科学习、现实世界与学生认知的联系,让学生在"做中学""用中学""创中学",做到知行合一,感悟生活与学习的协同。真实性学习围绕"真实情境、真实问题、真实任务、真实认知、真实评价"进行,让学生在深度学习中发展核心素养。

"真数学"借鉴真实性学习理论,围绕"真实情境、真实问题、真实任务、真实探究、真实评价"展开,即在真实情境中解决真实问题,让学生经历发现问题、提出问题、分析问题、解决问题的过程,培养学生的迁移能力,发展学生核心素养。

第三节 建构主义学习理论

"真数学"倡导立足儿童本位,让学生在真实情境中自主学习、自主探究,经历知识的形成过程,并自主运用知识解决现实问题。这源于建构主义学习理论的启发。建构主义学习理论源于皮亚杰、维果茨基的教学思想。建构主义理论是学习理论由行为主义发展到认知主义后的进一步发展,是一种关于知识和学习的理论。它强调以学生为中心,强调学生对知识的主动探索和主动建构,强调学习过程的主动性、自主性、社会性和情境性。[1]建构主义学习理论认为学习者在学习时只有基于自身的经验建构新的知识体系,才能够实现知识的有效传递。

一 建构主义学习理论的核心观点

建构主义学习理论的核心观点包含以下几个方面。

(一)主体观

学生和教师作为教学活动中的主体,两者均能影响到教学的最终效果。建构主义学习理论认为,学生作为独立个体,在学习新知之前由于受经验的影响会对新知产生自我看法。所以在教学活动中教师需要帮助学生完成知识的处理和转换,需要了解学生的已有认知,知晓学生是如何看待新知的,再对其现有理解进行解构重组。由于不同学生的认知结构是不同的,所以师生交流的过程有助于丰富学生的认知。

(二)学习观

建构主义学习理论一个重要概念是图式,图式是指个体对世界的知觉理解

---

[1] 李志猛,伍国华,刘进,等.基于建构主义的理工科课程实战化教学法[J].高等教育研究学报,2021,44(4):112.

和思考的方式。图式是认知结构的起点和核心。因此,图式的形成和变化是认知发展的实质,认知发展受三个过程的影响:同化、顺应和平衡。建构主义学习理论认为学习是同化、顺应、平衡的统一。同化是学习者通过吸收外部知识,将其和自身原有的知识进行整合,并在两者之间建立联系,使得新知识能够融入原有的知识体系中,是新旧知识整合的过程。顺应是指外部环境发生变化,而原有认知结构无法同化新环境提供的信息时所引起的儿童认知结构发生重组与改造的过程,即学习者在新旧知识整合过程中对于知识的改组和调整。平衡是指学习者个体通过自我调节机制使认知发展从一个平衡状态向另一个平衡状态过渡的过程。学习者对知识进行整合时并不总是能够完全吸收新的知识,这就会导致新旧知识之间出现认知差别,最终会导致无法完成知识建构,这时就需要教师发挥引导作用,帮助学生转变错误的认识。

(三)教学观

建构主义理论认为教学活动不是单纯地灌输知识,而是要求教师要了解学生原有的认知体系,通过为学生提供学习资源、创设适合的环境来帮助学生建构新的知识体系,这样的重建活动需要学生具有自主建构的意识和能力。建构主义学习理论强调知识的学习并不是通过老师的简单传输就能够获取的,学生需要在特定的背景下,借助必要的学习资料,结合自身旧的知识储备,通过建构的方式才能真正意义上完成知识的学习。这就要求教师转变传统的教学观,更多地发挥引导者的作用,突出学生的主体地位。这就意味着学生需要在教师的引导下通过发展区才能够完成学习,这就是新知识建构的过程。

二 建构主义学习理论的教学原则

建构主义学习理论的教学原则包括如下几点:(1)所有的学习任务都是为了能够更有效地适应世界。(2)教学目标应该与学生学习环境中的目标相符合,教师确定问题时应该使学生感到这些问题就是他们本人的问题。(3)设计真实的任务。真实的活动是学习环境的重要特征。应该在课堂教学中使用真实的任务和日常的活动,或实践整合多重的内容和技能。(4)设计学生在学习结束后能够实施有效行动的复杂环境。(5)给予学生解决问题的自主权。教师应该刺激学生的思维,激励他们自己解决问题。(6)设计支持和激发学生思维的学习环境。(7)鼓励学生在社会背景中检查自己的观点。(8)支持学生对所学内容与学习过程的反思,发展学生的自我控制的技能,使其成为独立的学习者。[①]

三 基于建构主义教学理论的教学模式

建构主义理论的内容很丰富,其核心是:以学生为中心,强调学生对知识的主动探索、主动发现和对所学知识意义的主动建构,其主要教学模式包括支架式教学、抛锚式教学、随机进入式教学和情境式教学。其中"真数学"在实践中主要借鉴、融合以下教学方式:(1)探究性学习。探究性学习是基于问题解决活动来建构知识的过程。通过有意义的问题情境,让学生不断地发现问题和解决问题,来学习与所探究的问题有关的知识,形成解决问题的技能以及自主学习的能力。(2)支架式教学。支架式教学是指教师或其他人与学习者共同完成学习活动,为学习者提供外部支持,帮助他们完成无法独立完成的任务。随着活动的进行,逐渐减少外部支持,让学生独立活动,直到最后完全撤去支架。(3)情境教学。建立在有感染力的真实事件或真实问题基础上的教学称为情境教学。知识、学习是与情境化的活动联系在一起的。学生应该在真实任务情境中,尝试着发现问题、分析问题、解决问题。(4)合作学习。合作学习是指通过讨论、交流、观点争论,相互补充和修改,共享集体思维成果,完成对所学知识的意义建构过程。合作学习主要是以互动合作(师生之间、学生之间)为教学活动取向的,以学习小组为基本组织形式,来共同达成教学目标。

建构主义学习理论的核心观点为"真数学"在课堂的应用提供了理论指导,因此在建构主义指导下进行"真数学"的实践研究是可行的。

---

① 屈勇,胡政权.现代教育技术[M].成都:西南交通大学出版社,2013:54.

第四节 深度学习理论

"真数学"的理念、教学模式还源于深度学习理论。深度学习理论、真实性学习理论和建构主义理论都强调知识的建构和迁移,强调个体的自主与能动。

一 深度学习的核心观点

深度学习(Deep Learning)起源于人工智能中多层神经网络的机器学习方法,进而被引入至教育学领域,成为近年来教育学界的关注热点。教育学领域的深度学习也叫深层学习,是1976年瑞典歌德堡大学的费伦斯·马顿(Ference Marton)和罗杰·萨尔乔(Roger Saljo)在一项学生阅读相关学术文章的实验研究中正式提出的,两位学者表示深度学习是与浅层学习相对的概念,是一种强调批判性接受知识和非孤立记忆的学习方式。我国教育学界关于深度学习的研究则相对较晚,最早是AECT2004("AECT"指的是美国教育传播与技术协会)教育技术概念的传播引起了国内教育技术界对深度学习的关注。黎加厚教授2005年在其论文《对AECT2005:教育技术新界定的几点思考》中认为教育技术的作用是"促进学习",并提出促进学习是要超越浅层学习达到深度学习。经过多年的研究和发展,目前学术界普遍认同深度学习是以"促进有效学习"、践行"知行合一"为目的的特殊研究领域,是在学习者强烈内在动机指引下的积极学习,是通过学习者、环境、人工智能的相互交流和作用,引发以概念转变、整合理解与创造性认知重组为特征的"意义生成"性学习。目前关于深度学习或小学数学深度学习,有以下几种观点:

"小学数学深度学习是以数学学科的核心内容为载体,以提升学生的综合素养为目标,整体分析与理解相关内容本质,提炼深度探究的目标与主题,了解学生学习特定内容的状况,通过精心设计问题情境,引发学生认知冲突,组织学生全身心参与学习活动,围绕具有挑战性的学习主题深度探究,使学生体验成功、获得发展的有意义的学习过程。"①在这个过程中,教师为学生创设深度探究的情境、开发具有挑战性的学习主题,引领学生全身心积极参与、体验成功、获得发展,在师生共同努力下实现数学知识的深度学习。深度学习的教学过程应涵盖以下过程:布置学习任务、主动探究并激活知识元、获取数学本质、巩固知识元之间的联系、总结学习过程。

安富海认为:"深度学习是一种基于理解的学习,是指学习者以高阶思维的发展和实际问题的解决为目标,以整合的知识为内容,积极主动地、批判性地学习新的知识和思想,并将它们融入原有的认知结构中,且能将已有的知识迁移到新的情境中的一种学习。"②而对于一线教师,深度学习强调教师应该更注重人的发展。庞舒勤和赵庆林认为:"深度学习强调学生的发展需求,注重调动人的内在潜力,让学生在有效价值判断的基础上学习新知识并有策略地融入自身原有的认知结构,以统整的眼光发现问题、解决问题。"③

从"学生深度学习的数学教学研究与实践"看,深度学习必须满足以下四个要点:要点一,深度学习是教学中的学生学习,而不是一般的学习者的自学,必有教师的引导和帮助;要点二,深度学习的内容是有挑战性的人类已有认识成果;要点三,深度学习是学生感知觉、思维、情感、意志、价值观全面参与、全身心投入的活动;要点四,深度学习的目的指向具体的、社会的人的全面发展,是形成学生核心素养的基本途径。④

弗里德曼对我们如何更好地把握"深度学习"的具体含义提供了重要启示。第一,我们必须牢固树立终身学习的思想,并切实提高自身在这一方面的能力:"你必须知道更多,你必须更加频繁地更新知识,你必须运用知识做更多创造性的工作,而不仅仅是完成常规工作。"第二,我们应特别重视长时间的思考与反思:"世界变化得越快……对我们生活方方面面改变得越多,每个人就越需要放慢速度……当你按下一台机器的暂停键时,它就停止运转了。但是,当一个人

---

① 马云鹏.深度学习的理解与实践模式——以小学数学学科为例[J].课程·教材·教法,2017,37(4):61.
② 安富海.促进深度学习的课堂教学策略研究[J].课程·教材·教法,2014,34(11):58.
③ 庞舒勤,赵庆林.让学生体验深度学习——以小学数学教学为例[J].人民教育,2013(22):38.
④ 王艳玲.指向数学核心素养 促进学生深度学习——中国教育学会小学数学教学专业委员会第十八次学术年会综述[J].小学数学教育,2019(5):58.

给自己暂停下的时候,他就重新开始了。你开始反思,你开始重新思考你的假设前提,你开始以一种新的角度重新设想什么是可能做到的,而且,最重要的是,你内心开始与你内心深处最坚定的信仰重新建立联系……"第三,我们还应清楚地认识合作的重要性:"到了21世纪,我们大部分人将与他人一同协作,相互提供服务……我们必须意识到,工作的固有尊严来自人与人的关系,而非人与物的关系。我们必须意识到,好的工作就是与他人沟通交流,理解他们的期许与需求……"[①]

二 深度学习的特征

关于深度学习的特征研究,其实质是对"深度学习"深在何处的深层追问,核心观点有:第一,深在课程目标,强调超越浅层信息,走向知其所以然;第二,深在学习任务,倡导超越简单、应付式学习,走向挑战、高投入性学习;第三,深在学习结果,关注知识结构,要求超越知识点,走向知识的逻辑形式和意义层面,或认知与非认知的整合;第四,深在学生参与,超越被动卷入走向主动、积极学习;第五,深在知识应用,构筑沟通知识学习和现实应用间的桥梁;第六,深在学习过程,强调反思和元认知的参与。

三 深度学习理论在小学数学课堂中的实践意义

"深度学习"在数学教学中具有重要的实践意义:一是提高思维品质。深度学习模式能够引导学生主动探究知识,形成良好的思维逻辑,进而提升思维品质。二是提升课堂效率。在深度学习过程中,学生变成学习的主导者,对知识体系进行构建,对知识的印象深刻。这有助于他们在后续数学学习中有更深层次的理解。三是培养综合能力。通过深度学习策略的应用,学生在课堂上需要动手、动口、动眼、动脑,这使得他们的动手能力、思维能力都能得到进一步提升,数学综合素养也能得到进一步培养。四是关联性、过程性及开放性。深度学习在小学数学教学中的要义包含关联性、过程性及开放性三个方面。其中,

---

[①] 转引自郑毓信.数学深度教学的理论与实践[M].南京:江苏凤凰教育出版社,2020:146-147.

关联性涉及数学教学中知识间的内在联系；过程性关涉数学教学中学生参与的时间和空间；开放性关涉数学教学中学生的真实表现。总的来说，深度学习理论在小学数学课堂的运用有助于提升学生的学习效果和综合能力。

如上所述，这些理论为"真数学"的研究指明了方向，也为教学的实现提供了理论依据，为真数学课堂教学模式的突破创造了条件。

第三章

"真数学"的内涵意蕴

什么是"真数学"?"真数学"包含哪些要素？这些要素之间有什么关系?"真数学"的实施路径是什么？实施"真数学"的育人价值是什么？这些问题将在这一章逐一阐述。

第一节 "真数学"的概念界定及内涵

一 "真"的含义

"真"在《现代汉语词典》中的释义是：真实（跟"假、伪"相对）；本性；本原。"真"的词源义是充实，由此可引申有完整义，而强调完整、融贯地认知，是《庄子》认识论的突出特征。陶行知先生的"真"在教育思想领域即"千教万教，教人求真；千学万学，学做真人"。这句话有两个关键词，一个是"求真"，一个是"真人"，这里的"真"可理解为"真实""真相""真理"。一是真实。陶行知曾对他儿子陶晓光说：我们必须坚持"宁为真白丁，不作假秀才"之主张进行。倘使这样真实的证明不合用，宁可自己出钱，不拿薪水，帮助国家工作。这里的"真"就是和事实相关的真，他对儿子的这番告诫，表明他求真的"真"有真实这层内涵。二是真相。"真相是要建立在事实基础上的，而且要经过研究，如分类、观察、调查这些研究方法才能获得。"[1]三是真理。陶行知认为"行是知之始，知是行之成"，是教人从源头上去追求真理。真理是以行动为基础的。陶行知认为"追求真理。探讨之路有五，即行动、观察、看书、谈论、思考，称之为五路探讨，也可称之为五步探讨"。这些都说明真理以行动、观察等为基础，要靠谈论、思考和看

---

[1] 周志平.求真树人：陶行知"真"教育思想内涵与启示[J].福建教育,2020(30):6.

书等获得。这也是他后来主张以"在劳力上劳心""手脑双挥""教学做合一"的方法去获取"真理"的原因,这与我们常说的"实践是检验真理的唯一标准"接近。教育的真谛是教书育人,追求真理做真人。学校教育不但要教学生文化知识,更要教学生怎样做人,怎样做一个真挚而又求真的人,做一个对社会有用的人。在教学过程中,教师要教给学生真知识,鼓励学生追求科学真理,学会用科学真理去解决生活中遇到的各类难题。让学生学会真本领,学习在生活中保持真诚的态度,获得真知真学。让学生在为人处世时,对同学友爱,对老师、对父母、对身边所有的人展现应有的尊重与涵养,用真诚的态度去实事求是地解决实际问题。[1]

二 "真数学"的概念界定及内涵

"真数学"指教师以育"真人"为愿景,根据学生的身心发展规律、数学发展逻辑和教学的内在规律,以"真知"为根,以"真教、真学"为本,以"真评"贯穿始终,从而发展学生的核心素养。具体地说,"真数学"是教师把培育具有独立思考能力、质疑批判能力、解决问题能力和理性精神的人作为数学教育的首要目标。教师以生为本,基于数学本质,引导学生在真实情境中提出真问题,进行真思考、真合作、真交流,获得真体验,在不断尝试和纠错的求真过程中经历数学的再创造过程,感受数学的严密逻辑性,坚信数学的理性力量。"真"体现了回归本真的学生观,探究知识本源的知识观,促进学生积极参与、展现学生真实学习过程的教学观,以及全面、动态关注学生情感态度价值观等方面发生积极变化的评价观。

---

[1] 卢芬.践行出真知 教学真善美[J].中学教学参考,2019(30):56.

第二节 "真数学"的构成要素及关系

从"真数学"的概念界定可知,"真数学"的构成要素有真知、真教、真学、真评,它们之间有着什么样的联系呢?

一 真知

何为"真知"?古人也有高见,他们心中的"真知"是指正确而深刻的认识,并且这一认识是真实的。如《庄子·大宗师》云:"有真人而后有真知。"我们所理解的"真知",指的是学科知识本质,能为学生生命奠基、有助于其构建核心素养的核心知识。什么是核心知识呢?核心知识乃是每个教学活动中必须让学生掌握、理解、探究的主要知识技能,是一个学期教学、一个单元教学、一节课教学的主体内容与知识主干,是整个教学活动链条中的关键环节,是联系全部教学活动的轴心,是教学活动之魂的栖息地。[1]核心知识及其之间的关系蕴含着反映学科本质的基本特征,这些特征通常反映学科的基本思想,是学生理解所学内容的本质和发展学生学科核心素养的关键。本书中"真知"意味着教师对数学知识进行结构化梳理,形成知识图谱,揭示知识之间的联系以及知识背后的数学思想方法。

二 真教

何谓"真教"?古人指纯真的教化,如明代刘元卿在《贤奕编·警喻》中写道:"彼其所以章轨真教,敦典崇礼,敷政明刑,其术万方,无非使人同归于善而已。"古人立意高远,"真教"归善,此乃教育的宏观层面理解。我们所提倡的"真教"

---

[1] 余文森.核心素养导向的课堂教学[M].上海:上海教育出版社,2017:218.

是"基于规律的教",这主要是从学科课堂教学的视角而言的。这里的"规律"涵盖三层含义:一是课堂教学自身的规律,二是学生学习的规律和心理需求,三是教学内容本身的特质及其内在的逻辑原点。[①]在具体实施过程中,要达成"激学""准教""智教"。"激学"指教师根据学生的心理特点和最近发展区创设真实的问题情境,设计富有挑战性的任务,激发学生的学习兴趣,调动学生的学习动机,促进学生高情感投入、高认知参与;"准教"指教师要基于学生的前知识经验和生活经验,做好前测,以学定教,提升教学的效率;"智教"指教师不仅要教得"准"、教得"对",而且要教得"活",既要预设充分,又要灵活且智慧地解决学生的生成性问题。

三 真学

杨向东认为学习是个体在与情境持续互动中,不断解决问题和创生意义的过程。真学是指一种真正的学习,它超越了表面知识获取,更侧重对思维能力和实践素养的培养。崔允漷教授明确指出:课堂变革的终极价值只有一个,那就是给学生的学习带来增值。要实现学习增值,亟待解决关键问题——让全体的学生投入学习,让每个学生经历真正的学习过程。当前,小学生在数学学习中存在着严重的假学现象,看似在学习,实则并没有真正投入其中,很多时候是被动式学习、低效式学习甚至无效式学习,不仅无法达成课程教学的目标,还会降低学生的学习兴趣。真学是相对于假学而言的概念,其内涵主要包括以下三点:首先,以学生的自主学习为中心。数学课程教学的核心目标在于培养和发展学生的关键能力,而非简单地讲解数学知识,训练解题能力。正如陶行知先生所言:"我以为好的先生不是教书,不是教学生,乃是教学生学。""我们教育儿童,就是要根据儿童的需要和力量为转移。"真学完全以学生的自主学习为中心,是学生自主学习与发展的有效手段。其次,以真正学习为关键。真正学习指全身心地学习,是学生学习活动从被动式向主动式转变的客观需要,学生能够进行真探究、真合作、真交流。最后,以深度学习为目标。真学不仅能够让学生在有限的时间内实现最好的学习效果,而且能让学生迁移运用,能综合运用

[①] 张霞玲.真教:让学生从"真知"走向"真智"——以苏教版六上"长方体和正方体"单元教学为例[J].江苏教育,2018(65):53.

知识解决真实生活问题,能实现情境的转换和心智的提升。对小学数学教学而言,真学具有非常重要的教学价值。首先,它能改善当前数学教学中的不足。小学生在数学学习中存在着不少的缺陷,而虚假学习则是导致这些缺陷出现的主要原因。真学是对虚假学习的纠正,对教学问题的克服有突出意义。其次,它能促进学生的全面发展。真学不仅在学生的数学课程学习中有着突出的作用,对学生其他课程学习乃至日后的成长发展同样具有重要的价值。

四 真评

评价是教学活动的重要组成部分,具有导向、诊断、调控和矫正等功能。随着教育改革的持续深入,各学科教师均愈发关注教学中的评价。教学评价,是指依据教学目标对教学过程及结果进行价值判断并为教学决策服务的活动,是对教学活动现实的或潜在的价值做出判断的过程。本书所谈及的小学数学教育中的"真评",是指教学评价尽量做到科学性、全面性、客观性。我们将其定义为:依据课程标准、数学本质和学生的学习规律,设定清晰的、可操作的、可评价的教学目标,采用恰当的方式,对教学过程中教师"教"和学生"学"的行为和结果进行多元评价,并指向教师教学水平和学生数学素养提升的教学活动。

五 真知、真教、真学、真评之间的关系

教学的基本内容涵盖教学目标、教学内容、教学方法和教学评价四个方面,它们相互关联、相互促进,是教学工作的基础。"真知"即教学内容,通过"真知"的学习,培养学生的关键能力,发展学生的核心素养,"真教、真学"属于教学方式,分别指向教师的"教"和学生的"学",这是一种互动、和谐、互相促进、互相成就的良好的师生关系与教学关系;"真评"是评价方式,"以终为始",指向教学目标,以培养"有理想、有本领、有担当"的"真人"。围绕教育教学目标设计评价体系,贯穿教学的始终,对教师的教和学生的学展开全程、全方位、多形式的过程性评价、综合性评价,从而改进教师的教,促进学生的学,最终促进育人目标的达成。"真知""真教""真学""真评"体现了"备-教-学-评一致性"。

第三节 "真数学"的价值取向

"真数学"的目标在于培育"真人",即培养有理想、有本领、有担当的时代新人。"真数学"以生为本,努力丰富学生的经历和体验,唤醒学生成长的自觉意识,让学习、思考、创造贯穿学生学习全过程,实现数学学习真实发生。教师依据学生已有的知识经验、生活经验、活动经验,创设真实情境,激发学生的学习积极性,提出真问题,促进学生进行真探究,课堂上真实地呈现学生的探究过程、展现学生的思考过程、展现学生的合作过程,关注学生的动态生成、关心学生的学习情感,引导学生感悟数学的内在规律,体验数学学习的乐趣。学生在学习的过程中伴随着过程性评价、表现性评价,以促进学生全面、健康、个性地发展。"真数学"以"数学本质"为基础,以"真学习"为根本,以"真育人"为宗旨,是一种基于把握数学本质和学生需求,对数学规律的发现与探索,尊重客观事实,遵循客观规律,立足课堂现实,以人为本,教人求真,实现数学学科"真育人"的教学愿景。

一 "真数学"基于儿童立场

我们教育的对象是儿童,成尚荣先生在《儿童立场》一书中指出,"教师的第一专业是儿童研究",儿童研究的主题用三个短语12个字来表达,即认识儿童、发现儿童、引领儿童。[1]儿童立场是我们应当遵循和秉持的教育行为哲学。儿童总是以他的眼睛看世界,他们有他们的观察方式、思维方式、解释方式和表达方式,思维方式的独特往往意味着创新的开始。儿童立场的核心是"发现和引领儿童"。弗洛姆曾说,教师只有用他人的眼光看待他人,而把自己的兴趣退居二位,他才能了解对方。它不是别的,就是适当隐退教师"自己的兴趣",更多用儿童眼光看待儿童,了解儿童,从他们那里出发,让我们的教更好地帮助学生的学。[2]

---

[1] 成尚荣.儿童立场[M].上海:华东师范大学出版社,2018:16-17.
[2] 冯卫东.为"真学"而教:优化课堂的18条建议[M].北京:教育科学出版社,2018:8.

在学校教学中，有的教师专业能力很强，但课堂像"菜市场"，原因是该教师只管照本宣科，没有把握学生的认知水平；有的教师不仅专业能力强而且很认真，但经常被学生投诉"很凶"，原因是没有基于儿童的特点，设定的目标太高，上课的形式单一，没有激发起学生的学习兴趣，所教的内容偏难偏深，学生不爱学……"在某一特定领域具有专业知识的人不能保证他就能教会别人学习……许多专家忘却了学生学习的难易。"[1]"儿童对新信息的理解与成人的大相径庭。"[2]儿童立场不同于成人立场，也不同于学科立场。作为教师，我们首先要确立和尊重儿童立场，在此基础上，兼顾学科立场和成人立场，并使三者实现互为融洽，才能更好地弹奏教学这部钢琴。[3]

"真数学"要求教师准确把握学生真实学情和根据学生的认知规律组织教学，站在学生的立场设计与组织教学，在数学实践中认识儿童、发现儿童、发展儿童。

二 "真数学"基于数学本质

"真数学"的核心要素之一是"真知"，即数学本质。史宁中教授说："没有把握住数学的本质，老师就不好教。他就不敢用10分钟把课讲完。"李希贵校长说，没有一篇课文不可以用一节课上完。要在短时间内上完且教好，把握本质是前提。"真数学"要求教师在备课中要梳理并深刻理解、掌握数学知识体系，理解、掌握每一个数学领域、每一个主题的核心知识的要义，以及理解每一个数学大概念的含义及这些大概念所统摄和整合的数学知识。教师在充分理解数学本质的基础上，进行有效的教学设计和实施，有利于教师在课堂教学中对学生生成的把握。人类的知识是以符合逻辑、体系化、结构化的方式存在的，教材的编制也遵循了系统化的原则。教师只有掌握了结构化、系统化的知识，理解其本质，才能使学生获取的知识达到系统化、结构化。"真数学"为什么如此强调核心知识呢？知识是思维的材料和载体，思维是对知识的组织和加工。离开知识

---

[1] 布兰思福特，等.人是如何学习的：大脑、心理、经验及学校（扩展版）[M].程可拉，等，译.上海：华东师范大学出版社，2013：39.
[2] 布兰思福特，等.人是如何学习的：大脑、心理、经验及学校（扩展版）[M].程可拉，等，译.上海：华东师范大学出版社，2013：62.
[3] 冯卫东.为"真学"而教：优化课堂的18条建议[M].北京：教育科学出版社，2018：9.

的思维退化成机械的形式训练,离开思维的知识则走向僵化和止步不前。有人说信息时代不缺知识,也不缺获取知识的渠道,但理解很难在浩瀚、分离和碎片化的知识中走向深度,也很容易造成一种误解:"能上网查到的就不必花工夫去学习。"学生上网查资料的能力是一种浅层次的能力。知识存储在"网络上"和知识存储在"大脑里"有很大差别,后者深藏的知识加工逻辑,在本质上就是"思维逻辑",实现从知识到思维的"转换逻辑"。只有经历了这一转换的过程,在大脑中存储的知识才可能被"活化",才可能赋予人以"思维"。[1]这是"真数学"的教学立场,也是"真数学"的价值追求。

三 "真数学"基于核心素养的培养

《中国学生发展核心素养》以培养"全面发展的人"为核心,涵盖文化基础、自主发展、社会参与三个方面,综合表现为人文底蕴、科学精神、学会学习、健康生活、责任担当、实践创新等六大素养。《义务教育数学课程标准(2022年版)》指出,数学课程要培养的学生核心素养,主要包括三个方面:会用数学的眼光观察现实世界,会用数学的思维思考现实世界,会用数学的语言表达现实世界。在小学阶段核心素养主要表现为:数感、量感、符号意识、运算能力、几何直观、空间观念、推理意识、数据意识、模型意识、应用意识、创新意识。"真数学"以数学知识为载体,以真问题引领,通过教师的"真教"促进学生的"真学",让其学真知识、练真本领、养真品德,发展核心素养。

综上所述,践行"真数学"教学理念需要有三个基本认同:基于儿童立场、基于数学本质、基于核心素养的培养。

---

[1] 李政涛.活在课堂里[M].上海:华东师范大学出版社,2023:182-183.

第四节 "真数学"的实践路径

任何的教学主张都要在课堂中"看得见、摸得着",在课堂中发生、发展、创新。"真数学"的实践路径如下。

1.追本溯源,把握本质

"真数学"是课堂的真实体现,要求教师认真研读课标和教材,尊重客观事实,遵循客观规律,追本溯源,探索和发现数学规律,把握数学的本质。教师只有把握住数学本质,才能进行有效教学设计,才能创设真实课堂,让学生的学习真正发生。数学的本质指的是:数学概念、规则、规律等所包含的思想、价值。教师可以从几个方面把握知识的本质:全面、正确地解读教材,从教材文本中读取知识的本质;根据教学的重难点,找准学生学习的盲点,把握知识的内涵,使学生的思维触及知识的本质;立足核心素养的培养,从学科育人的角度挖掘知识的本质。

2.分析学情,确立真起点

学情是课堂教学的起点。"真数学"要求教师通过访谈、前测等方式充分了解学生的学情(包括知识经验、生活经验、活动经验、思维方式等),确立学生学习的真实起点,最大化地放大学生的学习需求,把握好学生的"原生态理解",站在学生的原认知基础上开展教学,找准知识探究的切入点,使学生在新知探究中有知识载体和方法保障,架设好知识迁移的桥梁,实现知识与需要的无缝对接。

3.创设情境,提出真问题

"真问题"指的是能够引领课堂教学的核心问题,它是从数学本质出发设计的问题,它反映了数学学科的本质;它是学生真正困惑的问题,是学生学习的盲点、疑点;它紧紧地围绕一节课的教学目标、教学重难点,建立在学生的"最近发展区"上。"真问题"既可以出自教师的提问,也可以来源于学生的提问。[1]"真问题"给予学生充分的思考空间,驱动学生思考、探究、交流,它让学生发表不同的见解,并在交流对话中碰撞萌生出新的问题;"真问题"能引发学生的深度探究,激励每个学生都参与到课堂中来,它开放了学生的思维,促进了学生核心素养的发展。"真数学"除了要求教师要创设真情境,设计真问题,引发学生积极思考外,还要求教师在课中根据学生的生成,适时调整教学问题。

4.问题引领,启发真思维

问题是思维的起点,是创新思维的动力。数学教学不能仅仅局限在知识与技能的层面,还应着重挖掘数学探究活动中独特又精彩的思维过程。"真思维"指的是学生在思考、解决或评价问题时,所运用的合理高效的数学思维方式,包括分析、归纳、推理、批判、质疑等。教师要把学生"真思维"的培养贯穿课堂的始终,要设计有价值的数学问题,引导学生经历横向数学化和纵向数学化的活动,引导学生进行观察、比较、猜想、验证、推理、类比、抽象、概括等,引导学生在思考中比较,在比较中辨析,在辨析中发现,培养学生的问题意识、训练学生的思维、拓宽学生的思维品质。

5.立足素养,感悟真思想

培养学生的核心素养是课堂教学的重要任务。数学知识是数学教学的明线,思想方法是数学教学的暗线,核心素养则是数学教学的魂。教学中,教师要以"魂"牵"线",在核心素养本位的导向下,以知识教学为载体,渗透数学思想方法,让学生在探究知识时感悟思想,让思想内化并建构知识,以培养和发展学生的核心素养。

6.交流合作,培育真情感

学生对数学的喜爱以及对老师和同学的情感是在数学学习、交流、合作的过程中培育出来的。创设学生喜爱的问题情境,引导学生主动探究、合作学习、互相质疑、互相帮助,共同解决问题。在解决问题的过程中,激发学生的学习热情,培育学生积极探索的学习品质,培养学生互帮互助的学习态度。

---

[1] 陈真真.构建"求真"课堂 凸显数学学科的育人价值[J].辽宁教育,2020(2):27.

"真数学"的课堂实施路径如图3-1所示：

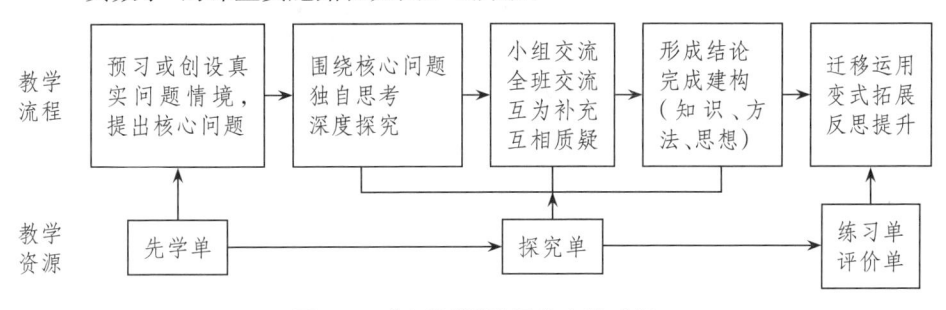

教学流程	预习或创设真实问题情境，提出核心问题	围绕核心问题独自思考深度探究	小组交流全班交流互为补充互相质疑	形成结论完成建构（知识、方法、思想）	迁移运用变式拓展反思提升
教学资源	先学单		探究单		练习单 评价单

图3-1 "真数学"的课堂实施路径

形成"真思维""真思想"的前提是对数学本质与"真问题"的精准把握。数学本质指导"真问题"的设计，"真问题"指引"真情境"的创设，推动学生真思考、真探究、真体验，形成真思想。学生只有在"真情境"中解决"真问题"，才能不断地参与学习，充分地调动思维去思考知识、追问知识、评判知识和创造知识。在这个过程中，学生对数学概念进行了抽象和概括，对数学方法进行了总结和提炼，对数学思想进行了感悟和把握，发展了数学核心素养，彰显了数学学科的育人价值。

第四章

真知:追寻数学的本质

"真数学"要求教师要把握数学本质,了解学生真实的学习起点,课堂上关注每个学生的真困惑以及关注每个学生是否能够围绕核心问题进行真探究、真合作、真交流、真评价,学生的思维是否得到真发展。

"真知",即深刻理解数学知识,把握数学的本质。马立平博士撰写的《小学数学的掌握和教学》一书中的主要观点,即数学教师应当努力做到对数学知识的"深刻理解"。他认为"教师的学科知识并不能自动产生出成功的教学方式和新的教学理念,而缺乏坚固的学科知识的支持,成功的教学方式和新的教学理念是不可能实现的"。"如果教师对要教什么都没有清晰的认识,他又如何深思熟虑地确定教学方法?"马立平博士对数学知识的"深刻理解"具体解释为:"关于深刻理解,我的意思是指理解基础数学领域的深度、宽度和完整度……我将'深刻地理解一个专题'定义为:将这个专题与该学科的更多的概念上很强大的思想联系起来……'广泛地理解一个专题',就是与那些相似的或概念性较弱的专题相联系……然而,深度和宽度依赖于完整度——贯穿某一领域的所有部分的能力——把它们编织起来。"从这里我们可以发现:我们不仅应当十分重视理解的"宽度",也应高度重视由"局部性掌握"向"整体性(结构性)认识"的过渡。这也是马立平博士在《小学数学的掌握和教学》一书中特别强调的:"作为一个数学教师,必须了解每个知识点在整个数学系统中的位置,以及与前面知识的联系……也必须知道,哪些知识将会以我今天讲的知识为基础。"马立平博士还突出地强调"知识包"在这个方面的重要作用,"中国教师的另一个特征是他们具有发展良好的'知识包',这在美国教师中并没有发现"。"它们在中央都有一个序列,以及连接着的专题的'圈',它联系了序列中的专题。"由此可见,作为一名教师,我们应该深刻理解数学"真知",了解知识的"前世今生",建构核心知识图谱。

数学教材为学生的数学学习活动提供了学习主题、基本线索和知识结构,是实现数学课程目标、实施数学教学的重要资源。《义务教育数学课程标准(2022年版)》指出,整体把握教学内容,注重教学内容的结构化。教学内容是落实教学目标、发展学生核心素养的载体。在教学中要重视对教学内容的整体分析,帮助学生建立能体现数学学科本质、对未来学习有支撑意义的结构化的数学知识体系。一方面了解数学知识的产生与来源、结构与关联、价值与意义,了解课程内容和教学内容的安排意图;另一方面强化对数学本质的理解,关注数学概念的现实背景,引导学生从数学概念、原理及法则之间的联系出发,建立起有意义的知识结构。通过合适的主题整合教学内容，帮助学生学会用整体的、联系的、发展的眼光看问题，形成科学的思维习惯，发展核心素养。"真数学"的教学主张符合课标的精神，体现在两方面：一是教学内容的契合，二是学习方式的契合。"真数学"要求教师要结合教材的具体内容把教材中潜在的发现探索过程提炼出来并使之表面化，也就是教师要暴露自己的思维过程使知识的发生过程与学生的认识过程同步，即通过真实情境使教材中的知识活起来，用核心问题和思维活动把知识贯穿起来，使学生真正领悟到知识的本质以及解决问题的思想和方法。教师创设真实性问题情境（任务），让学生在思考、表达、质疑、提问、解决问题的过程中提升学习力方面的学科素养。

"真知"即数学的本质。数学的每个知识点并非独立存在的，知识与知识之间都有其内在的逻辑关联，它们之间总能找到连接新旧知识的生长点。张奠宙先生曾经说过："数学教学的有效性关键在于对数学本质的把握、揭示和体验。"我们不应该局限于教材表面的知识，而应该根据知识的前后联系，梳理知识的重点和难点，通过深度解读教材，抓住数学实质，透过现象看本质，让课堂更有数学味。如何深度解读教材？这需要教师充分挖掘各部分知识之间的联系与区别，将知识重组后串点成线、重组成片、编织成网，从而帮助学生在大脑中形成较为完整的知识链，实现知识本质上的融合，使学生加深对数学的理解，知其然也知其所以然，对数学本质的理解拾级而上。

因此，教学追求"真知"是必要的。在追求"真知"的过程中，帮助学生厘清知识的来龙去脉，建立知识的内在关联；引导学生学会整理知识，从而深刻理解数学知识的本质和深度把握知识的内在结构；将零散的知识逐渐条理化、清晰化和系统化，增强学生整体性数学思维。

第一节 纵读:把握联系 建构图谱

现行教材有各种版本。纵读指的是对学校所使用的教材进行系统解读,根据知识的前后联系构建知识地图。大部分认知学家将知识分为陈述性知识和程序性知识。马扎诺(2015)认为,陈述性知识主要是有关事实、概念的知识,而程序性知识要求学生展开一个过程或者展示一项技能。埃里克森等人(Erickson et al,2017)指出,大多数课程标准的问题在于知识太零散、太多,如果对所有的知识要点进行切割、平均用力,每一个知识点都要覆盖到,就很容易陷入成千上万的零散知识和技能之中,这样反而失去了理智的深度和整合运用的可能性。确实,在我们日常的课堂教学中,较为常见的是知识点的教学,大量的内容挤占了教师和学生深入探索某一个概念的时间。在《人是如何学习的》这本书中,作者比较了专家和新手的差异,认为:专家的知识不是对相关领域的事实和公式的简单罗列,相反它是围绕核心概念或"大观点"组织的,这些概念和观点引导他们去思考的领域。因此,要引导学生进行深度学习,教师需要寻找从核心概念到关键概念再到知识点的一整套知识体系。这一整套知识体系就是学生要学习的核心知识。确定核心知识有两种主要方式。第一,自下而上地构建:从知识点、教材和学生的迷思概念往上寻找更适合的上位概念。第二,自上而下地构建:从课程标准,抽象的学科、跨学科往下寻找特定的知识内容和主题。本书采用的是两种方式的结合,寻找知识内容和主题,确定知识点,构建了知识网络。依据《义务教育数学课程标准(2011年版)》建构了小学数学知识图谱,包括数的认识、代数、四则运算、图形与几何、解决问题(解决代数部分)、统计与概率、综合与实践等(见二维码)。

《义务教育数学课程标准(2022年版)》把数学分为四个领域、七个主题,七个主题分别是数与运算,数量关系,图形的认识与测量,图形的位置与运动,数据分类,数据的收集、整理与表达,随机现象发生的可能性。我们可以按七个主题提炼核心知识,建构知识图谱。具体如图4-1:

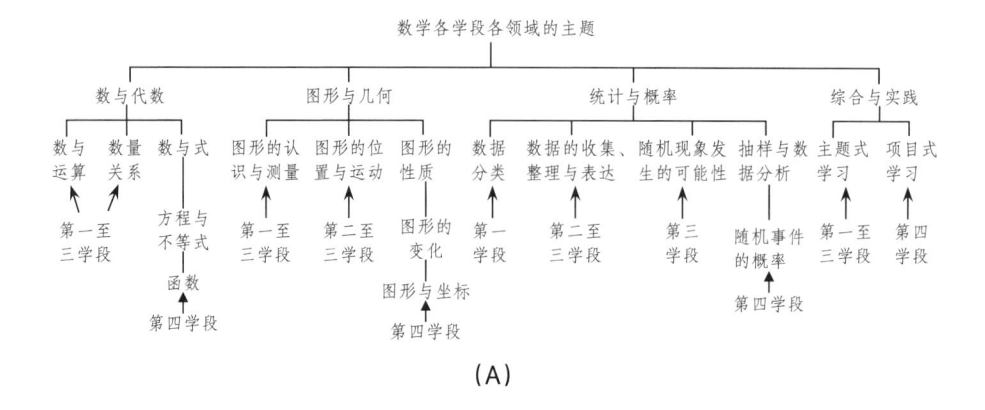

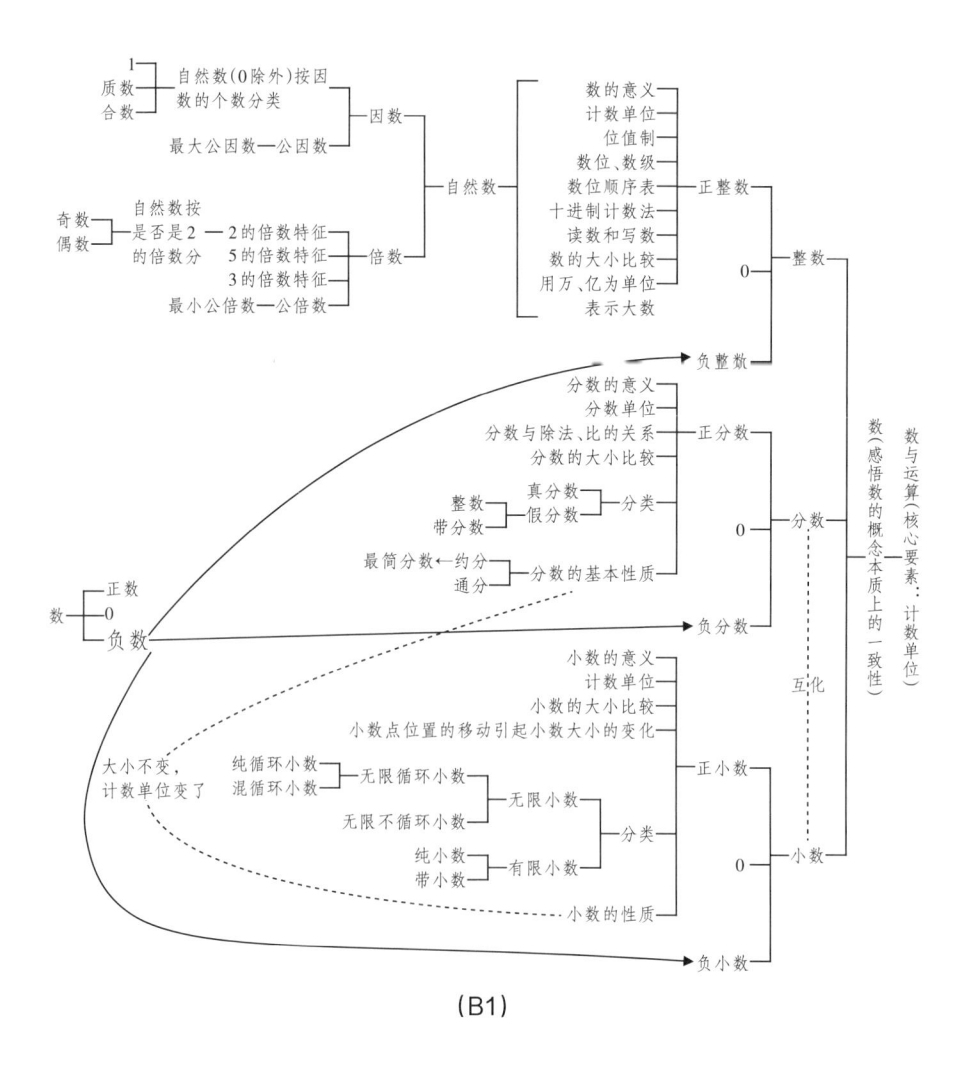

(A)

(B1)

第四章 真知:追寻数学的本质

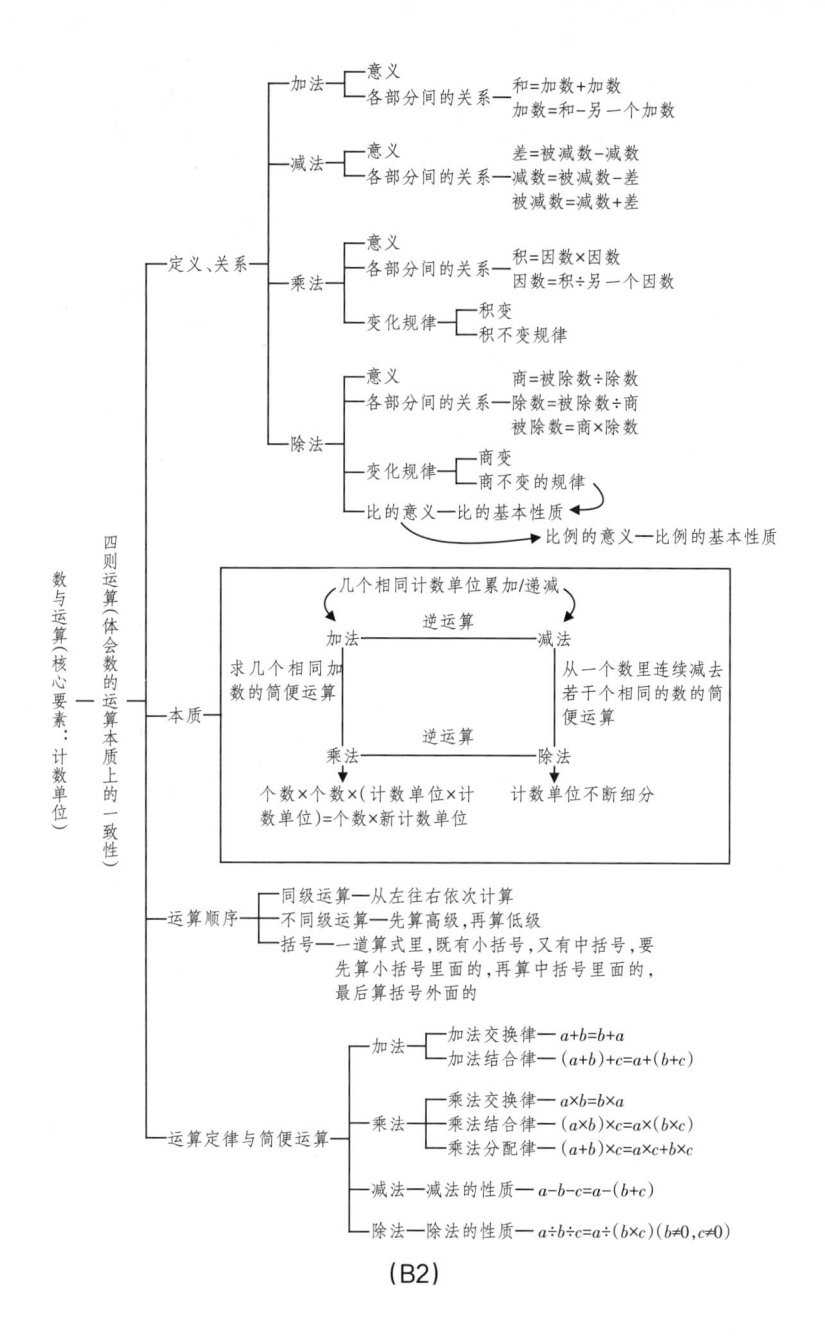

数与运算(核心要素：计数单位) ─ 四则运算(体会数的运算本质上的一致性)

- **定义、关系**
  - 加法
    - 意义
    - 各部分间的关系 ── 和=加数+加数；加数=和−另一个加数
  - 减法
    - 意义
    - 各部分间的关系 ── 差=被减数−减数；减数=被减数−差；被减数=减数+差
  - 乘法
    - 意义
    - 各部分间的关系 ── 积=因数×因数；因数=积÷另一个因数
    - 变化规律 ── 积变；积不变规律
  - 除法
    - 意义
    - 各部分间的关系 ── 商=被除数÷除数；除数=被除数÷商；被除数=商×除数
    - 变化规律 ── 商变；商不变的规律
  - 比的意义 ── 比的基本性质 ⟶ 比例的意义 ── 比例的基本性质

- **本质**

  几个相同计数单位累加/递减

  加法 ──逆运算── 减法

  求几个相同加数的简便运算　　　　从一个数里连续减去若干个相同的数的简便运算

  乘法 ──逆运算── 除法

  个数×个数×(计数单位×计数单位)=个数×新计数单位　　　计数单位不断细分

- **运算顺序**
  - 同级运算 ── 从左往右依次计算
  - 不同级运算 ── 先算高级，再算低级
  - 括号 ── 一道算式里，既有小括号，又有中括号，要先算小括号里面的，再算中括号里面的，最后算括号外面的

- **运算定律与简便运算**
  - 加法
    - 加法交换律 ── $a+b=b+a$
    - 加法结合律 ── $(a+b)+c=a+(b+c)$
  - 乘法
    - 乘法交换律 ── $a×b=b×a$
    - 乘法结合律 ── $(a×b)×c=a×(b×c)$
    - 乘法分配律 ── $(a+b)×c=a×c+b×c$
  - 减法 ── 减法的性质 ── $a-b-c=a-(b+c)$
  - 除法 ── 除法的性质 ── $a÷b÷c=a÷(b×c)(b≠0,c≠0)$

(B2)

051

数量关系思维导图

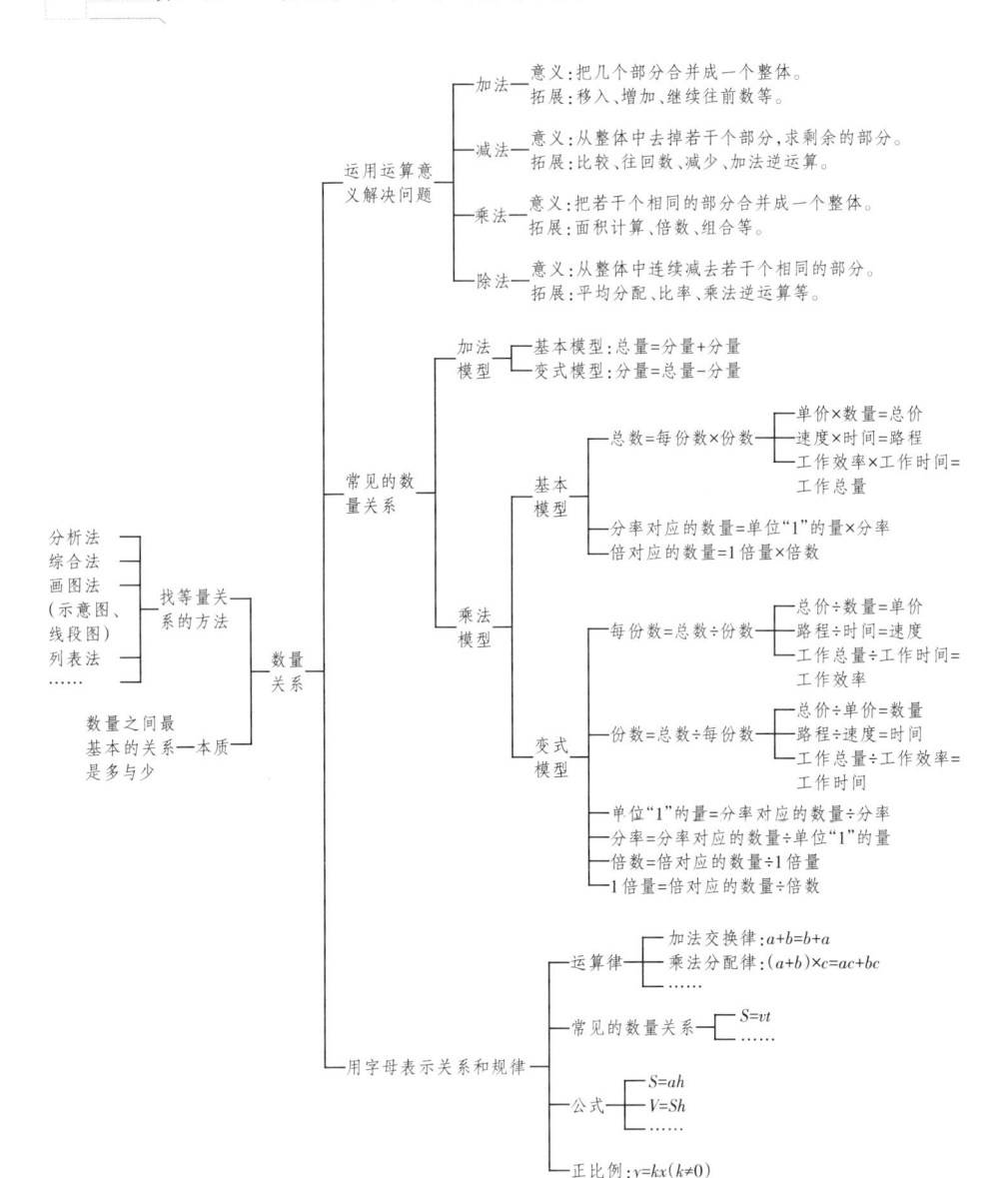

- **数量关系**
  - **找等量关系的方法**
    - 分析法
    - 综合法
    - 画图法（示意图、线段图）
    - 列表法
    - ……
    - 数量之间最基本的关系——本质是多与少
  - **运用运算意义解决问题**
    - 加法
      - 意义：把几个部分合并成一个整体。
      - 拓展：移入、增加、继续往前数等。
    - 减法
      - 意义：从整体中去掉若干个部分，求剩余的部分。
      - 拓展：比较、往回数、减少、加法逆运算。
    - 乘法
      - 意义：把若干个相同的部分合并成一个整体。
      - 拓展：面积计算、倍数、组合等。
    - 除法
      - 意义：从整体中连续减去若干个相同的部分。
      - 拓展：平均分配、比率、乘法逆运算等。
  - **常见的数量关系**
    - 加法模型
      - 基本模型：总量=分量+分量
      - 变式模型：分量=总量-分量
    - 乘法模型
      - 基本模型
        - 总数=每份数×份数
          - 单价×数量=总价
          - 速度×时间=路程
          - 工作效率×工作时间=工作总量
        - 分率对应的数量=单位"1"的量×分率
        - 倍对应的数量=1倍量×倍数
      - 变式模型
        - 每份数=总数÷份数
          - 总价÷数量=单价
          - 路程÷时间=速度
          - 工作总量÷工作时间=工作效率
        - 份数=总数÷每份数
          - 总价÷单价=数量
          - 路程÷速度=时间
          - 工作总量÷工作效率=工作时间
        - 单位"1"的量=分率对应的数量÷分率
        - 分率=分率对应的数量÷单位"1"的量
        - 倍数=倍对应的数量÷1倍量
        - 1倍量=倍对应的数量÷倍数
  - **用字母表示关系和规律**
    - 运算律
      - 加法交换律：$a+b=b+a$
      - 乘法分配律：$(a+b)\times c=ac+bc$
      - ……
    - 常见的数量关系
      - $S=vt$
      - ……
    - 公式
      - $S=ah$
      - $V=Sh$
      - ……
    - 正比例：$y=kx(k\neq 0)$

(C)

第四章 真知：追寻数学的本质

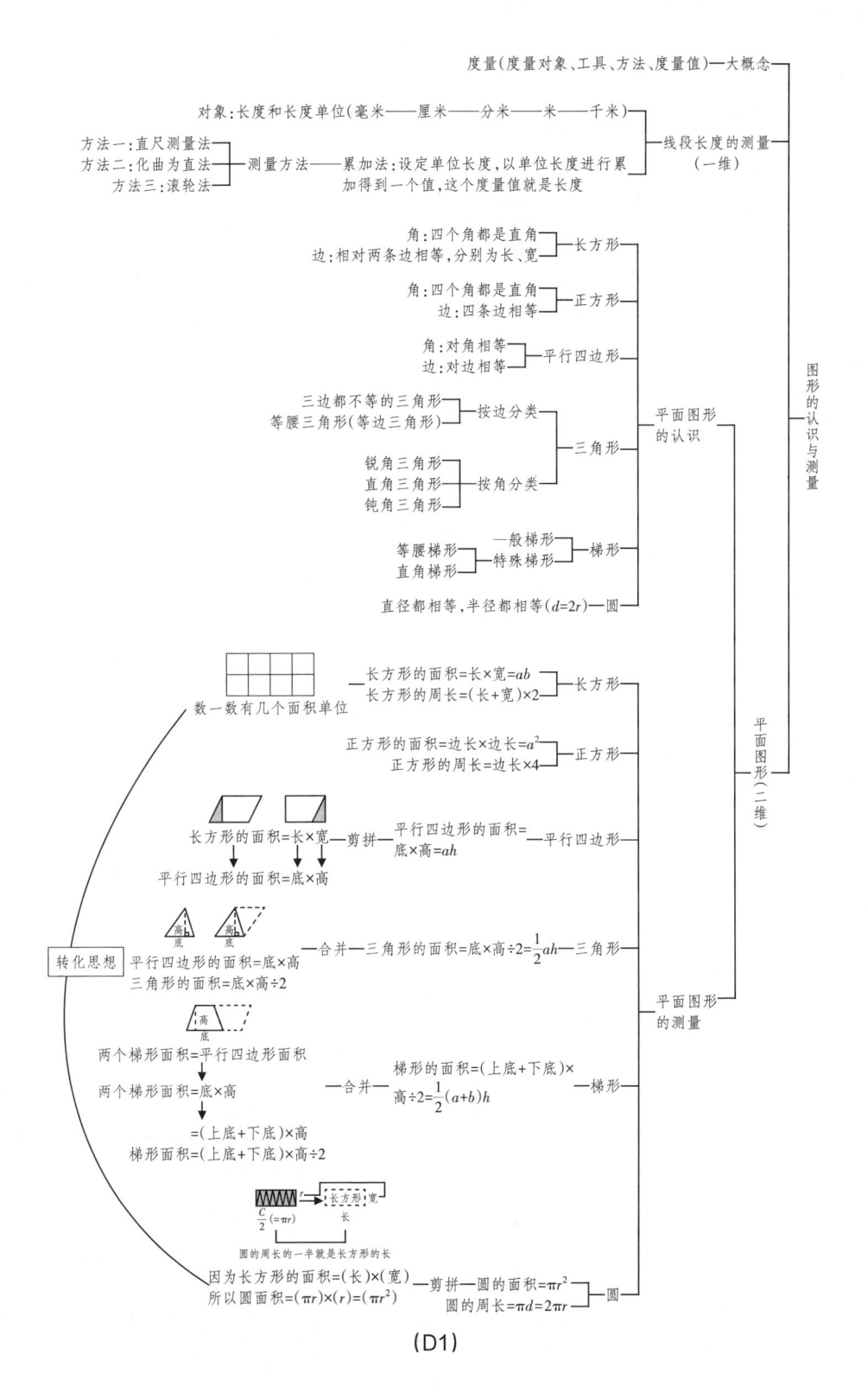

度量(度量对象、工具、方法、度量值)——大概念

图形的认识与测量

线段长度的测量（一维）

- 对象：长度和长度单位(毫米——厘米——分米——米——千米)
- 测量方法
  - 方法一：直尺测量法
  - 方法二：化曲为直法
  - 方法三：滚轮法
- 累加法：设定单位长度，以单位长度进行累加得到一个值，这个度量值就是长度

平面图形的认识（二维）

- 长方形
  - 角：四个角都是直角
  - 边：相对两条边相等，分别为长、宽
- 正方形
  - 角：四个角都是直角
  - 边：四条边相等
- 平行四边形
  - 角：对角相等
  - 边：对边相等
- 三角形
  - 按边分类：三边都不等的三角形；等腰三角形(等边三角形)
  - 按角分类：锐角三角形；直角三角形；钝角三角形
- 梯形
  - 一般梯形
  - 特殊梯形：等腰梯形、直角梯形
- 圆：直径都相等，半径都相等($d=2r$)

平面图形的测量

数一数有几个面积单位

- 长方形
  - 长方形的面积=长×宽=ab
  - 长方形的周长=(长+宽)×2
- 正方形
  - 正方形的面积=边长×边长=a^2
  - 正方形的周长=边长×4

转化思想

- 平行四边形
  - 长方形的面积=长×宽 —剪拼→ 平行四边形的面积=底×高=ah
  - 平行四边形的面积=底×高
- 三角形
  - 平行四边形的面积=底×高 —合并→ 三角形的面积=底×高÷2=$\frac{1}{2}ah$
  - 三角形的面积=底×高÷2
- 梯形
  - 两个梯形面积=平行四边形面积
  - 两个梯形面积=底×高
  - =(上底+下底)×高
  - 梯形面积=(上底+下底)×高÷2
  —合并→ 梯形的面积=(上底+下底)×高÷2=$\frac{1}{2}(a+b)h$
- 圆
  - $\frac{C}{2}(=\pi r)$ 长方形 宽r 长
  - 圆的周长的一半就是长方形的长
  - 因为长方形的面积=(长)×(宽) —剪拼→ 圆的面积=πr^2
  - 所以圆面积=$(\pi r)×(r)=(\pi r^2)$
  - 圆的周长=$\pi d=2\pi r$

(D1)

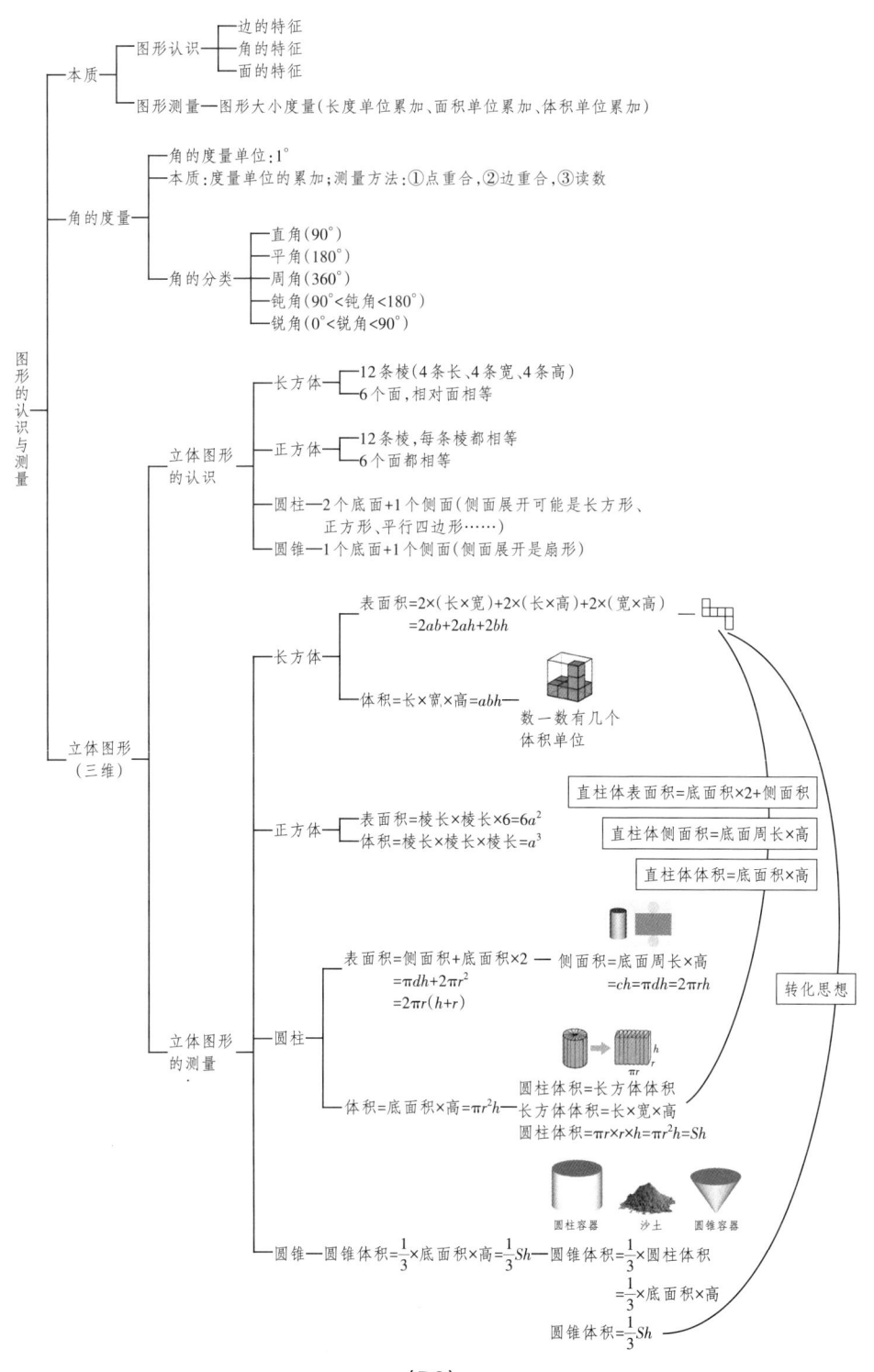

```
图形的认识与测量
├─ 本质
│   ├─ 图形认识 ─┬─ 边的特征
│   │           ├─ 角的特征
│   │           └─ 面的特征
│   └─ 图形测量 ── 图形大小度量(长度单位累加、面积单位累加、体积单位累加)
│
├─ 角的度量 ─┬─ 角的度量单位:1°
│           ├─ 本质:度量单位的累加;测量方法:①点重合,②边重合,③读数
│           └─ 角的分类 ─┬─ 直角(90°)
│                       ├─ 平角(180°)
│                       ├─ 周角(360°)
│                       ├─ 钝角(90°<钝角<180°)
│                       └─ 锐角(0°<锐角<90°)
│
├─ 立体图形的认识 ─┬─ 长方体 ─┬─ 12条棱(4条长、4条宽、4条高)
│                 │         └─ 6个面,相对面相等
│                 ├─ 正方体 ─┬─ 12条棱,每条棱都相等
│                 │         └─ 6个面都相等
│                 ├─ 圆柱 ── 2个底面+1个侧面(侧面展开可能是长方形、正方形、平行四边形……)
│                 └─ 圆锥 ── 1个底面+1个侧面(侧面展开是扇形)
│
└─ 立体图形的测量(三维)
    ├─ 长方体 ─┬─ 表面积=2×(长×宽)+2×(长×高)+2×(宽×高)
    │         │        =2ab+2ah+2bh
    │         └─ 体积=长×宽×高=abh ── 数一数有几个体积单位
    │
    ├─ 正方体 ─┬─ 表面积=棱长×棱长×6=$6a^2$
    │         └─ 体积=棱长×棱长×棱长=$a^3$
    │
    ├─ 圆柱 ─┬─ 表面积=侧面积+底面积×2    侧面积=底面周长×高
    │       │        =$\pi dh+2\pi r^2$         =$ch=\pi dh=2\pi rh$
    │       │        =$2\pi r(h+r)$
    │       └─ 体积=底面积×高=$\pi r^2 h$
    │              圆柱体积=长方体体积
    │              长方体体积=长×宽×高
    │              圆柱体积=$\pi r\times r\times h=\pi r^2 h=Sh$
    │
    └─ 圆锥 ── 圆锥体积=$\frac{1}{3}$×底面积×高=$\frac{1}{3}Sh$ ── 圆锥体积=$\frac{1}{3}$×圆柱体积
                                                              =$\frac{1}{3}$×底面积×高
                                                   圆锥体积=$\frac{1}{3}Sh$
```

直柱体表面积=底面积×2+侧面积
直柱体侧面积=底面周长×高
直柱体体积=底面积×高

转化思想

(D2)

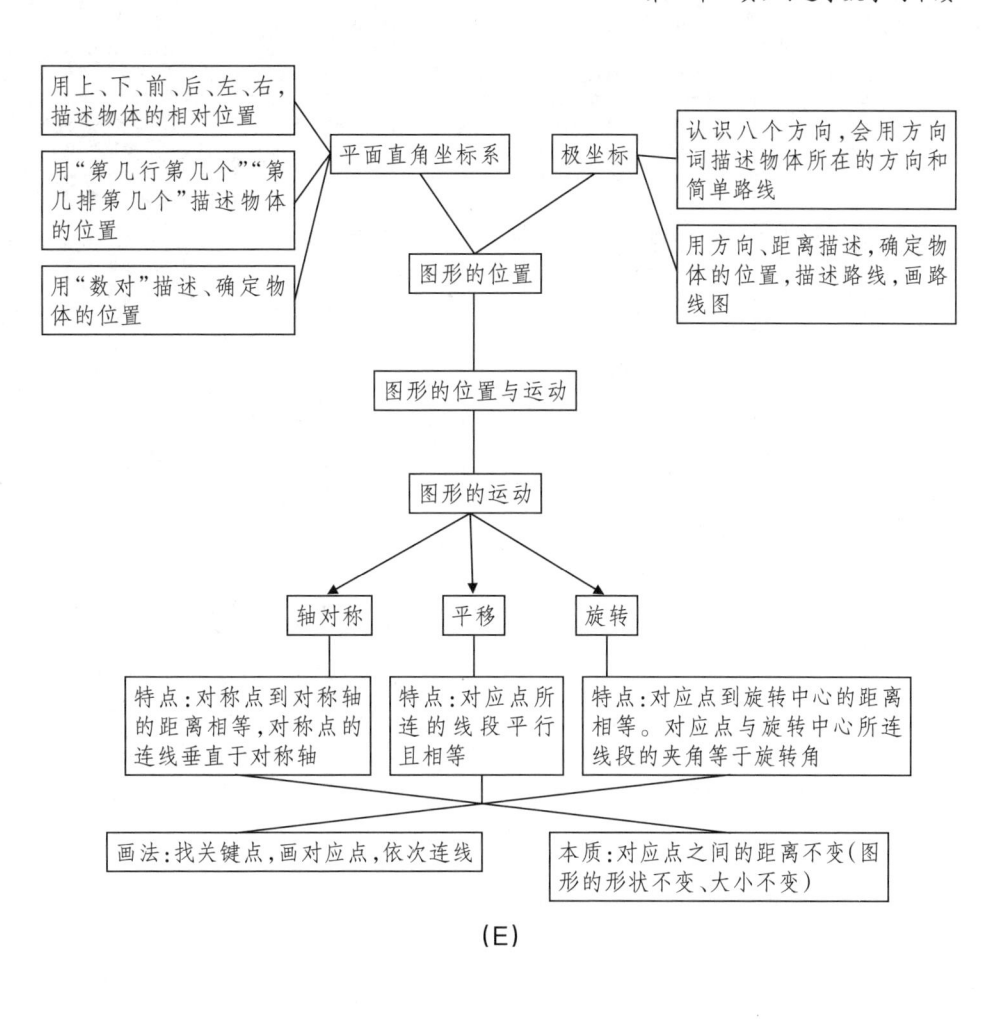

第四章 真知：追寻数学的本质

```
                        ┌─ 用上、下、前、后、左、右，
                        │  描述物体的相对位置
                        │                              ┌─ 认识八个方向，会用方向
                        │  用"第几行第几个""第           │  词描述物体所在的方向和
        平面直角坐标系 ──┤  几排第几个"描述物体     极坐标 ┤  简单路线
                        │  的位置                       │
                        │                              └─ 用方向、距离描述，确定物
                        └─ 用"数对"描述、确定物           体的位置，描述路线，画路
                           体的位置                      线图

                               图形的位置

                               图形的位置与运动

                               图形的运动

              ┌─────────────────┼─────────────────┐
            轴对称              平移                旋转

        特点：对称点到对称轴   特点：对应点所      特点：对应点到旋转中心的距离
        的距离相等，对称点的   连的线段平行      相等。对应点与旋转中心所连
        连线垂直于对称轴       且相等           线段的夹角等于旋转角

        画法：找关键点，画对应点，依次连线      本质：对应点之间的距离不变（图
                                              形的形状不变、大小不变）
```

(E)

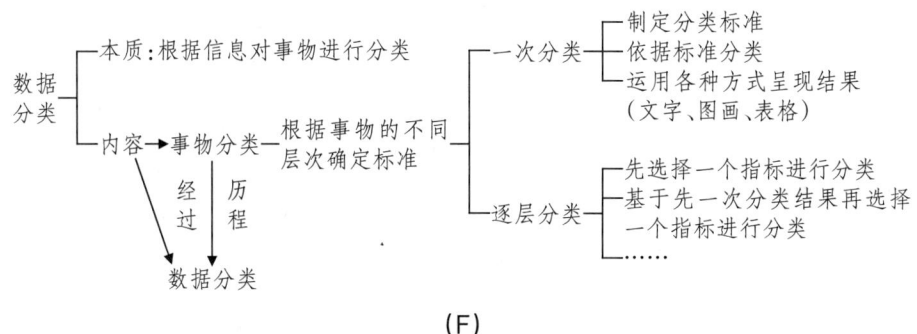

```
                ┌─ 本质：根据信息对事物进行分类                    ┌─ 制定分类标准
                │                                        一次分类 ┤ 依据标准分类
                │                                                │ 运用各种方式呈现结果
      数据      │                          根据事物的不同           （文字、图画、表格）
      分类 ────┤                 ┌─ 事物分类 ── 层次确定标准
                │                │                                ┌─ 先选择一个指标进行分类
                └─ 内容 ─────────┤   经    历                  逐层分类 ┤ 基于先一次分类结果再选择
                                  │   过    程                       │ 一个指标进行分类
                                  └─ 数据分类                        └─ ……
```

(F)

055

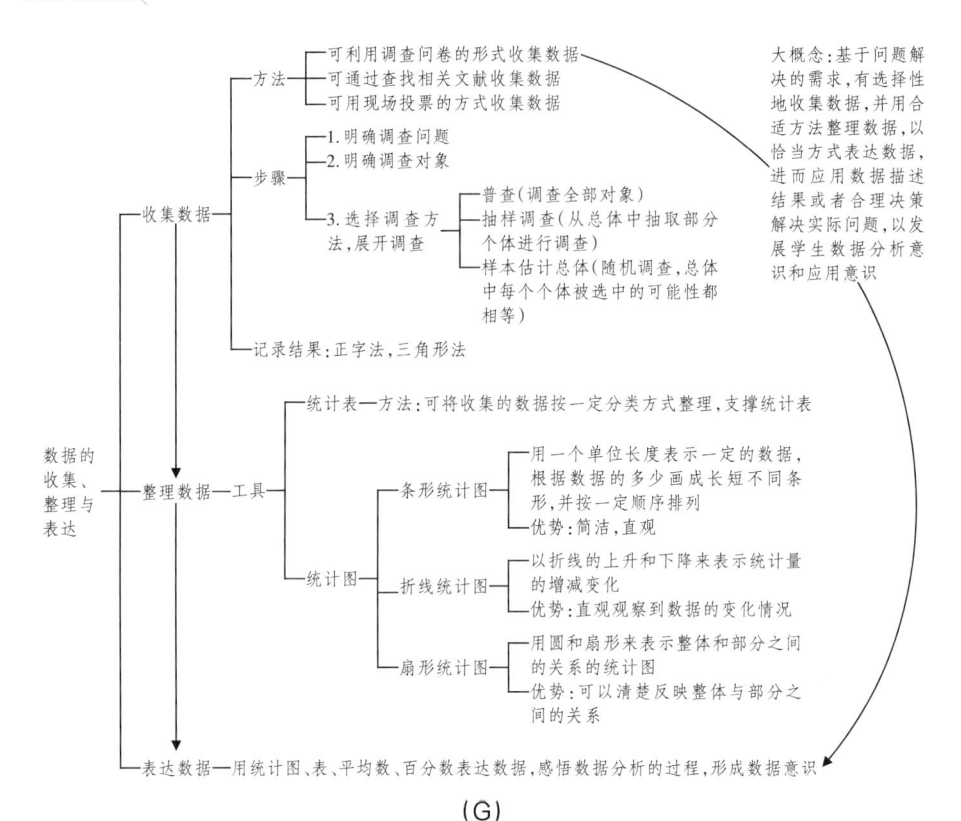

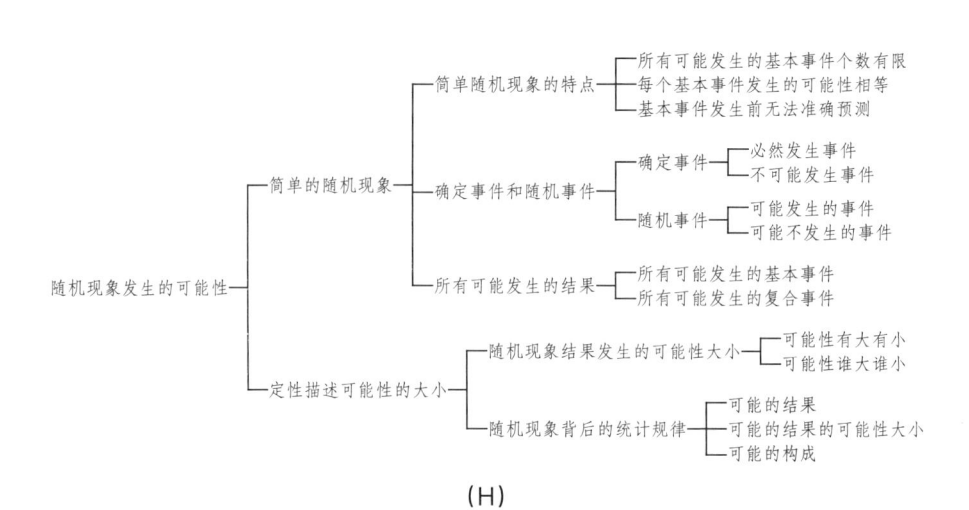

```
                            ┌─ 可利用调查问卷的形式收集数据
                ┌─ 方法 ────┼─ 可通过查找相关文献收集数据
                │           └─ 可用现场投票的方式收集数据
                │
                │           ┌─ 1.明确调查问题
                │           ├─ 2.明确调查对象
   ┌─ 收集数据 ─┼─ 步骤 ────┤                          ┌─ 普查(调查全部对象)
   │            │           └─ 3.选择调查方            ├─ 抽样调查(从总体中抽取部分
   │            │              法,展开调查             │  个体进行调查)
   │            │                                      └─ 样本估计总体(随机调查,总体
   │            │                                         中每个个体被选中的可能性都
   │            │                                         相等)
   │            │
   │            └─ 记录结果:正字法,三角形法
数据的
收集、       ┌─ 统计表 ── 方法:可将收集的数据按一定分类方式整理,支撑统计表
整理与 ─┤
表达     ─ 整理数据 ── 工具 ─┤                    ┌─ 用一个单位长度表示一定的数据,
                              │                    │  根据数据的多少画成长短不同条
                              ├─ 条形统计图 ──────┤  形,并按一定顺序排列
                              │                    └─ 优势:简洁,直观
                              │
                              │                    ┌─ 以折线的上升和下降来表示统计量
                              ├─ 折线统计图 ──────┤  的增减变化
                              │                    └─ 优势:直观观察到数据的变化情况
                              │
                              │                    ┌─ 用圆和扇形来表示整体和部分之间
                              └─ 扇形统计图 ──────┤  的关系的统计图
                                                   └─ 优势:可以清楚反映整体与部分之
                                                      间的关系
   │
   └─ 表达数据 ── 用统计图、表、平均数、百分数表达数据,感悟数据分析的过程,形成数据意识
```

大概念:基于问题解决的需求,有选择性地收集数据,并用合适方法整理数据,以恰当方式表达数据,进而应用数据描述结果或者合理决策解决实际问题,以发展学生数据分析意识和应用意识

(G)

```
                                         ┌─ 所有可能发生的基本事件个数有限
                       ┌─ 简单随机现象的特点 ─┼─ 每个基本事件发生的可能性相等
                       │                      └─ 基本事件发生前无法准确预测
                       │
                       │                              ┌─ 必然发生事件
                       │                  ┌─ 确定事件 ┤
   ┌─ 简单的随机现象 ──┼─ 确定事件和随机事件 ┤         └─ 不可能发生事件
   │                   │                  │            ┌─ 可能发生的事件
   │                   │                  └─ 随机事件 ┤
   │                   │                              └─ 可能不发生的事件
随机现象              │
发生的 ─┤              └─ 所有可能发生的结果 ─┬─ 所有可能发生的基本事件
可能性                                          └─ 所有可能发生的复合事件
   │
   │                                                   ┌─ 可能性有大有小
   │                        ┌─ 随机现象结果发生的可能性大小 ┤
   │                        │                           └─ 可能性谁大谁小
   └─ 定性描述可能性的大小 ┤
                            │                           ┌─ 可能的结果
                            └─ 随机现象背后的统计规律 ──┼─ 可能的结果的可能性大小
                                                        └─ 可能的构成
```

(H)

第四章 真知：追寻数学的本质

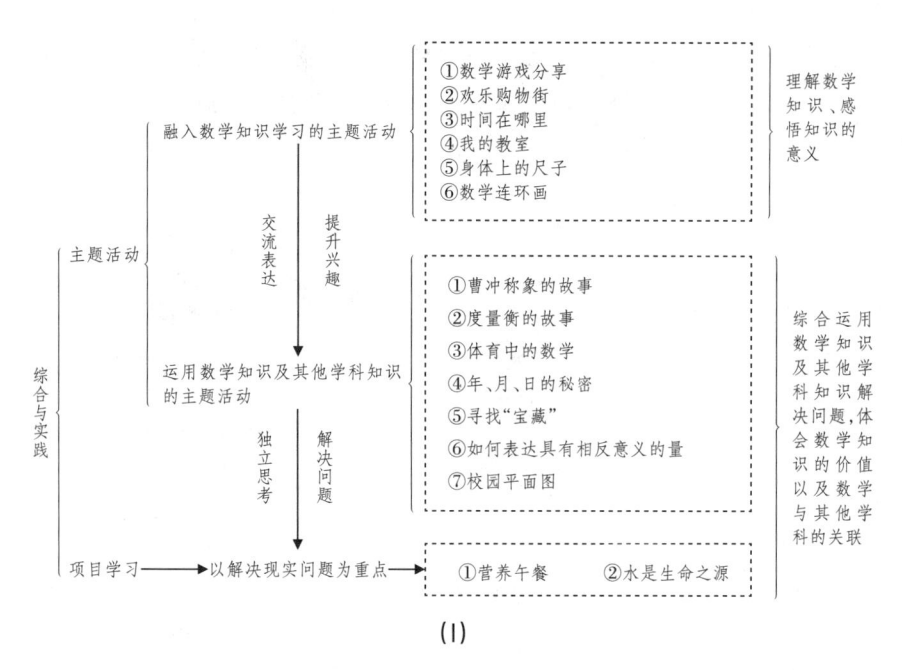

```
                    ┌─ ①数学游戏分享 ─┐
                    │  ②欢乐购物街    │  理解数学
        融入数学知识  │  ③时间在哪里    │  知识、感
        学习的主题活动│  ④我的教室      │  悟知识的
                    │  ⑤身体上的尺子  │  意义
                    └─ ⑥数学连环画 ──┘

主题     交流   提升
活动     表达   兴趣

综合
与
实践    运用数学知识及其他学科知识
        的主题活动

                    ┌─ ①曹冲称象的故事 ─┐  综合运用
                    │  ②度量衡的故事     │  数学知识
                    │  ③体育中的数学     │  及其他学
                    │  ④年、月、日的秘密 │  科知识解
                    │  ⑤寻找"宝藏"      │  决问题，体
                    │  ⑥如何表达具有相   │  会数学知
                    │    反意义的量      │  识的价值
                    └─ ⑦校园平面图 ─────┘  以及数学
                                          与其他学
        独立  解决                        科的关联
        思考  问题

项目学习 ──→ 以解决现实问题为重点  ┌─ ①营养午餐  ②水是生命之源 ─┐
                                 └─────────────────────────────┘
                    (1)
```

图4-1 《义务教育数学课程标准(2022年版)》建构的小学数学知识图谱

核心知识中的概念有助于教师站在更高、更远、更本质的视角考察知识，了解世界，启迪学生的思维，培育学生的情感。而这些概念之下的特定内容主题、知识点就像一座座阶梯，一个个锚，共同使学生的核心素养落地生根。[①]

《义务教育数学课程标准(2022年版)》显示了对课程内容结构化的追求。泰勒说，学习经验既不是一门课程所要传授的内容，也不是教师展开的活动，而是"学习者与使他起反应的环境中的外部条件之间的相互作用"。学科知识必须根据学生学习和发展需要进行筛选、集约、重组和统合，纳入核心素养培育的内容整体结构，需要努力追求"少而重要"，从而达到"纲举目张"的目的。实现结构化教学的重要抓手是进行大单元教学。大单元教学的设计是以"学科观念"为暗线，以"问题解决"为明线，由素养导向的学习目标、引领性的学习主题、挑战性的学习任务、探究性的学习活动、表现性的学习评价为结构性要素，辅以开放性的学习环境和反思性的教学改进。其基本特征是：教学从课时教学走向单元重构，从知识点走向学科大概念，从解题练题走向真实问题解决，从情境导入(环节)走向浸入全部过程，从活动插曲(装饰)走向深度进阶探究，从结论为

[①] 夏雪梅.项目化学习设计：学习素养视角下的国际与本土实践[M].2版.北京：教育科学出版社，2021：52.

本走向思维外显(表现行为),从教教材走向准备资源(即从传统备课走向课程开发)。下面以解读人教版教材三年级上册"吨的认识"[①]一课(见图4-2)为例谈谈如何纵向解读教材,从结构化的视角进行教学设计。

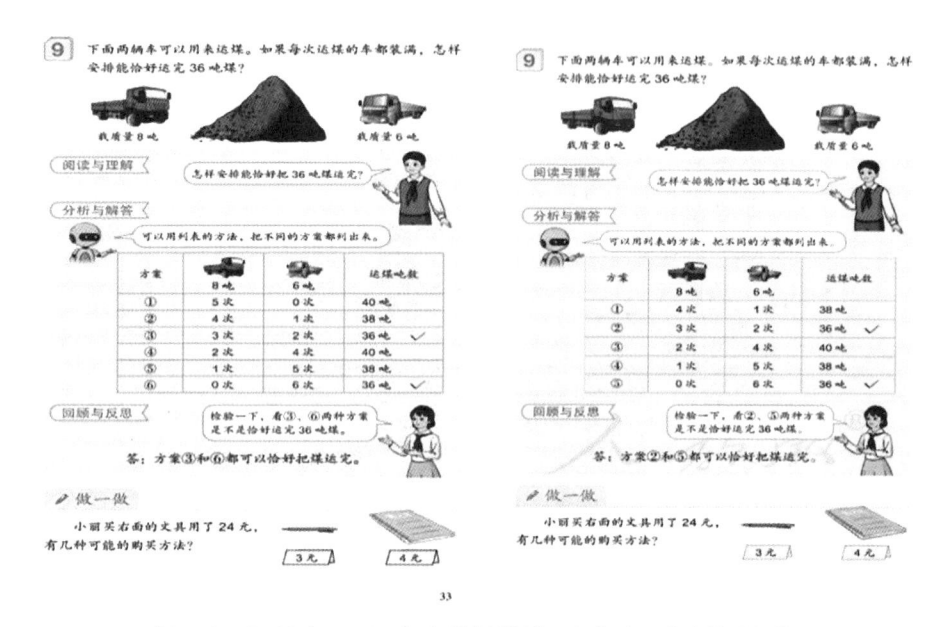

图4-2 2022年、2023年人教版教材三年级上册"吨的认识"

图4-2中左图为2023年人教版教材,右图为2022年版人教版教材,从教材看,两个版本教材都是引导学生从大车入手进行分析、有序列表解决问题,不同的是方案切入点变化了,2022年版的教材呈现的是"大卡车运4次,小卡车运1次,总吨数38吨",2023版教材呈现的是"大卡车运5次,小卡车运0次,总吨数40吨"。那么教材为什么呈现这样的变化呢?纵读教材可以看出,学生在一、二年级学习"摆一摆,想一想"和"搭配"时接触了简单的列表方法和"有序、不重复、不遗漏"的思想;四年级下册教材"鸡兔同笼"用列表法解决问题是从"鸡有8只,兔有0只入手"。可以发现,教材编排是为了有序列表解决问题的一致性。三年级上册在"吨的认识"单元安排"解决问题",这是学生第一次正式用有序列表解决问题,有序列表的本质是"假设法"。假设全部是其中一种事物或事件进行分析,有序列表,另一种事物或事件的数量根据总数进行调整。因此,在进行第一次教学时,就要抓住三个重点:一是如何有序列表——确定第一个方案第

[①] 本书的单元名和课程名,作者在一线教学中做了一定的处理,可能与教材不同。——编辑注

一个数的重要性;二是如何进行调整;三是有序列表的优点。如此教学,与后续"鸡兔同笼"教学一致,体现了知识、方法和数学思想的一致性。基于此,本节课安排了三个任务。任务一:如果你是老板,你会怎么派车?任务二:对比这些派车方案,你发现了什么?先独立思考再和你的小组成员说一说。任务三:对比今天学习的列表法和一、二年级学习的列表法,有什么不一样的地方?和你的同桌说一说。通过任务二和任务三各自的对比,学生不仅理解了列表法的优点、怎么列表更能帮助解决问题,而且为后续解决"鸡兔同笼"问题做好铺垫,初步感悟假设思想,经历"假设—调整—优化"的过程。

很多教师经常就教材教教材,教材这样编,我就这样教,很少思考:教材为什么这样编?这样编的目的是什么?知识前后有什么联系?假如教师没有纵向解读教材,领会教材编排的意图,就难以深入地设计教学任务,也难以实现课程目标。

第二节 横读：对比分析 取适借鉴

每个版本的教材都有独特的优势，教师在教学中除了熟读所用版本教材外，还可以通过对不同版本教材的比较分析，取其长处，为教学所用，以立足知识体系，从整体视角把握数学本质和知识之间的联系，准确定位教学的核心内容，融合各个版本教材的优势，创造性地使用教材。横向对比教材是对同一时期不同版本的教材进行比较，进而相互借鉴。同一时期不同版本的教材虽然都是依据相同的课程标准编写的，但它们却体现着编者不同的编排思路，有着不同的内容结构体系、素材情境和呈现形式等编排特色，它们为教师处理、使用教材，实施教学提供了诸多值得借鉴的丰富资源。横向对比教材，我们应致力于根据实际学情，合理借鉴其他不同出版社教材同一内容编排的特色、优点，读出不同版本教材的"变"与"不变"，领悟教材编写者的意图，从而对自身现行使用教材的某一方面进行某些合理的调整优化，以便更好地为学生的学习与发展服务。

下面以"笔算除法"教学设计为例，阐述如何横向对比教材、解读教材，把握"真知"，优化教学。

很多老师在教学人教版五年级上册第三单元"小数除法"例2（图1）时，常常会提出这样的问题：为什么要"添0继续除"？怎么让学生明白"添0继续除"的道理。整数除法和小数除法如何做到运算的一致性呢？整数笔算除法与小数笔算除法在内容编排上如何做到算理一脉相承呢？一次偶然的机会，我接触到了台湾康轩版教材，好奇心促使我对两个版本的教材进行了研读和对比。两个版本教材在笔算除法内容编排上有共性也有个性。

第四章 真知:追寻数学的本质

2 王鹏的爷爷计划16天慢跑28 km,平均每天慢跑多少千米?

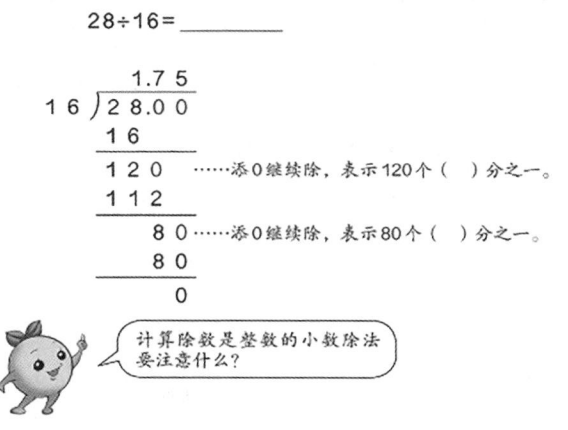

28÷16=＿＿＿＿

$$\begin{array}{r}1.75\\16\overline{\smash{)}28.00}\\\underline{16}\\120\\\underline{112}\\80\\\underline{80}\\0\end{array}$$

……添0继续除,表示120个（　）分之一。

……添0继续除,表示80个（　）分之一。

计算除数是整数的小数除法要注意什么?

图1

一、对比教材的相同点和差异

(一)相同点

1.结构编排相同

两个版本的教材都是按照"除数是一位数的笔算除法、除数是两位数的笔算除法"的顺序编排的。在除数是两位数的笔算除法中都是按照"除数是整十数","除数不是整十数"("四舍"法试商,"五入"法试商、"取中"法试商)的次序编排的。

2.内容设置相同

除法包括等分除和包含除。两个版本的教材在内容设置上都是先从等分除入手,让学生体会"从高位除起""一位一位往下分"的过程;在此基础上设计包含除的内容,让学生通过"圈一圈、画一画、分一分"理解包含除的过程。

(二)差异

1.数学情境不同

数学情境有现实生活情境,也有纯数学的情境。指向现实生活的数学情境把现实世界引向符号世界,理解现实生活的数学意义;纯数学的情境是由数学本身的产物构成的情境。无论怎样的数学情境,都应与学生的现实生活、数学生活相联系,都要有利于学生理解所学的数学内容。康轩版教材每个例题都设置生活化的情境,让学生在解决生活问题中理解算理(如图2)。教学实践证明,这样的数学情境更有利于激发学生的学习兴趣,更有利于学生理解算理和解决问题,感受数学与生活的联系。人教版教材例题的内容设置部分与学生的学习情境相关,部分是纯计算(如图3)。

6. 阿寶撿了72片楓葉,平分給19位同學,每人可分到多少片楓葉?還剩下多少片?

72÷19=(3)…(15)

图2

2. 178÷30=____

图3

2.算理呈现不同

两个版本的教材都非常重视算理的呈现,同中有异。人教版教材在"除数是一位数商两位数的笔算除法"中采用分小棒的方式让学生理解"从高位除起"以及每一位商的由来,紧接着的例题呈现算理的过程中主要采用"圈小棒"、"分计数单位"(如图4)或直接给方法,如"178÷30",教材给的是"前两位不够除,看前三位";康轩版教材在等分除的例题中主要呈现"分钱",继而升华为"分计数单位"的过程(如图5),包含除主要呈现的是"做除想乘——被除数里有几个除数"的思想。

学校共有612名学生,每18人组成一个环保小组。可以组成多少组?

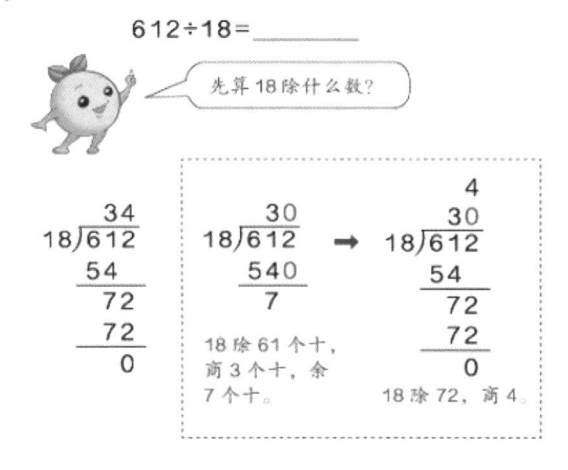

612÷18=____

先算18除什么数?

$$\begin{array}{r}34\\18{\overline{\smash{\big)}\,612}}\\\underline{54}\\72\\\underline{72}\\0\end{array}$$ $$\begin{array}{r}30\\18{\overline{\smash{\big)}\,612}}\\\underline{540}\\7\end{array}$$ → $$\begin{array}{r}4\\30\\18{\overline{\smash{\big)}\,612}}\\\underline{54}\\72\\\underline{72}\\0\end{array}$$

18除61个十,商3个十,余7个十。

18除72,商4。

图4

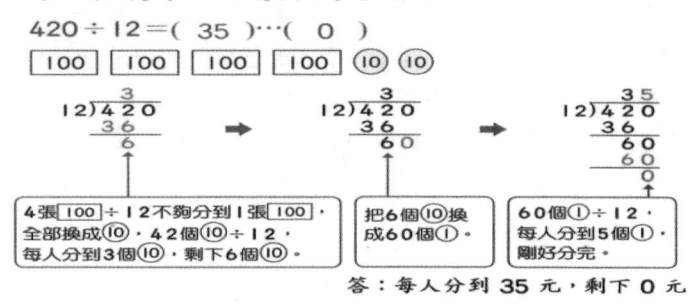

5 烤肉活動後剩下 420 元，平分還給 12 個小朋友，每人可以分到多少元？還剩下多少元？

420÷12=(35)…(0)

| 100 | 100 | 100 | 100 | 10 | 10 |

$$12\overline{)420} \quad \rightarrow \quad 12\overline{)420} \quad \rightarrow \quad 12\overline{)420}$$

4張 100 ÷12不夠分到1張 100 ，全部換成 10 ，42個 10 ÷12，每人分到3個 10 ，剩下6個 10 。

把6個 10 換成60個 1 。

60個 1 ÷12，每人分到5個 1 ，剛好分完。

答：每人分到 35 元，剩下 0 元。

图5

3.算法呈现不同

人教版教材重视学生对算法的理解和抽象概括，如一些例题安排有"提示"（图6），每个单元末运用留白的方式引导学生小结计算方法（图7）。如三年级下册呈现的是"小组讨论：除数是一位数的除法怎样计算？"，四年级上册呈现的是"总结一下除数是两位数的除法的计算方法"。康轩版教材没有呈现算法。

被除数的前两位比30小，该怎么办？ 30)178　17<30　被除数的前两位不够除，要看前三位。

图6

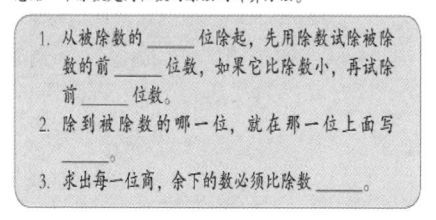

总结一下除数是两位数的除法的计算方法。

1. 从被除数的_____位除起，先用除数试除被除数的前_____位数，如果它比除数小，再试除前_____位数。
2. 除到被除数的哪一位，就在那一位上面写_____。
3. 求出每一位商，余下的数必须比除数_____。

图7

二、教学启示及实施策略

从两个版本教材的编排，我们可以得到以下启示，融合两个版本教材的优势，在教学中明晰算理，提升算法，彰显运算的一致性。

(一)把握整体、明晰本质

数学知识的教学，要注重知识的整体性、注重知识的"生长点"和"延伸点"，把每堂课的知识置于数学知识的体系中，注重知识结构，处理好局部与整体的关系，引导学生感受数学的整体性。要引导学生感悟知识的本质，教师首先要高屋建瓴,明晰笔算除法的本质,并以此建立起结构体系。根据知识的内部结构,教材一般按"整数除法—小数除法—分数除法"编排。两个版本教材在情境设置、例题设置方面虽不尽相同,但知识的本质却是相同的,教师要心中有数,准确把握。除法的本质是"平均分",即"一个一个地分,一份一份地分"。笔算除法的本质是不断地平均分,从高位分起,最高位不够,就再细分更小的计数单位,每次分得几个这样的计数单位,就在那一位上商几。教师只有充分明晰知识的本质,才能在教学中进行有效、合理的设计。

(二)对比融合、彰显本质

综上分析,康轩版教材在情境设置上更有利于学生理解算理,解决问题;在算理的编排上做到了整数除法与小数除法的算理一脉相承。人教版教材编排了笔算除法算法,这更有利于学生抽象概括和运用。在教学中,教师可以融合两个版本教材编排的优势,前后一致地设计笔算除法例题。

如三年级下册"除数是一位数的笔算除法",教师可设计如下例题:姐姐拿出52元,平均分给2个妹妹,每个妹妹可以得到多少元?

学生可能从"十元"分起,也可能从"一元"分起,教师可放手让学生操作,借助"分钱"理解算理。

从"十元"分起:

$$
\begin{array}{r}
2\\
2{\overline{\smash{\big)}\,52}}\\
\underline{4}\cdots\cdots\text{分掉4个"十元"}\\
1\cdots\cdots\text{还剩1个"十元"}
\end{array}
\qquad
\begin{array}{r}
2\\
2{\overline{\smash{\big)}\,52}}\\
\underline{4}\\
12\cdots\cdots\text{剩下的1个"十元"和2个}\\
\phantom{12\cdots\cdots}\text{"一元"合起来是12个"一元"}\\
\underline{12}\cdots\cdots\text{分掉12个"一元"}\\
0
\end{array}
$$

从"一元"分起:

$$
\begin{array}{r}
1\\
2{\overline{\smash{\big)}\,52}}\cdots\cdots 2\text{中有2个"一元"}\\
\underline{2}\cdots\cdots\text{分掉2个"一元"}\\
5\cdots\cdots\text{还剩5个"十元"}
\end{array}
$$

$$
\begin{array}{r}
21\\
2{\overline{\smash{\big)}\,52}}\cdots\cdots 50\text{中有2个二"十元"}\\
\underline{2}\\
5\\
\underline{4}\cdots\cdots\text{分掉4个"十元"}\\
1\cdots\cdots\text{还剩1个"十元"}\\
\phantom{1\cdots\cdots}\text{要换成10个"一元"}
\end{array}
$$

第四章 真知：追寻数学的本质

```
      2 6
   ┌─────
 2 │ 5 2
     1 2  ……10个"一元"和2个"一元"
     4    合起来是12个"一元"
     ───
       4  12中有6个"二元"
       4
     ───
       0
```

教学中，教师要引导学生数形结合，理解每一部分的过程在算式中的体现，真正明白"分"的道理。

再如，四年级上册"除数是整十数商一位数"的笔算除法，可这样设计：工厂生产了178个音乐盒，平均装成30箱，尽量装完，每箱装多少个？还剩几个？列式为"178÷30="，教师引导学生自主计算，理解每部分的算理。

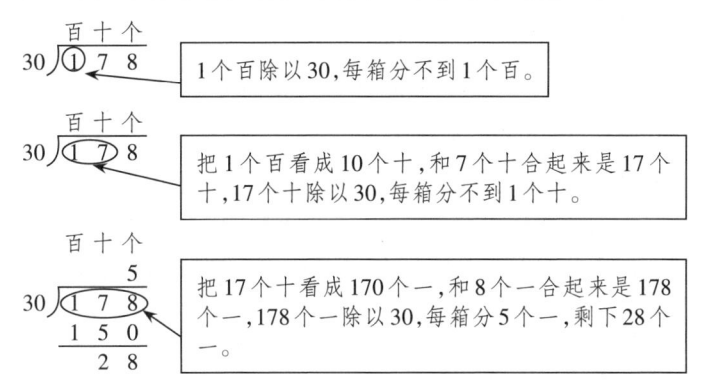

```
    百十个
30)① 7 8     1个百除以30,每箱分不到1个百。
```

```
    百十个
30)1̃ 7 8     把1个百看成10个十,和7个十合起来是17个
             十,17个十除以30,每箱分不到1个十。
```

```
    百十个
        5
30)1 7 8     把17个十看成170个一,和8个一合起来是178
   1 5 0     个一,178个一除以30,每箱分5个一,剩下28个
   ─────     一。
     2 8
```

四年级上册"除数是两位数商两位数"的笔算除法，可这样设计：四年级1班"星星"假日小队队员做拓展活动。活动后，剩下420元，队长把这些剩下的钱平均分给12个队员，每人分到多少元？引导学生列式"420÷12="。由于学生存在个体差异，他们可根据已有生活经验和学习经验，选择"分钱"或分"计数单位"进行计算（如图8）。在交流过程中，教师可引导学生由"分钱"向"分计数单位"过渡，从具体到抽象，培养学生的抽象思维。

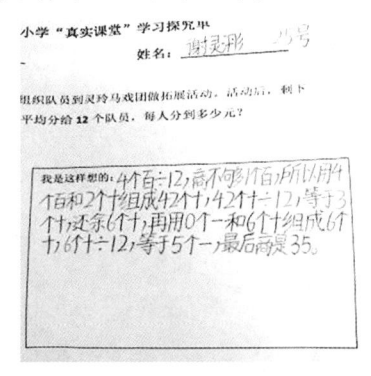

图8

在五年级上册小数除法中,教师可设计如下例题:五年级1班"星星"假日小队队员到灵玲马戏团做拓展活动,剩下426元,队长把这些剩下的钱平均分给12名队员,每人分到多少元?教师可让学生对比四、五年级例题的区别,然后让学生尝试自主计算。学生由于有了三四年级"分钱""分计数单位"的学习经验,遇到除不尽的情况,会根据已有经验继续往下分。有的从"分钱"的角度理解算理,有的从"分计数单位"的角度理解,最高位分不到一个计数单位,就和下一个计数单位合起来接着往下分……个位还有剩怎么办?继续往下分,还剩6元,看成60角,每个人分到5角,也可以看成60个十分之一除以12,得到5个十分之一,5写在十分位上。如此设计,让整数和小数的算理一脉相承。如果迁移到分数除法,亦然。

算理和算法是教学的两翼,两者缺一不可。许多研究表明,那些被允许形成、使用、讨论自我形成的计算法则的小学生往往表现出较高的数意识和运算感,这些学生也能够形成有效的推理策略、更好的交流技能。数学中的各种算法规则一般都是优化的结果,更具有一般性和高效性,许多算法规则往往蕴含着高深的数学思想。因此,计算教学,应该引导学生在理解算理的基础上,总结算法。在进行算法提升时,教师要引导学生进行对比、迁移、讨论,允许学生用自己的语言形成计算规则,鼓励算法多样化,在此基础上进行优化,得出一般性结论,并让学生明白算法规则的优越性,并熟练掌握各种算法规则。在教学除数是一位数和除数是两位数的笔算除法时,可以按人教版教材的编排,引导学生用自己的语言归纳概括算法,并在此基础上进行对比,得出一般化的方法,以期更好地解决问题、迁移运用。

通过对不同版本教材的比较分析,教师在进行教学设计时,就能够立足知识体系,从整体视角把握笔算除法的数学本质和联系,准确定位教学的核心内容,融合各个版本教材的优势,创造性地使用教材。

第三节 深读:提炼本质 明晰思想

学科的本质反映了一个学科的关键,指向学科中的大概念。学科的本质起到一个聚合的作用,将学科中零散的、孤立的知识和技能整合起来。教师应深入解读课标、教材,挖掘知识本质,以更好地服务于教学。在教学中,教师常常因自身专业功力不足而难以深入悟透数学概念本质,常常觉得概念教学不够丰富深入,出于心理原因而不断增加解题教学时间与精力,以此作为对学生的补偿,求得自我心理安慰。为改变这种局面,真正做到"减负提质",教师首先要梳理把握学科本质,深入悟透数学本质——数学的本质是思维的符号和工具。

《义务教育数学课程标准(2022年版)》强调单元整体教学设计要整体分析数学内容本质和学生认知规律,分析主题—单元—课时的数学知识和核心素养主要表现,整体设计,分步实施,促进学生对数学教学内容的整体理解与把握,逐步培养学生的核心素养。小学数学课程内容是依据具有一致性的"核心概念"划分为不同主题的,教师在新知探究环节引导学生揭开显性主题内容背后隐藏的"一致性",有助于学生对概念、定理、规定等形成整体认识与理解。如"数与运算"作为单元整体主题,蕴含"一致性"大概念:计数单位是建构数概念的基本概念,也是理解数的运算算理、掌握运算法则的核心概念。学生把握住这一"大概念",能更好地融会贯通"数与运算"的学习内容,其迁移能力会更灵活、数学思考会更深刻。所以,在"数与运算"主题教学的新知探究环节,教师要从具有核心性、统摄性、普适性、迁移性的计数单位入手,引导学生整体感知,逐步强化学生对计数单位一致性的认识与理解。

笔者研究团队提炼、整理了小学数学阶段体现知识本质的相关内容,部分见表4-1—表4-3:

表4-1 数的认识与运算

主题	内容	表征	本质	大概念
数的认识	整数		3表示3个一	表示几个相同的计数单位
			30表示3个十	
			300表示3个百	
			3 000表示3个千	
	分数	$\frac{1}{2}$　　$\frac{1}{2}$	把单位"1"平均分成2份,表示其中一份	
	小数	0.3	把单位"1"平均分成10份,表示其中3份,是$\frac{3}{10}$,也可以写成0.3	

第四章 真知:追寻数学的本质

续表

主题	内容	表征	本质	大概念
数的运算	加法	整数加法： $\underbrace{a_1\text{个一、（十）、（百）、（千）、……}+a_2\text{个一、（十）、（百）、（千）、……}+a_n\text{个一、（十）、（百）、（千）、……}}_{n\text{个数}}$ 例如：$125+49+8=(5+9+8)\times1+(2+4)\times10+1\times100$ 小数加法： $\underbrace{a_1\text{个}0.1\text{、}(0.01)\text{、}(0.001)\text{、}\cdots+a_2\text{个}0.1\text{、}(0.01)\text{、}(0.001)\text{、}\cdots+a_n\text{个}0.1\text{、}(0.01)\text{、}(0.001)\text{、}\cdots}_{n\text{个数}}$ 例如：$5.65+7.83+1.111=(5+7+1)\times1+(6+8+1)\times0.1+(5+3+1)\times0.01+1\times0.001$ 分数加法： $\underbrace{a_1\text{个}\frac{1}{b}+a_2\text{个}\frac{1}{c}+\cdots+a_n\text{个}\frac{1}{n}}_{n\text{个数}}+\underbrace{k_1\text{个}\frac{1}{b}+k_2\text{个}\frac{1}{c}+\cdots+k_n\text{个}\frac{1}{n}}_{n\text{个数}}+\cdots$ 例如：$\frac{3}{8}+\frac{7}{11}+\frac{3}{19}+\frac{5}{8}+\frac{9}{11}+\frac{17}{19}=\frac{3}{8}+\frac{5}{8}+\frac{7}{11}+\frac{9}{11}+\frac{3}{19}+\frac{17}{19}=(3+5)\times\frac{1}{8}+(7+9)\times\frac{1}{11}+(3+17)\times\frac{1}{19}$ 注：$a_n\in\mathbf{N}, k_n\in\mathbf{N}$，且 $n\in\mathbf{N}^*$	n个相同计数单位的累加	计数单位的累加、递减、细分
	减法	总量-分量=分量 $a-b-c-d-\cdots-n=e$ 例如： ▢▢▢ ▢ ▢ $5-3=2$ 独立量-独立量=比较量 $a-b-c-d-\cdots-n=e$ 例如：▢▢▢▢▢ 　　　△△△ ▢比△多多少个？ $5-3=2$（个）	n个相同计数单位的递减	
	乘法	整数乘法： 　20×30 $=(2\times3)\times(10\times10)$ $=6\times100$ $=600$	个数×个数×（计数单位×计数单位）=个数×新的计数单位	

069

续表

主题	内容	表征	本质	大概念
数的运算	乘法	小数乘法： 　0.6×0.8 =6×0.1×8×0.1 =(6×8)×(0.1×0.1) =48×0.01 =0.48 分数乘法： $\frac{2}{3}×\frac{4}{5}=2×\frac{1}{3}×4×\frac{1}{5}$ $=(2×4)×(\frac{1}{3}×\frac{1}{5})$ $=8×\frac{1}{15}=\frac{8}{15}$	个数×个数×(计数单位×计数单位)=个数×新的计数单位	计数单位的累加、递减、细分
	除法	整数除法： 22÷2=(2个十+2个一)÷2=11 小数除法： 0.2÷2=2个0.1÷2=1个0.1=0.1 分数除法： $\frac{2}{5}÷2=2$ 个 $\frac{1}{5}÷2=\frac{1}{5}$ $\frac{2}{5}÷3=2$ 个 $\frac{1}{5}÷3=6$ 个 $\frac{1}{15}÷3=2$ 个 $\frac{1}{15}=\frac{2}{15}$	几个计数单位平均分	

表 4-2　常见数量关系模型及其变式

常见的数量关系	基本表达形式	变式形式	本质
加法数量关系	总量=分量+分量	分量=总量−分量	运用数量关系解决一类具有实际背景的问题
乘法数量关系：每份数×份数=总数	总价=单价×数量	单价=总价÷数量 数量=总价÷单价	
	路程=速度×时间	速度=路程÷时间 时间=路程÷速度	
	工作总量=工作效率×工作时间	工作效率=工作总量÷工作时间 工作时间=工作总量÷工作效率	

表 4-3　图形的测量

类别	意义表征	本质
长度测量	a_1厘米(cm)、分米(dm)、米(m)、千米(km)+a_2厘米(cm)、分米(dm)、米(m)、千米(km)+⋯+a_n厘米(cm)、分米(dm)、米(m)、千米(km)=(a_1+a_2+⋯+a_n)厘米(cm)、分米(dm)、米(m)、千米(km)	计算所要测量的图形包含多少个度量单位
面积测量	a_1平方厘米(cm²)、平方分米(dm²)、平方米(m²)、平方千米(km²)+a_2平方厘米(cm²)、平方分米(dm²)、平方米(m²)、平方千米(km²)+⋯+a_n平方厘米(cm²)、平方分米(dm²)、平方米(m²)、平方千米(km²)=(a_1+a_2+⋯+a_n)平方厘米(cm²)、平方分米(dm²)、平方米(m²)、平方千米(km²)	
角的测量	计算所要测量的图形包含：a个1度	
体积容积测量	a_1立方厘米(cm³)、立方分米(dm³)、立方米(m³)+a_2立方厘米(cm³)、立方分米(dm³)、立方米(m³)+⋯+a_n立方厘米(cm³)、立方分米(dm³)、立方米(m³)=(a_1+a_2+⋯+a_n)立方厘米(cm³)、立方分米(dm³)、立方米(m³)	

教师充分把握知识的本质是上好课的前提和基础,是提高课堂教学效率,减轻学生学习负担的有效举措。《义务教育数学课程标准(2022年版)》指出:教学内容是落实教学目标、发展学生核心素养的载体。在教学中要重视对教学内容的整体分析,帮助学生建立体现数学学科本质、对未来学习有支撑意义的结构化的数学知识体系。一方面了解数学知识的产生与来源、结构与关联、价值与意义,了解课程内容和教学内容的安排意图;另一方面强化对数学本质的理解,关注数学概念的现实背景,引导学生从数学概念、原理及法则之间的联系出

发,建立起有意义的知识结构。因此,教师应基于课标理念,通过多种方式解读教材,对教学内容进行整体分析,把握其本质,形成核心知识体系,体现知识之间的关联。这有助于教师在教学中用整体的视角进行教学,有助于培养学生用整体的、联系的、发展的眼光看问题,形成科学的思维习惯,发展数学核心素养。

第五章

真教：助推学生真学

说到"真教",大家自然而然地想到"假教"。冯卫东老师在《为真学而教》一书中提到教学"三表"现象,即"表面、表层、表演";余文森教授提出"三不教"原则:凡学生自己能看懂的不教;学生看不懂但自己想想又能够弄懂的不教;想想不懂,但经过同学之间讨论能懂的不教。但很多老师很难辨别"哪些要教哪些不教",于是经常把大部分时间花在"三不教"上。因此,谈到"真教",我们必须思考并厘清这样几个问题:哪些内容要教哪些内容不用教?为什么要教?怎么教?教到什么程度?

冯卫东老师指出:真学的实质在于真教;没有真教,或许有真学,但那不是真教所致,而是学习者自身主体性行为所致,是他与"假教"行为进行内在冲突或外在抗争的结果。真教就是要尊重学习。尊重学习是指教师尊重学习者原有的心智结构、学习能力、学习经验以及学习风格的多样性,尊重学习发生的过程及规律。其一是尊重儿童的学习愿望,并以他们未能察觉到的力量将其引领到核心价值、核心素养的方向,而不让其愿望发生偏向。其二是尊重儿童的学习能力,在他们自能学习、自能发展的问题上或领域中,尽可能少插足、少干预和少指导。干预和指导要更多集中和聚焦于其应为、想为而不能为的地方。其三是尊重儿童的学习个性和学习差异,在学生需要帮助的地方予以帮助。[1]那么教师应该在教学的哪些内容、哪个时机进行干预、进行指导,给予学生帮助呢?可参照表5-1。

表5-1 教师恰当的教学干预类型及内容[2]

干预类型	干预内容
焦点式教学干预	针对教学重点、难点的教学干预
差异化教学干预	针对不同的学情设计差异化的学习资源、学习活动、教学策略
个性化助学干预	为学生提供个性化的作业、评价和有针对性的助学方案

数学"真教"除了要尊重学生的学习规律、学习个性和学习差异外,还要根据学生的数学理解进行教学,即以实现学生的数学理解组织探究活动。数学理解是一个积极建构的过程,需要学生主动将新信息、新情境与已有的知识相联

---

[1] 冯卫东.为"真学"而教:优化课堂的18条建议[M].北京:教育科学出版社,2018:195-196.
[2] 袁晓萍.学会向学生借智慧2.0[M].杭州:浙江教育出版社,2023:32.

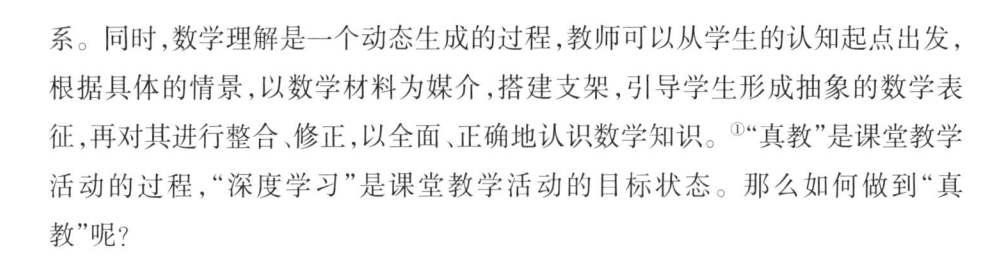

系。同时,数学理解是一个动态生成的过程,教师可以从学生的认知起点出发,根据具体的情景,以数学材料为媒介,搭建支架,引导学生形成抽象的数学表征,再对其进行整合、修正,以全面、正确地认识数学知识。[1]"真教"是课堂教学活动的过程,"深度学习"是课堂教学活动的目标状态。那么如何做到"真教"呢?

第一节
激学:激发动机 促进参与

学习动机,就是有学习的兴趣、渴望和冲动,显然,它们与情感有关。[2]许多研究表明,激活大脑的"情感系统",唤醒情感的认知功能,能够促进学习。洪兰教授指出:"情绪是改变大脑最快的工具。"前文提到,"真教"就是要尊重学生、尊重学生的学习规律、认知规律,所以教师要促进学生积极主动地学习,应根据学生的特点唤醒学生积极的情感认知功能。莫妮克·博卡尔特认为:当学生感觉有能力去完成他们所期望做的事情时,他们会有动机参与到学习之中,并且察觉到行动和成绩之间稳定的联系,他们会重视学习并且有一个明确的目的,他们会在学习活动中经历积极的情绪;反之,当他们察觉到良好的学习环境但却经历着消极的情绪时会厌恶学习。[3]《学习的本质》一书中介绍了激发学习动机的八个"关键原则":

关键原则一:当学生感到有能力达成期望时,他们会更有动力;

关键原则二:当学生感受到特定行动与成就之间的稳定联系时,他们会更加有动力参与到学习中;

关键原则三:当学生重视学习科目并且有一个明确的目标时,他们更有动

---

[1] 蒋敏,张月明."为理解而教":让学生走向深度学习[J].知识窗(教师版),2022(6):69.
[2] 李政涛.活在课堂里[M].上海:华东师范大学出版社,2023:199.
[3] 汉纳·杜蒙,戴维·艾斯坦斯,弗朗西斯科·贝纳维德.学习的本质:以研究启迪实践[M].杨刚,等,译.北京:教育科学出版社,2020:72.

力参与到学习中;

关键原则四:当学生对学习活动持有积极的情绪时,他们更有动力参与到学习中;

关键原则五:当学生经历负面情绪时,他们会从学习中转移注意力;

关键原则六:当学生能够控制其情绪的强度、持续时间以及表达时,他们会为学习释放认知资源;

关键原则七:当学生能够管理他们的资源,并且有效地处理障碍时,他们的学习会更加持久;

关键原则八:当学生感觉到周围的环境有利于学习时,他们会更加有动力参与到学习中并且使用动机调节策略。[①]

以上八个关键原则说明了有利的认知和积极的情绪是可以共同发生作用激励学生主动参与、积极学习的;同时也说明了负面的情绪和错误的归因会阻碍学生的学习并且使其意志消沉。因此,教师要让"真教"促进"真学"的第一要素是教师需要把动机信念以及唤醒学生积极的情绪作为考虑的因素,并使用这一信息去设置高于学生当前水平的认知和动机的区域。随着学生的知识、技能的发展,学生的认知和动机需要也会发生改变,即"从成功走向成功"。第二要素是考虑如何帮助学生处理对学习起反作用的信念和情绪。第三要素是辅助学生建立良好的学习习惯以及意志和情绪调节策略。我每学期都会与三至六年级的部分学生座谈(每班2人),当问到"你最喜欢哪个老师?为什么?你最喜欢上什么课?为什么?"时,学生的反馈是:喜欢和蔼可亲、有趣的老师;喜欢有意思的课堂。有个学生还举了某老师"分段计费"课的例子,该老师的引入很有趣、离同学们的生活很近,他说"朋友家的水管破了,流了很多水,当月水费很高,这水费是怎么计算的呢?"。这样的引入,极大地激起了同学们的兴趣。还有部分学生讲到每次考试有进步或保持优异成绩,老师都会有奖励,奖品丰富多彩,其中奖励的劳动基地里面的蔬菜是同学们的最爱,这样的评价方式极大地激发了他们的学习兴趣和学习自信心。激发、唤醒、帮助,是促进学生热爱学习、会学习的有效策略。

[①] 汉纳·杜蒙,戴维·艾斯坦斯,弗朗西斯科·贝纳维德.学习的本质:以研究启迪实践[M].杨刚,等,译.北京:教育科学出版社,2020:77-87.

第二节 准教：基于学情 以学定教

"真教"的一个关键点是根据学生的学习规律和内心需求展开教学。我们要以"以学定教，以学促教，以学评教，以学改教"的思路，切实把学生置于课堂教学的中央，走向全员育人、全程育人、全科育人。这就要求教师在教学中要基于儿童立场，读懂学生，立足于学生的"已知"，研究学生的学习规律，探求学生的"未知"，根据学生的需求设计教学、展开教学、推进教学、精准教学。那么如何精准教学呢？可从读懂学生、精设问题、开发资源三个维度入手。

一 读懂学生

基于学情，以学定教的关键是读懂学生，如何读懂学生呢？课堂是学生学习的主阵地，如何在课堂上尽可能地走近学生，读懂他们对每一个问题的解答，倾听他们的声音，了解他们的学习状况，适时地为他们提供最有效的帮助，使我们的教学更有效呢？

（一）耐心倾听，读懂学生的精彩

"数学教学是数学活动的教学，是师生之间、生生之间交往互动与共同发展的过程。"教师要学会倾听，倾听学生的课堂发言，欣赏他们思维的闪光点，充分展示学生的不同思路、不同的解法和独特的观点，让课堂成为学生展示思维的地方。

案例："相遇问题复习课"

六年级总复习中，复习解决问题时，教师呈现了这样一题：

甲、乙两车分别从A、B两地相对开出，甲车每小时行60千米，乙车每小时行50千米。两车同时从两地相向开出，在距中点20千米处相遇。A、B两地相距多少千米？

教师组织学生画示意图，学生画出图：

师:从图中你发现了什么?

生1:甲车比乙车多行了20千米。

生2:不对,应该是甲车比乙车多行了40千米。

师:你能结合图解释一下为什么是40千米而不是20千米吗?

学生在图上讲解,但说不清。此时教师有点着急,很想"出面"行使教师的"权利",但最后还是"忍"下来了,这一"忍"真是忍得好。一学生高高举起了手,"老师,我有办法了"。

师:说说你的想法。

生3:把两辆车改成从同一地点向同一方向行驶(学生画出下图),甲车比乙车多行了多少千米,一目了然。

底下的同学有一种豁然开朗的感觉,纷纷点头表示赞同。

师:这样,大家会列式解决了吗?请把想法列在本子上。(学生列式)

大部分学生是这样列的:20×2÷(60-50)=4(小时),(60+50)×4=440(千米)。

正当教师要结束这道题,进入下一题的讲解时(在老师的"预设"中,只有一种方法),一位学生高高举起了手,"我有一种更简单的想法,我是这样想的,甲、乙速度比是6∶5,相同时间内甲乙所行路程比是6∶5,这样40千米对应着一份,全程11份。列式是20×2×(6+5)=440(千米)"。

师(赞许地点点头):你能把以前学的问题,和后来学的有关比的知识结合起来思考,思维灵活,解法也就不同于大家。我们在复习时,就要像这样,善于把所学的知识联系起来思考问题,解决问题。

思考:我们的课堂,不能用少数学生的"知道"掩盖多数同学的"不知道"。案例中的教师耐心地倾听,有序地引导,大大地激活了学生的思维。一是学生自主调整示意图从而理解了"甲车比乙车多行了多少千米"这一解决问题的关键;二是激发学生综合运用所学知识解决问题的能力,充分体现了复习课的特点。正是教师的耐心倾听,收获了这份"意外"的"精彩"。

(二)用心反思,读懂学生的疑难

真实的课堂不可能完全是一种预设的执行与再现,更多的是充满"变数"的"生成"。这些"生成"可能在"预设"之中,也可能是"意料之外",此时教师要及时捕捉学生在学习中产生的问题、思维的受阻情况、错误的解答等,对于意料之中的教师要及时给予帮助指导,充分发挥教师的主导作用;对于意料之外的,教师要积极思维,用心反思,调整教学。

案例:"解比例"片段

例题:法国巴黎的埃菲尔铁塔高320米。北京的"世界公园"里有一座埃菲尔铁塔的模型,它的高度与原塔高度的比是1∶10。这座模型高多少米? 在经过一番讨论分析后,学生明确了1∶10是模型高度与原塔高度的比,于是很快地列式得出 $x:320=1:10$。

师:这个比例你们会解吗? 请在自己的本子上尝试做一做。(学生个个情绪高涨,快速地解题,不到半分钟,均纷纷举手。)

指一名学生板演如下:

$10x=320\times1$

$x=320\div10$

$x=32$

师:说说你是怎么想的?

生1:我是根据比例的基本性质写成 $10x=320\times1$ 的形式,再根据等式的性质解的。

正当老师高兴地肯定这个学生不仅会做题而且还说得有理有据时,海容同学高高地举起了手,"老师,左边用模型的高 x 乘10是什么意思? 右边的 320×1 又是什么意思? 为什么这左右两边会相等呢?"。老师一时语塞,但转念又想老师可不能让学生问倒。于是老师很快地做出反应:"当我们列完这个算式,我们是根据什么来解的?"全班学生异口同声:比例的基本性质。此时又有一优生说:"是啊,我们是根据比例的基本性质来解的。"老师又问:听明白了吗? 海容小声地嘀咕:听明白了。但他的表情分明在说:我还是不明白。

思考:从案例中可以发现学生对于比例的基本性质的内容是知道的,但为什么要"内项乘内项,外项乘外项"呢? 这个"理"是什么? 学生是不知道的。问题到底出在哪儿呢? 从教材的编排看,教材只从"形"上揭示比例的基本性质,缺乏"质"的渗透。教材首先介绍组成比例的四个数的名称,其次是分别计算出比例中的两个内项的积和两个外项的积,从而发现两个乘积的关系,再者是把比例改写成分数的形式,把等号两边的分子和分母交叉相乘,发现积的关系,在此基础上总结出比例的基本性质。教材分几步总结比例的基本性质,但为什么要"内项乘内项,外项乘外项"教材没有涉及。从课堂教学看,大部分老师也是按教材步骤进行教学,很少思考比例的基本性质,思考"为什么内项乘内项会等于外项乘外项?"。

基于以上分析,再结合海容同学在课堂中提出的问题,笔者认为,在教学"比例的基本性质"时可借助如下图形,通过数形结合,来揭示这个性质的本质。

师:你能根据图中的数据写比例吗?

生1:3:4=6:8

　　　3:6=4:8

　　　8:6=4:3

　　　6:3=8:4

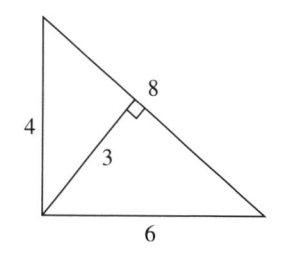

　　　…………

师:认真观察图和这些比例,你发现了什么?

生2:两个比的比值一样。

生3:3×8 = 4×6。

师:你是怎么发现的?

生4:从图上看,3×8÷2是大三角形的面积,4×6÷2也是大三角形的面积,所以3×8 = 4×6。

生5:我也是从图中发现3×8 = 4×6的,因为3×8是底乘高,4×6也是底乘高。

生6:按××同学说的,我发现了两个内项的积等于两个外项的积。

师:同学们看,是不是像这几个同学说的那样,请同学们再对照图和比例验证看看是不是每个比例都有这样的特点。

…………

另外,案例中的海容同学是个善于发现问题、提出问题的同学,而教师为了师道尊严,对于学生提出的问题只是搪塞过去,不但没有引导学生分析解决提出的问题,还扼杀了学生的好奇心和提问题的积极性。如果当时教师放下姿态,耐心引导"海容同学提的这个问题很好,同学们想一想,左边用'模型的高x乘10'是什么意思? 右边的'320×1'又是什么意思?",通过学生的思考、辩论或许能把问题解决掉。这样既肯定了学生发现问题提出问题的能力,保护了学生对数学的好奇心,又培养了学生分析问题解决问题的能力和带着问题思考的习惯。

(三)尊重差异,读懂学生的"个性"

学生是有差异的,这种差异在高年级的课堂学习中体现得尤为明显。为此,在课堂上,教师既要面向全体,又要照顾差异,关注每个孩子的个性,在尊重中读懂学生个性化的方法。

案例:"异分母分数加减法"片段

出示:$\frac{1}{4}+\frac{3}{8}$

师:根据你以往的经验,你觉得结果可能是多少?

生1:$\frac{5}{8}$、$\frac{4}{12}$……

师:到底哪个结果是对的呢?你能用以前学过的方法验证看看吗?

生2:我是化成小数验证的,1÷4=0.25,3÷8=0.375,0.25+0.375=0.625,0.625=$\frac{5}{8}$,所以$\frac{5}{8}$是对的。

生3:我是用画图的方法

生4:我用通分的方法,$\frac{1}{4}=\frac{2}{8}$,$\frac{2}{8}+\frac{3}{8}=\frac{5}{8}$。

生5:我是这样做的1+3=4,4+8=12,所以$\frac{1}{4}+\frac{3}{8}=\frac{4}{12}$。

生6:我不同意她的方法,分母不同怎么能相加减呢?

生7:$\frac{1}{4}$是1个$\frac{2}{8}$,$\frac{3}{8}$是3个$\frac{1}{8}$,分数单位不一样,不能直接相加减。

生8:是啊,我们前两天学习同分母分数加减法,是因为它们的分数单位相同才能相加减。

生9:我们以前学习整数加减法和小数加减法也是要计数单位相同才能直接相加减。

…………

思考："教师在讲课过程中要慷慨地提供事实而吝啬地给予概括。"（苏霍姆林斯基《给教师的建议》）"异分母分数加减法"教学中，教师充分尊重学生的已有知识经验和个性特点，让学生用自己喜欢的方法验证$\frac{1}{4}+\frac{3}{8}$的结果；当学生出现"分子相加做分子，分母相加做分母"时，教师没有急于组织学生来判断这种做法的对错，在学生的辩论中教师也没有急于"插嘴"，而是尊重学生的想法，让学生大胆发表自己的观点，思维的火花不停地得到碰撞，学生不仅联想到了同分母分数加减法的计算本质，还联想到了整数、小数加减法算法背后的本质，即"相同计数单位才能相加减"。如此教学，算理让学生自己理解，算法让学生自己概括，回顾整理也在学生自己的辩论中解决，教学目标水到渠成，正是因为教师的这份尊重，成就了学生的这份精彩。

（四）教学前测，读懂学生的经验

我国著名教育家陶行知先生做过"接知如接枝"的生动比喻："我们要有自己的经验做根，以这经验所发生的知识做枝，然后别人的知识方才可以接得上去，别人的知识方才成为我们知识的一个有机部分。"由此，我们的课堂教学就当顺势而为，在尊重儿童当前学情的基础上展开系列活动实践，让儿童借助"前经验"快乐起跳，摘取属于自己认知的那份认同果实。但学生的前经验对学习来说有时是正迁移，有时是负迁移。教师要善于借助"前测"这一有效工具了解学生的"已知"，再进行有效教学设计和实践。

例如教学"平行四边形的面积"时很多教师会做铺垫工作（如图1），将割补的思想渗透其中，然后出示平行四边形（如图2），让学生探究平行四边形该如何转化成长方形，最后推导出公式。或者按照教材编排方式进行教学，让学生数一数小方格（如图3），然后填入表格（表1）。这两种教法都是出于教师的主观需要，是教师为主导，其带给学生的思维空间并不大：学生几乎不需要太多思考，顺着教师的问题就能回答。而"真数学"主张把学习还给学生，让学生发现提出问题，从这些问题中梳理和聚焦两三个关于核心内容的真问题，再让学生思考与合作探究。课堂中，学生积极主动，善于倾听，勤于思考，敢于质疑，自信大方表达，或补充，或修正，或肯定，或质疑，充满主见与深刻性地争辩，每一个学生都是知识、思想、方法的生产者，学习的主人。

图1

图2

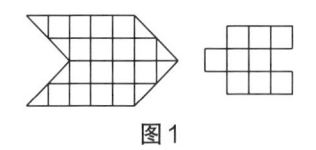

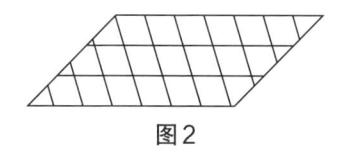

在方格纸上数一数,再填写表1。(一个方格代表1 m²,不满一格的按半格计算。)

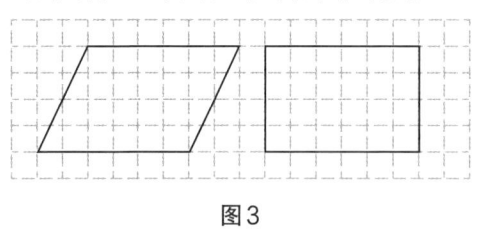

表1

平行四边形	底	高	面积
长方形	长	宽	面积

图3

为了了解学生的前经验,我们可以进行前测。如题:纸上印了一个平行四边形(没画高),请你认真思考,回答以下几个问题。

1.你认为这个平行四边形的面积该怎么计算?请自己量取有关数据,并计算。

2.你为什么这样算,请说明你的想法。

经过统计,前测情况如下:

统计项	底乘高的方法	分割计算且算对的	邻边相乘的方法	用算周长的方法	其他错误方法
使用率	19.2%	8.8%	52.8%	5.7%	13.5%

从上述调研可知,学生第一次遇到求平行四边形的面积,往往会想到"邻边相乘"的方法,而且使用这种方法的学生所占比例极高。很明显,学生受到了长方形面积、正方形面积以及平行四边形特性等学习经验的干扰,即负迁移。他们不仅把平行四边形的一组邻边看成了长和宽,而且潜意识地认为,平行四边形的面积就应该用计算长方形面积那样的方法来算。

思考: 为体现"以学定教",可以进行如下教学。提供一个平行四边形,请学生自己测量、计算后交流小组方法。学生方法各异,答案不同。教师提供方格图,然后将平行四边形移入。学生通过讨论,得出以下方法。方法一,数格子,不满一个的一个个拼起来;方法二,将左边三角形整体平移,所有方格都是完整的,平行四边形包含几个面积单位也就一目了然;方法

三,把平行四边形沿着高剪下一个三角形,拼到另一边,拼成一个长方形,长方形的长就是平行四边形的底,长方形的宽就是平行四边形的高,它们面积一样。

在教学过程中,当教师呈现方格图,移入平行四边形时,学生表现出的是欣喜——因为熟悉,所以欣喜。此时,未知的问题跟以往的经验衔接上了,学生认知的道路就此打通。学生直观感受到,只有将图形如此变形,才能够最方便地计算出它包含几个面积单位。如此,学生的学习经验得到发展和完善,他们深刻理解了利用割补法将平行四边形转化为长方形的做法。对于学生而言,在学习过程中通过经历、体验、反思后建构起来的学习力,才是他们真正沉淀下来的学习能力,是他们能够"带得走"的素养,也是维系他们未来继续学习乃至终身学习的宝贵财富。

总之,教师要关注学生,尊重学生的认知规律和认知过程,实现教学方式、学习方式的自然结合,促进学生富有情感地主动参与。教师只有走近学生才能走进学生,真正读懂学生,做到"以学定教",实现"准教"。

二 精设问题

要做到"准教",了解学情是基础,问题设计是关键。著名数学家哈尔斯指出:"问题是数学的心脏,有了问题,思维才有动力;有了问题,思维才有创新。"教师培养学生的数学思维的关键在于设计真实有效的问题,问出学生对事物的认知,问出对知识的"再创造",问出能力提升。教师要通过设计一些精准的核心问题,引导学生触及数学本质,撬动学生进行深度学习。

教师在设计问题时有时因为过于担心学生对知识理解不到位,设计了过细过浅的问题,导致课堂上呈现"乒乓球"式的一问一答,致使学生的思维碎片化。"核心问题"的提出,旨在通过揭示事物本质特征、激发学生思维来重构探究知识的情境,加强问题设置的针对性、典型性,培养学生发现、分析、解决数学问题的能力。因此,设计核心问题显得尤为重要,它是教师实现"真教"的抓手,是促进学生"真学"的脚手架。首先,设计的问题要遵从学生的内心,基于学生已有的认知经验,教师需要通过深入解读教材,厘清知识脉络,找准数学本质,精选有针对性的数学问题,精准设计教学重难点,来触动学生的内心。其次,设计的问题要大但不宜过大,一节课,学生可围绕一到三个核心问题展开思考、讨论和交流,他们对数学知识的理解需要经历从知其然到知其所以然的过程,经历数学的发生、发展和再创造全过程。最后,在总结和梳理知识的时候,设计的问题要具有延伸性,要让学生对数学知识的探究不仅仅停留在课堂上,要让其在课后还有强烈的探究欲望,将数学知识学以致用,体会到学习的真正意义和数学的应用价值。

下面以六年级"运算定律"的复习教学为例谈谈如何基于学生的认知精准设计核心问题展开教学,激活和唤醒学生原有认知经验,引发学生深入思考,重建知识结构,提升学生的思维水平。

林老师在教学人教版六年级下册整理和复习"数的运算",课即将结束时,有一学生提问质疑:"我们学习了加法和乘法的五个运算定律以及减法和除法的两个性质,以后到了初中还会学习新的运算定律吗?"话音刚落,学生纷纷陷入了沉思,一些人开始交头接耳。快到了下课时间,林老师只能匆匆结束,把这个问题留给学生课后进行探究。课余林老师反思这节课,想到学生面对问题时困惑的表情,他们对知识的渴望眼神,她不由得觉得这样的处理方式略有遗憾。学生不仅仅满足于已经学过的运算定律,还试图运用迁移的方法从五个运算定律推广运用到其他运算方法中去。为此,林老师觉得有必要根据学情,利用学生自己的真实思考作为情境,以此驱动学生自主探究、合作交流,帮助学生经历探寻"新"的运算定律的学习过程。于是林老师在另一个班的教学中改变了原本复习课先梳理知识再练习巩固的方法,尝试激活和唤醒学生原有的认知经验,重建知识结构,提升学生的思维水平。

从六年级学生的学情看,学生已经学完了关于整数、小数和分数的运算定律,对运算定律有一个比较系统的认识和理解,运用运算定律也较为熟练。如果在复习课上仅仅是梳理知识和练习巩固,则会降低学生的学习兴趣,学生思维得不到提高。因此,复习课,教师除了引导学生通过细致的梳理,对知识进行查缺补漏以外,还应该进行适度的拓展与延伸,让他们认识到知识结构的系统性、整体性和连贯性。为此,教师不仅要对五个运算定律和两个性质进一步梳理,还必须引导学生对已学习的内容进行关联、拓展、延伸,重建认知结构,以提升学生的思维水平。为此,林老师结合学生上述困惑,改变复习课先梳理知识再练习巩固的教学形式,设计了"小学阶段,我们学习了五个定律和两个性质,还有没有其他的运算定律或性质?"这一核心问题作为情境。通过这个"真问题"引导学生自主梳理运算定律知识,调动他们原有的方法和经验,探索研究"新"的运算定律,实现对知识的重组和构建。

实践：围绕核心问题进行真学习

课伊始，教师首先出示学生的错题。

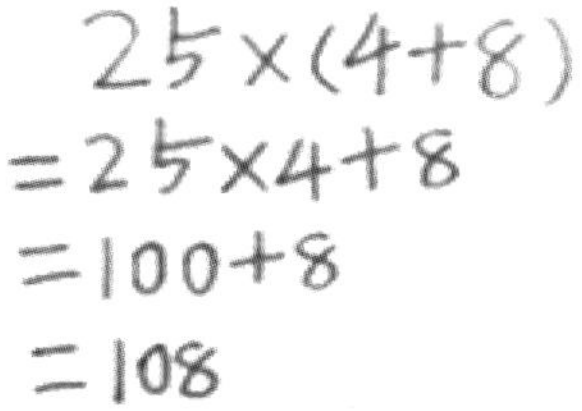

$$25\times(4+8)$$
$$=25\times4+8$$
$$=100+8$$
$$=108$$

图1

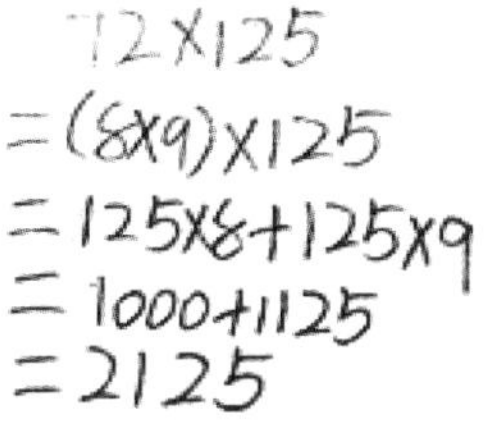

$$72\times125$$
$$=(8\times9)\times125$$
$$=125\times8+125\times9$$
$$=1000+1125$$
$$=2125$$

图2

教师先让学生自主分析这两题解答正确与否，为什么？学生发现：图1和图2的算式都错误使用了乘法分配律。那么，出现这些问题的根源在哪里？不少教师把这些错误简单归结为学生不细心、太马虎所致。究其原因，这是学生只关注运算定律形式，不理解本质的典型表现。于是，教师引导学生对本单元的知识进行归纳整理。学生自主归纳整理如下：

交换律：加法交换律、乘法交换律；

结合律：加法结合律、乘法结合律；

性质：连减的性质、连除的性质；

分配律：乘法分配律。

学生分类整理运算定律之后，在小组中交流，比较异同点。这时，为实现教学目标，基于学生旧知的生长点，教师可将核心问题系列化，通过系列问题驱动学生深入思考运算定律的本质。

问题1：是否存在"新的运算定律"

当学生思考"新"的运算定律是否存在后，教师可进一步引导："从交换律来看，有加法交换律和乘法交换律，那么你还能想到哪些运算定律？"学生有了之前学习四则运算的基础，很容易联想到减法交换律和除法交换律，因而自发地调动起之前的学习经验，把举例验证的方法迁移到课堂上，列举出：$10-5\neq5-10$，$10.1-2.4\neq2.4-10.1$，$\frac{1}{2}-\frac{1}{3}\neq\frac{1}{3}-\frac{1}{2}$，$10\div5\neq5\div10$，$4.5\div1.5\neq1.5\div4.5$，$\frac{2}{3}\div\frac{5}{7}\neq\frac{5}{7}\div\frac{2}{3}$……发现不存在减法交换律和除法交换律。有了第一个问题的引领示范，学生会继续刨根问底，进一步猜想：既然有加法结合律和乘法结合律，那么有没有减法结合律和除法结合律？学生又一次在举例验证中发现不存在减法结合律和除法结合律。

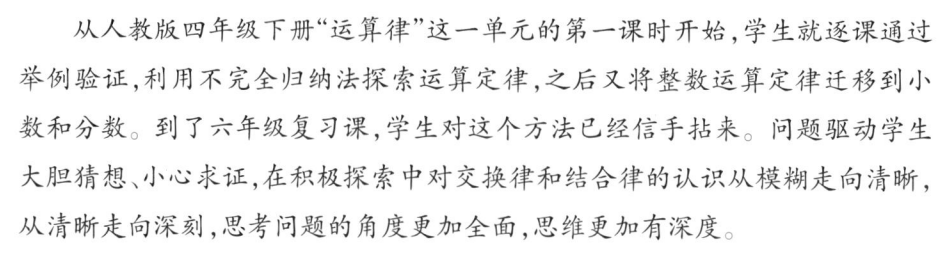

从人教版四年级下册"运算律"这一单元的第一课时开始,学生就逐课通过举例验证,利用不完全归纳法探索运算定律,之后又将整数运算定律迁移到小数和分数。到了六年级复习课,学生对这个方法已经信手拈来。问题驱动学生大胆猜想、小心求证,在积极探索中对交换律和结合律的认识从模糊走向清晰,从清晰走向深刻,思考问题的角度更加全面,思维更加有深度。

问题2:是否存在"两个除法分配律"

课堂的学习要建立在学生学的基础上。教师要通过观察学生的学习过程和结果,倾听学生的想法,发现学生思维的过程,再进行有针对性的启发引导。

如学生通过前面的学习经验,已经学会将加减乘除等四则运算结合到运算定律中,当他们看到"孤单"的乘法分配律时,"创造"了所谓的"除法分配律":$(a+b)÷c=a÷c+b÷c,a÷(b+c)=a÷b+a÷c$。这次,林老师没有继续让学生举例验证,而是展示学生们的作业,让学生进行辨析。

①$12÷2+6÷2$　　　　②$12÷2+12÷4$
　$=(12+6)÷2$　　　　　$=12÷(2+4)$
　$=18÷2$　　　　　　　$=12÷6$
　$=9$　　　　　　　　　$=2$

这样解答正确吗?如果不对,请说明理由。一开始,大部分学生觉得两题的解答都是正确的,因为这两题就是运用了他们创造的"除法分配律"。而个别学生利用四则运算法则计算后发现:第一题是对的,第二题不对。教师继续寻根究底:"为什么会这样呢?可以结合自己熟悉的例子来说说理由。"有的学生举出这样一个例子:妈妈买了12个苹果,每2个为一份,后来妈妈又买了6个苹果,每2个为一份,两次一共有多少份?

教师结合学生的说理,用直观的图示(如图3)进行演示,帮助他们理解算理。学生从整体上进行观察,可以把12个苹果和6个苹果看成总数,每2个为一份,一共可以分成多少份。列式为:$(12+6)÷2$。因此,$12÷2+6÷2=(12+6)÷2$是正确的。

$12÷2+12÷4$这道算式,还是可以看成妈妈先买了12个苹果,每2个一份,后来妈妈又买了12个苹果,每4个一份,妈妈两次买的苹果一共分成多少份?教师结合图示(如图4),引导学生观察思考。从图4中可观察到,每份分得不一样,不符合平均分,不能看成平均分成6份,因此,算式$12÷2+12÷4=12÷(2+4)$是错误的。

图3

图4

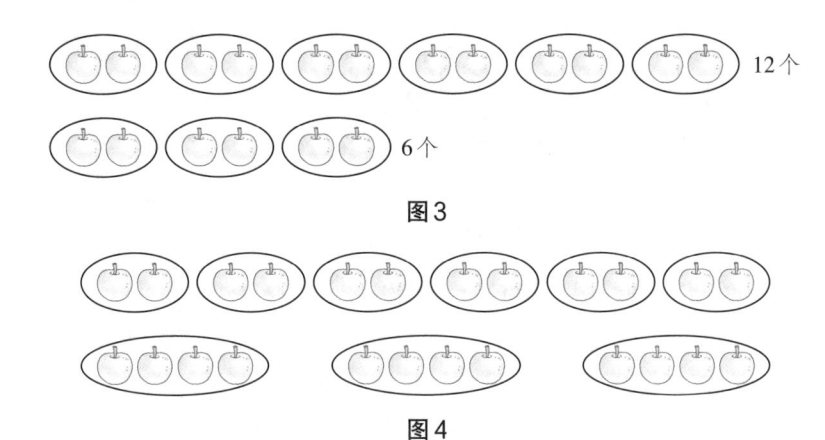

这里,教师展示学生的作业后,让他们充分发表自己的个人见解,集思广益,据"理"力争。学生在说理中将抽象的数学算式赋予鲜活的生活情境,实现算法和算理真正的对接。教师抓住学生学习中的困惑,结合直观的图示来辨析错例和解析算理,促进了学生的理解,有效地减少乘法分配律对学习的负迁移。

问题3: 是否存在"$a÷c+b÷c=(a+b)÷c$ 和 $a÷b+a÷c=a÷(b+c)$"

学生结合生活的例子得出 $12÷2+6÷2=(12+6)÷2$,而 $12÷2+12÷4≠12÷(2+4)$,教师进一步提出:"为什么乘法分配律可以用字母表示:$a×c+b×c=(a+b)×c$ 或者 $a×b+a×c=a×(b+c)$,而把"×"改成"÷"之后,结果却不一样呢?"教师有意借助这个问题引导学生从除法的运算本质进行思考。有学生将字母赋予数字进行研究,从而得出结论,但是这种不完全归纳法对于问题的考虑不够全面。因此,教师可制作微课视频辅助教学,利用演算推理的方法揭开它们似是而非的一面,以下是推导过程:

$$12÷2+6÷2=12×\frac{1}{2}+6×\frac{1}{2}=(12+6)×\frac{1}{2}=(12+6)÷2$$

$$12÷2+12÷4=12×\frac{1}{2}+12×\frac{1}{4}=12(\frac{1}{2}+\frac{1}{4})≠12×\frac{1}{2+4}$$

$$a÷c+b÷c(c≠0)=a×\frac{1}{c}+b×\frac{1}{c}=(a+b)×\frac{1}{c}=(a+b)÷c$$

$$a÷b+a÷c(b≠0、c≠0)=a×\frac{1}{b}+a×\frac{1}{c}=a×(\frac{1}{b}+\frac{1}{c})=a×\frac{b+c}{bc}=\frac{a×(b+c)}{bc}$$

$$a÷(b+c)(b≠0、c≠0)=\frac{a}{b+c}$$

只有当 $a=0$ 时,$a÷b+a÷c(b≠0、c≠0)=a÷(b+c)$。

教师利用微课的讲解,让学生融乘法与除法为一体,将除法的运算本质通过演算推理进行严密的证明,使得学生能明晰数学道理,学会严密地思考。

问题4:是否"只有乘法分配律一种形式"

在挖掘乘法分配律的外延时,教师可提出:"乘法分配律的模型是关于两个数相加乘一个数的运算,那么有没有三个数相加乘一个数,四个数相加乘一个数……"这个问题的设置,很容易驱动学生从乘法分配律的本质进行考虑。如有学生举例子:12×3+12×4+12×5+12×6+12×7+…+12×100的意义是3个12加4个12加5个12加6个12加7个12……加100个12,可以看成(3+4+5+6+7+…+100)个12;还有学生从面积模型入手,利用数形结合的方法,直观展示思维过程:计算多个宽相等的长方形面积可以看成把这些小长方形的面积拼成一个大长方形求面积(如图5);一个大长方形的面积减去一个和它宽相等的小长方形的面积可以看成大长方形的长减小长方形的长的差乘宽(如图6)。

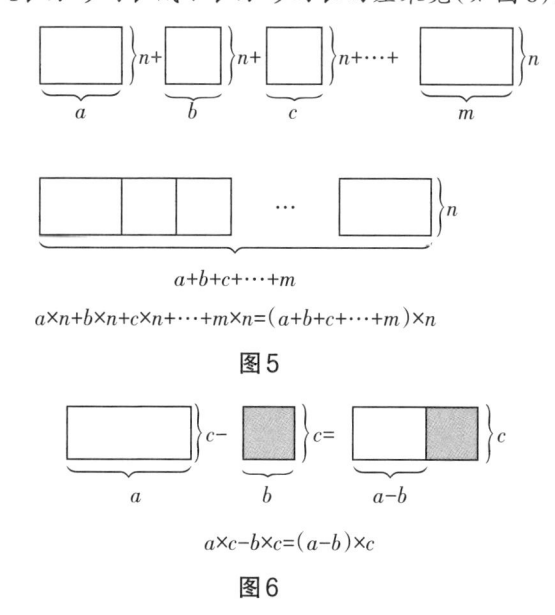

$$a×n+b×n+c×n+\cdots+m×n=(a+b+c+\cdots+m)×n$$

图5

$$a×c-b×c=(a-b)×c$$

图6

数形结合是搭建抽象与具体的桥梁,它将问题解决由难变易,思维难度由大变小。在乘法分配律的延伸处,教师的提问驱动学生自主采用数形结合的方法,分析知识的本质属性,直观展示知识内涵,主动构建一个运算定律到一类运算定律的模型。

总之,教师从学生的学情出发,创设核心问题引发真思考,让学生在尝试和顿悟中深入理解知识本质,梳理和完善知识结构,从而提升思维水平,真正实现有意义的学习,这是教师"真教"的体现。

三 开发资源

要做到"准教",除了读懂学生、以学定教、精设问题、触摸本质外,认真解读教材,用心开发、补充教材资源,满足不同学生的发展需求,也是"准教"的一个有效策略。《义务教育数学课程标准(2022年版)》指出,课程资源开发要满足教与学的多样化需求,要关注课程资源的收集,在使用过程中不断优化改进,开发补充,围绕重点难点突破、专题活动开展,形成有利于学生核心素养培养的典型教学资源。教材是重要的课程资源,是教师教学的载体,在用教材进行教学的过程中,教师应该结合学生学习的需要,积极开发资源,将国家教材进行生本化实施。在使用教材过程中,我们发现,有些教材的知识内容、学习素材、习题设计等存在留白或不足。因此,在备课时教师可以根据知识体系和学生学习特点,适当增补例题内容、学习素材和变式练习,以促进学生对知识的理解,有效突破重难点,促进学生思维的发展,发展学生的核心素养。

(一)增补例题内容,促进知识理解

教材是教师"教"和学生"学"的范本,但并不是唯一的依据。教学前教师应先认真研读教材,充分理解编者的意图,以学生的知识经验和生活经验为基础,对教材不足的内容进行适当补充,以促进学生的有效学习。

如人教版二年级下册"混合运算"一课(如图1),教材仅通过一个"乘加、乘减"的例题,就让学生概括出"在没有括号的算式里,如果有乘、除法,又有加、减法,要先算乘、除法,后算加、减法"的结论,显得有些牵强,学生不明白其中的"算理"。鉴于此,一位教师在研读教材的基础上,增补了"除、减"的内容(如图2),分三个层次进行教学。第一层次:出示四种文具,提出"小军买1个文件夹和3本作业本,一共用去多少钱?"的问题,引导列出"乘加(或乘减)"的算式,并说一说先算什么再算什么,为什么这样算;第二层次:出示信息"一盒钢笔有2支,每盒8元",提出"1个订书机比1支钢笔贵多少元?"的数学问题,引导学生列出"除、减"的算式,同时说明"算理";第三层次:对比这些算式和计算过程,引导学生说说发现了什么?得出混合运算的运算法则。以上教学,教师通过增补教学内容,不仅让学生理解了"乘加、乘减、除加、除减"的运算顺序,而且让学生经历了探讨"混合运算"运算法则由来的过程,学生不仅知其然更知其所以然,有效地促进了学生三维目标的达成。

图1   图2

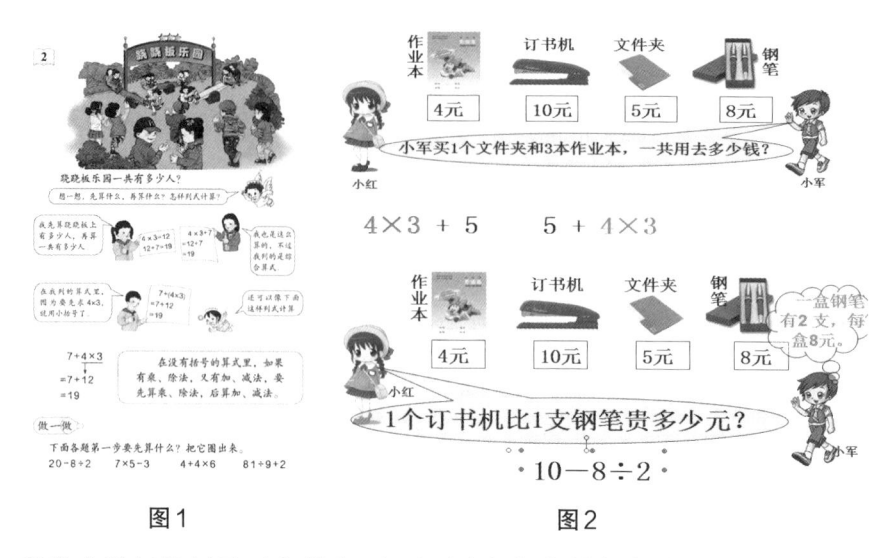

教学中类似的例子还有很多,这需要我们每位教师本着"以生为本"的理念,具有一双慧眼,认真解读教材,找出内容不足之处,进行有效补充,以促进学生的学习。

(二)增补学习素材,促进难点突破

教学时,除了根据教材的不足增补教学内容外,还可根据教材的不足增补学习素材,丰富学生的学习内容,促进学生有效学习。

如人教版六年级下册"正比例"(如图1)一课,从教学实践看,成正比例的量的概念对学生来说较难、较抽象,教材用一个例题阐释成正比例的量的概念,有点单薄,学生不容易理解"两个相关联的量,一个量变化,另一个量也随着变化"这一"成正比例"的要素。为此,一位教师在教学本课时,以表格的形式增补素材,分三个层次教学。第一层次:让学生看看表中的哪两种量没有关系,学生通过对比分析,发现表6中"妈妈的年龄和女儿的年龄"没有关系,从而得出表1至表5中的两种量是相关联的量,即一种量变化,另一种量也随着变化,从而使学生初步理解相关联的量。第二层次:教师引导学生把表1至表5的五个表格进行分类,通过分类,发现表1、表2、表5中的两种量的变化是同方向,表3、表4中的两种量的变化是相反方向的,从而进一步理解"一种量变化,另一种量变化"的内涵。第三层次:引导学生对表1、表2、表5进行二次分类,通过分类,学生发现表2、表5的变化有相同的规律,即"比值一定",紧接着,教师引导学生对表2、表5进行深入的探索,从而得出成正比例的两种量的特点。以上教学,教师通过增补学习素材,丰富了学生对"成正比例"的量的内涵的理解,突出重点,突破难点。

表1 熊猫只数和总质量的变化

只数/只	1	2	3	4	5	6
总质量/千克	60	133	210	275	364	478

表2 彩带销售的数量与总价

数量/米	2	3	4	5	6
总价/元	6	9	12	15	18

表3 一本书已读的页数和未读的页数

已读的页数/页	0	15	30	40	50
未读的页数/页	60	45	30	20	10

表4 生产同一批零件,工作时间和工作效率的情况

工作效率/(个/时)	60	30	20	6	3
工作时间/时	5	10	15	50	100

表5 动车行驶的路程和时间的情况

时间/时	1	2	3	4	5
路程/千米	200	400	600	800	1000

表6 妈妈的身高和女儿身高的情况

女儿身高/厘米	50	76	112	130
妈妈身高/厘米	162	162	162	162

图1

小学生的思维以具体形象思维为主要形式逐步过渡到以抽象思维为主要形式,但是这种抽象思维在很大程度上仍然是直接与感性经验相联系的。而小学阶段有些概念、性质、定律等较为抽象。这就需要教师为学生的学习提供丰富的素材,为学生的学习提供有力的形象支撑,以促进学生对知识内涵的深化理解,从而促进目标的达成。

(三)增补变式习题,促进思维发展

数学习题是教学中的重要组成部分,是学生巩固和消化所学知识并转化成技能的重要环节,是教师检查学生学习效果的有效手段,它在教学中起着举足轻重的作用。因此,教师在研读教材习题时,还要根据目标要求适当补充一些

变式习题,这不仅能帮助学生在练习中理顺知识脉络,加强知识间的沟通联系,而且能发展学生的思维。

如人教版六年级下册"圆锥的体积"练习六中有这样两道习题:一个圆柱的体积是 75.36 m³,与它等底等高的圆锥的体积是(　　　)m³;一个圆锥的体积是 141.3 m³,与它等底等高的圆柱体积是(　　　)m³。练习这两题的目的是巩固对等底等高的圆柱和圆锥之间体积关系的认识。但教学如果仅停留于此是不够的,教师还应根据目标,增补相应的变式习题,发展学生的思维能力。增补的习题如"等底等高的圆柱和圆锥体积相差20立方米,圆柱的体积是(　　　),圆锥的体积是(　　　)",又如"一个圆柱和一个圆锥的体积和高分别相等,圆柱的底面积是9.42平方厘米,圆锥的体积是(　　　)"……如此增补,深化了圆柱和圆锥体积间的关系,加强了知识之间的沟通联系,培养了学生举一反三地解决问题的能力,发展了学生的思维。

教师应根据教学目标及学生的思维水平,精准增补例题内容、丰富学习素材、设计有效习题,丰富学生的学习资源,激发学生的思维,发展学生的核心素养,以提高"教"的有效性,同时将开发、设计的资源构建成相对系统的课程资源库。

第三节　智教：预设生成　共生共长

预设，是备课；生成，是在执行"预设"的过程中，形成新的教与学的资源。课堂教学不是预设教案的机械执行，而是教师在课堂上根据课堂学情变化，及时接纳新出现的信息，采取积极措施、有效应对方法，及时调整教学，从而推动师生、生生更高水平的互动，使课堂产生质变、飞跃的过程。但在实际教学中常常出现教师预设不到位、引导不到位、束手无策等问题，导致对生成的处理不恰当，引发课堂教学的各种问题。那么如何处理好以上关系，达到"智教"呢？

一　多维度预设，有效点拨，灵动生成

凡事预则立，不预则废。没有精心的预设，就不可能有高质量的课堂教学。随着新课程改革的推进，"以学生为中心"的理念已为广大教师所接受。教师对课程实施中的生成性事件和问题完全视而不见的情况已大大减少。但是，许多教师采用课下延伸的办法来应对。如果教师常这样处理教学，久而久之学生就会失去发现问题和表达不同想法的兴趣和热情。因此，教师在备课时要围绕课标、教材和学生已有的经验多维度预设，如此，就能在教学中做到有的放矢，以不变应万变。

如教学"体积单位间的进率"，教师引导学生验证相邻体积单位间的进率，方法多种多样，课前如果仅预设一种方法显然是不够的，还应想到可能出现以下几种情况：

预设 1。借助立方体得出：因为 1 dm =10 cm，根据体积公式可以知道 1 dm×1 dm×1 dm=1 dm^3，也就是 10 cm×10 cm×10 cm=1 000 cm^3，所以 1 dm^3=1 000 cm^3。

预设 2。棱长是 1 dm 的正方体盒子中，可以放多少个体积为 1 cm^3 的小正方体？1 排摆 10 个，摆 10 排，也就是每层摆 100 个，摆了 10 层，正好是 1 000 个小正方体，所以 1 dm^3=1 000 cm^3。

预设 3。有的学生认为只要摆出长、宽、高的个数，就可以算出 1 dm^3 里面有几个 1 cm^3，通过摆，学生发现 1 dm^3 的盒子里可以摆 10×10×10 即 1 000 个 1 cm^3

的小正方体。

预设4。棱长是1 dm的正方体底面积是1 dm²即100 cm²;高是1 dm,即10 cm,根据正方体体积等于底面积乘高得知100 cm²×10 cm=1 000 cm³,所以1 dm³=1 000 cm³。

……

教师在备课时如能充分预设,那么对课堂生成,就不会手忙脚乱。即使没有这些生成,教师也可以引导学生深入探究,多方法验证体积单位间的进率,培养学生多角度思考问题的能力和习惯。

二 捕捉灵感,点石成金,创造生成

布卢姆说:人们无法预料到教学所产生的成果的全部范围。课堂是一个动态生成的过程,常常会出现"弹性灵活的成分,始料未及的信息",即"动态生成资源"。动态生成资源在呈现的瞬间,有时就像一块质朴的石头,但它可能就是未经雕琢的璞玉,只有经过一番打磨才能焕发亮丽的光彩。教师在教学中要充分发挥"巧匠"的作用,点石成金,创造生成,让课堂焕发金色的光彩。

如一位教师在教学"长(正)方体的认识"时,以小组为单位,利用课前准备好的小棒和橡皮泥等学具搭长方体或正方体。学生积极性很高,很快投入活动中。几分钟后,老师让学生展示小组活动的成果:有的小组搭成了规范的长方体、正方体,有的小组搭出的长方体、正方体似是而非,还有的搭不出来。此时,教师及时引导学生讨论:同学们都搭得很认真,为什么有的小组搭的长(正)方体不怎么像,有的小组搭不出来呢?一石激起千层浪,讨论热烈,此时一学生高高举起了手。"我觉得是跟小棒长短有关系?但有什么关系,我现在还没找到。"学生这一朴实的发现是个良好的契机,此时教师引导:这个同学的发现非常有价值,他提出了能否搭成长(正)方体跟小棒的长短有关系,那有什么关系呢?现在请同学们观察这几个搭成的长(正)方体,看看有什么发现?在老师的引导点拨下,学生发现要能搭成长(正)方体,要具备三组小棒,每组四根长短一样。

课堂是一个动态变化的过程,教师只有尊重学生独特的感受、体验、理解,用心倾听,及时捕捉学生的顿悟、灵感和创造,再用智慧的魔杖点化那一块块貌不惊人的"小石子",就能让学生在动态生成中焕发灵性之美。

三 宽容理解，顺水推舟，接纳生成

在实践中我们发现，学生经常能够根据自己的认知经验，说出教材中没有提到的想法，生成很好的课堂资源，但教师由于经验不足或观念守旧等原因却经常视而不见，任其白白流失。如果教师能够很好地利用这一生成性资源，进行因势利导，就能激发学生学习热情，培养学生的能力。

例如有一位教师在教学人教版五年级上册"用字母表示数"例题，当教师引导学生用不同方式表示"妈妈的年龄"时，有的学生用文字表示，有的用图形关系表示，有的用字母关系表示，教师引导学生比较更喜欢哪种表示方法，思考为什么。大部分学生都喜欢用字母表示的方法，但有一个学生一直坚持自己的想法，提出问题"为什么用字母表示就简便，用图形就不行？"。教师这样处理："这个同学不仅能坚持自己的想法，还能对数学家提问质疑，很好。为什么用字母表示比用图形表示更简便呢？"这时有个学生高高举起了小手。"我在书上看过，这是数学家经过很长的时间才研究出来的，但是怎么研究的我忘了。"此时，教师因势利导，顺水推舟。"你真善于学习，其他同学想不想也像这个同学一样自己去查查这方面的知识，下节课一起来交流呢？"学生们都表现出了很高的积极性和求知欲。第二天数学课上，学生把自己查到的资料在班上做了分享，通过分享，知道了丢番图和韦达等数学家创造符号的过程，明白了用字母表示数的简洁性。

由此可见，在师生对话交流的过程中，学生的个性化思维方法往往会生成动态的资源，这些资源有的就像是一叶扁舟，方向偏离了主航线，如果教师敢于"顺水推舟"，学生在历经别样的风景之后就可能抵达既定的港湾。

四 目标指引，改弦易辙，"理性"生成

条条大路通罗马，但是教师预设的学习方法是有限的。当教学进程中出现意料之外的方法时，教师是否可以改弦易辙呢？

如一位教师在教学"两位数乘一位数"时，原本的预设是先通过情境图让学生列出算式"12×3"，然后引导学生用自己喜欢的方式如摆小棒、口算等方法算出结果(这是学生学习算理必不可少的过程)，然后引出竖式计算的方法。然而在实际教学时，教师引导学生列式并用自己喜欢的方法计算后，一学生采用列

竖式计算,教师随即检查发现几乎全班都采用竖式计算,便以为大家都会了,随即出示几道题让大家练习。不到几分钟,课由新课转入巩固阶段……很显然,学生的"提前会了"打乱了教师的阵脚,让教师盲目地放弃了预案。在教学中,教师面对生成性资源肯定不能不理不睬,但是在处理的时候,心中一定要有"标"(教学目标)有"本"(教学内容),预期的学习目标是教学要达到的最起码的要求,而教学不能被学生牵着走。试想,如果该教师能在表扬第一个用竖式计算的同学之后,话锋一转"你还能用不同的方法来算吗?",反馈各种算法后,再让第一个同学列出算式,讲一讲每一步的道理,效果是不是更好呢?因此,对于学生已经提前了解或熟悉的内容,一方面教师在备课时应有充分的预设,做到课堂生成时有效引导。另一方面如果教师没有预设到,应该根据实际情况,做出灵活的处理:有的问题,若大多数学生可以"跳一跳,摘到桃子",教师应该充分考虑其与原有的教学内容的关系,瞬间做出判断,采取恰当的方式,因势利导,提升教学的层次和水平;对于有的难度较大或者已经超出大部分学生认知水平的问题,教师应该明确表示这些内容将在后续的学习中进行探讨。

总之,课堂会因学生的生成而焕发生命的活力。教师要把握好预设与生成的"度",充分了解学生,创造性地使用教材,合理地开发课程资源,课堂上要随着学生思维的张弛、情感的波动,灵活地调整教学过程,促进动态生成,和学生共同体验教与学的乐趣。为了生成的预设,和基于预设的生成,共生共长。

第六章

真学:实现学习进阶

《义务教育数学课程标准(2022年版)》指出有效的教学活动是学生学和教师教的统一,学生是学习的主体,教师是学习的组织者、引导者与合作者。学生的学习应是一个主动的过程,认真听讲、独立思考、动手实践、自主探索、合作交流等是学习数学的重要方式。"真学"是基于"真数学"的意蕴与特征分析,结合课标理念和现有学习模式理论提出的,即把与现实相关的真实性任务贯穿于整个学习活动中,教师基于知识的本质和学生的真实学情,以学生的真实探究为抓手,以知识和方法的真实建构为依归,引发学生真探究、真倾听、真合作、真思考、真操作、真交流、真反思等,让学生在完成任务的同时能够理解所学内容与现实世界的关系,获得解决问题的真实性学力,学会与人交往与合作,凸显数学学科的育人价值。

学生在"真学"的过程中应遵循以下原则:第一,具身性原则。具身性原则所强调的是学习者在教学活动中的参与过程,在学习活动展开的过程中,教师需要考虑到学生已有认知结构,并在此基础上帮助学生进行自我意义的建构。第二,开放性原则。"真学"的开放性原则是指与传统的课堂相比,学生的学习活动范围及学习资源将不受到限制,学习者可以运用多领域的学习资源辅助自己的学习活动。第三,共同体原则。在"真学"的活动中,学生在学习协作共同体中收获学习体验。第四,自主性原则。学习者在"真学"的学习活动中需要形成学习的自主性,通过独立思考、深度参与、解决问题,提升思维水平和创新能力。

第一节 启学：搭建支架　撬动思维

"真学"的特质是学生主动、积极、高度地投入学习，真实地展示学习的过程，获得知识、技能、思维上的进阶以及个体的成长。这个成长指对数学本质的理解，或是对数学思想方法的感悟，或是对数学活动经验的唤醒与沉淀，或是对数学价值的理解，或是对合作与交流的体悟。这是一种什么样的学习状态？小脸通红、小手林立、时而低语、时而沉思、"不愤不启"、"不悱不发"……每每看到这样的课堂样态，我们在欣赏、赞美的同时，经常会问：这是怎么做到的？老师在日常教学中是如何培养的？这是一个循序渐进的培养过程，需要教师为学生搭建学习的支架，具体可从以下几个方面入手。

一　制定"课堂学习规则"

具体可分三步走：一是教师根据相关理论教学经验制定"课堂学习规则"，二是课中实施，三是调整改进。

那么从学生入学起如何有序有效地制定学生倾听、合作、交流等课堂常规，以此提升他们的学习力呢？根据教学实践，提供如下的操作细则（见表6-1）。

表6-1　课堂学习细则

项目	课堂学习细则
倾听	1.专心：倾听中寻本意。倾听时，眼睛注视发言人。当别人在说的时候，心无旁骛，专心致志，努力听清楚对方说的是什么，做到听完整，听明白，学会抓关键词句，理解其表达意图和想法。 2.细心：倾听中找不同。在倾听过程中，不仅需要听清听完整，还要能听出说话者表述内容中的疏漏、多余或不同之处。必要时用笔进行记录。 3.耐心：倾听中忘自我。老师提问时，要把老师的问题听完听清，仔细思考后再举手发表意见；听同学发言时，专心听，暂时放下自己的观点想法，不随意插话，不因为同学的语气、语态、内容而打断同学说话。别人回答与自己的想法一致时可以用微笑、点头来表示赞同。若不一样，必须在别人说完后再举手发表自己不同的想法。

续表

项目	课堂学习细则
倾听	4.虚心:倾听中作对照。通过提问、复述等形式,表达自己的想法,与对方的表述作比较,提出不同的观点,边听边修正、完善自己的想法。 5.用心:倾听中辨是非。用心倾听,不盲从,批判地选择、接受,听中有思,思后再说,带着问题听别人的陈述,思考他说得是否正确,和自己的想法有无联系,明辨是非,相互促进。 年级培养侧重点: 低年级倾听重点:耐心听,不打断。 中年级倾听重点:听得懂,能复述。 高年级倾听重点:会比较,找异同。
合作	1.分组要合理:把全班学生分成若干个由四位学生组成的小组,每个小组由能力不同的成员组成,同时根据学生性别、性格、能力等进行组间平行微调(注重后进生的位置),每个小组设组长一人,由组员轮流担任。 2.角色要明确:小组长给每个组员编上1、2、3、4的序号(小组长的序号为1号),小组内推选产生记录员(2号)一人,总结发言人(3号)一人,监督员(4号)一人,做到人人有分工,个个有任务。 组员职责:组长,组织调节好交流活动,保证小组合作交流的顺利开展;记录员,负责记录本组合作过程中发现的问题或讨论的成果,注意把握记录要领;总结发言人,负责纠正和补充组内成员在解释或展示中的观点,完善本组讨论的成果,然后展示组内探究成果,陈述小组的主要结论和答案;监督员,负责监督本组活动的纪律,及时制止偏离主题的言论和行为,保证小组合作学习有序开展。 各组角色每月轮换一次,即:1号角色轮换为2号角色,2号角色轮换为3号角色……以此类推。 3.评价要到位:在对小组成员进行评价时,首先需要确定评价标准。常见的评价标准包括:参与度、贡献度、表现水平等。(参与度是指在小组活动中积极参与讨论、分享自己观点并且愿意接受他人建议的程度;贡献度则是指每位成员为完成任务所做出的实际努力程度;表现水平则是指每位成员在整个过程中展示出来的能力水平和技能水平。) 年级培养侧重点: 1.一年级第一学期组建同桌两人合作小组,一年级第二学期由同桌两人小组向四人小组过渡。 2.低年级(不含一年级):小组长的组织、示范作用有一定体现,在一定程度上初步形成小组共学形式。 3.中年级:学生知道如何表达,有简洁准确的语言,有讲哪儿指哪儿的聚焦,还可以借助图形等多元表征进行说理。 4.高年级:各个层次的同学都有收获。平时隐在同学之中的部分同学,建立学习和表达的信心,主动上台讲解展示。

续表

项目	课堂学习细则
交流	1.组内成员自由交流自己的方法和结论,全员参与,相互启发、相互质疑、相互辩论。 2.小组讨论时,声音要小,不影响其他小组讨论。 3.交流要围绕讨论中心,积极讨论,不东拉西扯,注意控制时间。 4."说"的同学开口之前要想好(可以先用笔记下关键词),要清晰表达,以确保所有同伴听得懂其想法;"听"的同学要认真倾听,努力听懂同伴的想法。 5.认真倾听,与自己观点进行对比分析,同意别人的想法可以微笑或点头,有不同的想法先记录下来,等他人说完有礼貌地提出,如"我想补充……""我想给你提个建议……""我能帮你说得更清楚……""我有不同的想法……"。 6.交流结束后,团队集思广益,统一观点,共同完成一份更好的作品(由一人执笔记录)。 年级培养侧重点: 1.问题简单,按后进生—中等生—优等生顺序交流;问题难度较大,按优等生—中等生—后进生顺序交流。 2.低年级:学生交流时先做到组内成员按顺序依次交流自己的方法和结论。 中年级:按顺序依次交流自己的方法和结论后达成共识,用红笔补充组内同学不同想法。 高年级:按顺序依次交流自己的方法和结论后达成共识,结合组内同学想法调整自己想法。 3.小组交流后未能形成共识的可在全班汇报时将本组问题提出,由全班讨论解决。
汇报	1.汇报环节,想汇报要注意课堂礼仪,待老师点到你的名字才可以站起来汇报。 2.上台汇报前组长应提前做好分工,由组长带领组员上台汇报,相互配合,注意课堂礼仪。 3."说"的同学,身体要立正,言谈要自然大方,声音要洪亮,思路要清晰。既要说清组内现在的想法,也要说清组内交流时出现过哪些想法,后来又做出了怎样的改变。把原理、方法、步骤等说清楚。汇报结束时请说"我所说的仅仅代表我个人(小组)的意见,有不同意见的,可以补充"。 4."听"的同学,既要听懂台上同学的想法,也要想想自己团队有没有不同的观点,及时质疑或补充。 年级培养侧重点: 低年级:汇报者要汇报清楚,倾听者要认真倾听。 中年级:汇报者既要说清组内现在的想法,也要说清组内交流时出现过哪些想法,后来又做出了怎样的改变,倾听者结合自己想法,边听边思考。 高年级:汇报者把原理、方法、步骤等说清楚,倾听者结合自己思考进行质疑或补充。

续表

项目	课堂学习细则
提问（质疑）	1.学会倾听。质疑的前提是学会倾听。倾听时同时思考对方提出的观点，大胆提出自己的设想和看法，用笔把自己的问题记录下来，可以是几个关键词。学生必须待表达者表达结束后方能提问质疑。 2.同理心质疑。在充分发表看法的前提下友好交流，尽可能地照顾到对方的情绪和自尊心，同时让同伴意识到交流反省和改变自己的重要性。 3."提问质疑"的同学要清晰表达，以确保所有同学听懂你的问题。 4.别人提问质疑时，态度要友好，用自己的观点说服他，若是意识到别人的质疑是正确的，要勇敢、虚心接受，然后完善自己的观点。 年级培养侧重点： 低年级：针对自己的困惑，提出疑问。 中年级：结合自己的想法，对同伴方法进行质疑，完善观点。 高年级：对同伴方法进行质疑，结合自己想法，给出更优方法。
互为『小先生』	1.把全班学生分成若干个由五六位学生组成的小组，每个小组由能力不同的成员组成，并给他们编上号数——1、2、3、4、5、(6)序号，层次差不多的进行"一对一"结对子互教。 2.互教过程中，讲授知识的同学要严谨负责，学习知识的同学要虚心认真，保持井然有序。 3.当"小先生"的同学注意表达清晰，说完整。开始时说"请大家(或你)听我说"，吸引同伴注意力；遇到重点时说"我要特别强调的是"；讲完后适时向同伴提问"你听懂了吗？还有什么疑问？有什么补充？"。 4."听"的同学，认真聆听，没听懂等讲完后向"小先生"请教，请他再解释一遍；听懂的同学，思考自己还有什么疑问，有没有把想补充的记录下来，等"小先生"讲完后向他提问，或补充。 注意点： 中、高年级"小先生"可以在同伴独立订正过程中离开位置教有困难的"学生"。

其中，倾听是学生进行有效学习的基础，合作是教师培养的难点。要做到有效合作，必须考虑以下几个问题：训练的起点是什么？从哪里开始训练？怎么训练？低年级学生的合作学习与中高年级的有什么不同，需要做什么样的衔接？

有效合作可以从以下几点做起：

一是从两人合作的训练过渡到三人合作或多人合作的训练。

二是合作一定是在个体独立学习、思考的基础上进行的，所以合作前要给学生独立自主学习的时间和机会，这样做可以避免以集体的思考代替个人的想法,也防止关注了合作学习,忽略了自主学习。

三是激发学生合作的兴趣和需要,这是影响学生合作学习的关键质量之一,如果学生没有合作的愿望和倾向,再好的合作设计都会落空。

四是选择适合小组合作学习的内容,并不是所有的内容都适合小组合作学习,只有具备较强的复杂性、探究性、开放性的特点,而个人又难以独立完成的学习内容,才适合小组合作学习。

五是分组。可以采用"异质分组"和"走组制"等分组形式进行。"异质分组"是充分利用资源差异,让不同层次的学生组成合作学习小组。"走组制"是根据合作学习内容的性质和难易,采取轮换、交叉的方式,让不同的分组方式取长弃短,难处是教师必须对合作学习内容的性质和难易有准确的判断以及教师要有较高的把控课堂的能力。

六是分工。这是影响小组合作效率和课堂教学进程推进的关键步骤。可以让小组成员协商分工并采用轮流制的方式,分两个步骤进行:首先,小组内成员轮流发言,假定四人小组合作,编号分别为1、2、3、4,第一次合作1号先发言,2号发言时要注意,1号已经说过的内容不再重复,可以提出新的观点,也可以对1号的发言进行补充或提问,以此类推;第二次合作,2号先发言……这样做的好处是避免"学困生"总是"拾人牙慧"或无话可说,同时也"逼"着中下生要思考,不能"等答案"。其次,上台发言,谁主持、谁记录、谁发言、谁补充,都要做好分工,有了分工就有了责任。当然,这个分工不要固定,最好每周轮流一次,让每个学生都获得不同角色体验、锻炼和成长的机会。

七是互动。分两种情况:一是台上台下的互动,当台上的小组在汇报时,台下的同学要认真倾听,并根据该小组的发言进行评价,或肯定或提问,形成台上台下高质量的生生互动的学习场面;二是组与组之间的互动,当前一个小组汇报结束,接下来的小组进行汇报前,要对之前小组的发言进行评价,可以谈收获和启发,也可以提问题和建议,形成组间互动。生生互动、组组互动,提高合作学习的质量。

八是动笔。除了对学习材料、思考的内容动笔批注、圈画、记录外,还要对小组成员的发言、台上其他同学的发言进行记录、批注,以此提高学生的思考力、倾听力以及对信息资源的捕捉力、判断力和整合利用力。

最后一点是当学生在进行小组合作时,教师要进行巡视,巡视时要注意两点:一是不要不停地唠叨,这会构成对学生合作学习的干扰,当然也不要一言不发,教师应该及时介入,发挥指导力和引领力;二是对巡视过程中发现的亮点、错误要及时地进行评价,或鼓励或点拨或纠正,让各个小组成员都听得到,实现提醒和提供借鉴的目的。

良好有序的学习规则是学生养成良好学习习惯的基础和保证,也是改变教师观念、教学方式的有力举措,更是指导新教师教学的策略之一。

二 推行"小先生制"

"小先生制"是陶行知先生在普及教育实践过程中依据"即知即传"的原则,采取小孩教小孩、小孩教大人的方法,提倡并且推广实施的一种教育组织形式,也是一种重要的思想理念。以人为本,提倡学生人人既是"学者",也是"教者",在课堂教学中最大限度地还原了学生主体地位,增进交互,提高了课堂上个体和群体学习效益。陶行知先生指出:小孩最好的先生,不是我,不是你,是小孩队伍里最进步的小孩。这句话表明了同伴教学的重要性。金字塔学习理论(见图6-1)也表明,在众多学习方法中,"学习后,马上教别人",学习内容平均留存率是最高的。

学习内容平均留存率

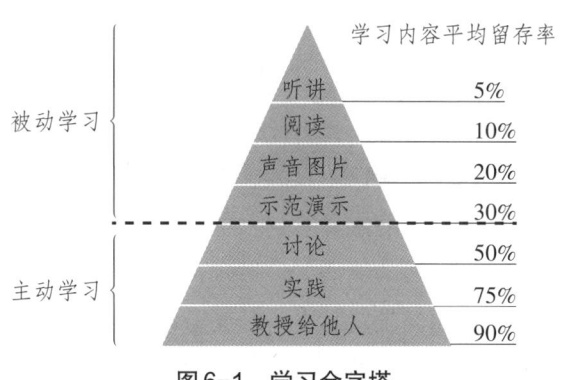

被动学习
- 听讲 5%
- 阅读 10%
- 声音图片 20%
- 示范演示 30%

主动学习
- 讨论 50%
- 实践 75%
- 教授给他人 90%

图6-1 学习金字塔

新东方创始人俞敏洪在一次采访"得到"创始人罗振宇时,有这样一段对话:

俞敏洪:很多人知道你是"得到"的创始人,还做过自己的节目,像《罗胖60秒》《罗辑思维》等等。我也听过,感觉你的口才真好,尤其加上你深厚的思想理论以及幽默乐观的状态,非常能感染人、打动人。像你这样说话的能力是怎么练出来的?从小就能说会道吗?还是通过什么方式培养、激发出来的?

罗振宇:我觉得口才好并不是指会忽悠,而是指人有一种表达的热情。我们都以为热情是天生的,其实不一定,热情也是可以训练出来的。我看过一个说法:"热情其实是一种能力。有口才的人,往往就有这样一种热情。"对我来说,光有热情是不够的,还需要锻炼这个能力,这时候我就发现费曼学习法很适用——以教代学,让输出倒逼输入。我有一个特点,我能毫无心理负担地把同一段话跟这个人讲,跟那个人讲,再跟另一个人讲,每讲一遍,自己的脑子就又梳理了一遍,又清楚了一遍,渐渐就会找到一个最好的表达方式。这个表达方式其实不是为了影响他人,而是为了让自己整理得更明白。

由此可见,让学生学会马上教别人是一种很好的学习方式,是"真学"的体现。课堂教学中,教师应重视"小先生"的培养:低年级,教师可以示范如何当"小先生",可以让"小先生"轮流带领晨读、午休阅读、收作业等;中年级,可以鼓励学生做小组的"小先生",帮助组员解决困惑,教组员更好的思考方法;高年级,从小组内当"小先生",慢慢走向讲台讲习题,上讲台前,教师先布置任务——小老师写下讲的过程,教师修改。上讲台讲解习题时,要接受同学和老师的提问和质疑。在互动的过程中,一方面培养"小先生"的应变能力,另一方面培养其他学生的倾听力和思考力。实践证明,"小先生"上台讲课比老师上课更有吸引力。一方面,孩子用自己熟悉的语言交流,另一方面,他们等着给"小先生""挑刺儿",因此上课更加专注,思考问题更加深入,提问题的水平也在不断提高。

那么如何进行培养呢?"小先生"是学习共同体的核心,应强调其个体在群体中的作用。首先,教师应鼓励更多的学生争当"帮助他人,成就自己"的"小先生"。为"人人可为小先生"活动提供多种平台,促进"小先生"成长。其次,培养多种类型的"小先生",比如课堂教学中培养展示小先生、答辩小先生、提问小先生、点评小先生、说理小先生、辅导小先生等。用多种形式选拔"小先生",如通过选拔制、轮流担当制、伙伴推举制等方式选拔"小先生",鼓励更多学生争当"小先生",逐步实现"人人都是小先生"。

1.选拔"小先生"

为了充分调动学生的积极性,教师要先跟学生讲清楚当"小先生"的好处。

美国一位学者在20世纪四五十年代研究发现,学习如果只是听老师讲,一周后记忆的内容只能留下5%,如果是通过阅读学到的知识,一周后可保留

10%,如果是通过声音图片学到的知识一周后可保留20%,通过给他人示范的方式学到的知识,一周之后可记住30%,通过小组讨论一周后可记住50%,通过"在做中学"或"实际演练"的方式一周后可达到75%,如果是教别人或者马上应用一周后便可记住90%。所以现在老师打算培养三种"小先生"。第一种是"辅导小先生",能教同学怎么解题并督促他们订正错题;第二种是能像老师这样来上课的"授课小先生";第三种是"说理小先生",善于表达自己的看法、善于提问题、善于质疑、善于解疑。"辅导小先生"帮助老师订正错题其实相当于在做改错题的练习,而且要找出各种不同的错误及思考如何改正,按一天算,"小先生"的练习量相当于别人的几倍,以后"小先生"解题的速度与准确率都比别的同学要高得多,但每个班的"小先生"的名额只有10个,机会有限,不是想当就能当的。这样的"鼓动"之后,有上进心的、学习不错的学生都会跃跃欲试,争相当"小先生"。

2.分批培养"小先生"

(1)"辅导小先生"的培养

可以把每个班平均分成8个小组,设8个"小先生"。"小先生"的错题由老师订正,每位"小先生"再负责订正自己组的同学的作业,等整组同学的作业都订正完要找老师给每位同学记等级,老师借着记等级的机会便可检查"小先生"是否完全订正准确,如果整组同学全部都订正好了,便在"小先生"作业的第1面记上完成订正的时间。

比赛哪组最快,一个月评比一次,每次取前4名,第一名便是"VIP1",第二名是"VIP2",以此类推,并给予奖励。接下来一个月的错题订正"VIP1"就可以优先订正,不用排队,"VIP2"可以插"VIP3""VIP4"的队。这样实施以后,每次订正错题时都可以听到学生悄悄地问"你是'V几'","我是'V1'"……只见有人很"无奈"地让出位置。从平时的教学中可以感受到辅导同学订正错题的"小先生"确实很辛苦,因为碰到拖拉生或待进生,"小先生"就得跟他们"耗",以致于刚当没几天就来找老师"辞职"。老师就要加以引导:"以后走上工作岗位后遇到困难时,你们首先想到的是辞职吗?这样一辈子得换多少工作啊,你觉得逃避困难能行吗?""小先生"在老师的引导下一方面努力提高讲解分析题目的能力,一方面学会与各种同学交流沟通,提高同学订正错题的能力。

（2）"授课小先生"的培养

"授课小先生"需要承担少量的课堂教学任务，讲评课或者新授课。讲评课：教师指导"小先生"以问题的形式引导同学思考，并判断他们会不会，同学实在不会，利用举例、画图、找重点的方法帮助他们分析理解。新授课：教师提前一两天和"小先生"一起备课，指导学生做PPT、试讲，鼓励他们大胆走上讲台。每次"小先生""上课"后，教师要引导"小先生"进行反思总结，并征求同学的建议，以提高备课、授课的质量。

（3）"说理小先生"的培养

数学是讲"道理"的。课堂上教师要发挥学生的学习主动性，让其主动"讲理"，研究课堂上可培养的"说理小先生"类型，包括展示小先生、答辩小先生、提问小先生、点评小先生等。这些类型并不是固定的，学生在说理时，可同时采用几种学习方式，既展示说理，又要接受同学的质疑，有时还需要对同伴或小组展示进行点评。在进行"说理小先生"的培养时，要与学生一起建立"小先生"课堂公约制度，培养学生的"规则意识"，使对话的开展更加规范、有序，使学生学会律己、倾听、分享，养成独立思考、合作交流、反思质疑的习惯。

在推行"小先生制"的过程中，会出现个别学生刚开始兴趣盎然，中途遇到困难想退出的现象。那么如何保持小先生"工作"的积极性呢？教师可以引导"小先生"去体验学习"工作"所带来的成就感，如：自己的学习成绩不仅优秀而且稳定，被他帮助的同学学习也有进步，大家对他怀有感激之情；有时候课堂上精彩的发言赢来同学们的阵阵掌声等可以让他们发自内心地喜欢当"小先生"。可以组织"小先生"以年段为单位进行讲评比赛，让"小先生"自主抽签，确定顺序后，准备2分钟，进行5—10分钟的讲题，全年段的师生当评委，这样做既公正公平，还能让所有的"小先生"都学习到别人讲评的优点，发现自己存在的问题，以促使他们在讲评时能认真思考怎么讲才会更好。在比赛的过程中我们可以发现有个别孩子讲评时的语气、神态，甚至是分析的过程跟老师有很高的相似度，这是一件很有意义的事情。这样的教学方式对于培养学生的思考力、表达力、反思力有很大的促进作用。

三 设置"学习单"

学习单，又称学习任务单，有些也被称作项目书、助学单等。学习单通常被当作学生自主学习的支架,也是教师依据学情,为达成教学目标而设计的助学载体。学习单作为辅助教学的一种重要工具,作为学生自主探究的脚手架,在学生达成学习目标的过程中承担着重要作用,是学生了解所学课程、吸收课堂知识、实现思维进阶的重要抓手,是体现学生学的重要载体,亦是教师组织教学必不可缺的关键资源。

作为教师,在教学中不仅要设计、研发学习单,更要完善学习单,以学习单促进学生学习效能的提升,让学习单成为学生数学学习的驱动器,成为学生数学学习的动力引擎。一份好的学习单,具有良好的导学、导思功能,能实现学生数学学习的结构化、核心化、差异化、开放化,能让学生的数学学习走向主体化、多样化。

林玫伶老师在《假如要有学习单——学习单设计的原则与实例》中针对很多老师喜欢用学习单,而很多学生讨厌学习单的原因——老师设计的学习单不够多元,像考卷,学生要写个不停——提出见解:制作学习单的目的是"促进学习",因此在设计上要指向"目标",在层次上要能"促进理解",在方式上要"多元活泼"。

教学中,教师可以根据教学内容的需要设置不同类型的学习单,比如有些适合学生提前预学的课,可用"课前学习单"。设计、研发课前学习单,能有效地促进学生自主学习。设计预习单,不仅能链接新旧知识,而且能有效地激发学生的数学思维。在课前学习单中,提出"核心问题",让学生独立围绕"核心问题"根据具体的学习情境先行探究。如在"折扣的认识和应用"(见图6-2)一课中,教师提出"什么是折扣""如何解决折扣问题"的核心问题,设计了两个任务,在任务中写"数量关系"和"画图"的提示,对学生的先学有提示作用。

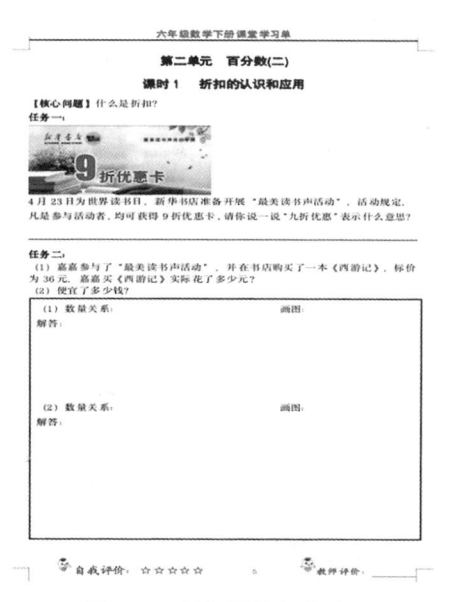

图6-2 折扣的认识和应用

在数学教学中,课前学习单可以引导学生先学,从而助推学生发现学习的重点、难点、疑点和盲点等。课前学习单,能让教师把握学生的具体学情,从而让教师在教学中能做到"眼中有本""心中有生""心中有数"。完成课前学习单,能让学生进入备学、预学状态,从而对正式的数学学习产生期待。

有些学习内容适合课中一起学的可用"课中学习单"。课前学习单,着眼于个体性的自主性学习,课中学习单更着眼于学生的群体性自主学习。在小学数学课堂教学中,教师要充分发挥课中学习单的功能,引导学生进行交流、研讨、互动,让学生共学、互学。课中学习单,重点是解决学生在个体性自主学习中出现的问题、困难、障碍等。在运用课中学习单进行数学教学中,教师要秉持这样的原则:学生能自己或者通过群体学会的内容不教。实践中,教师要将主动权充分赋予学生。在设计学习单时,教师要站在学生的立场,从学生视角去考量学习单。只有这样,学习单才能更契合学生的学习实际,才能更好地发挥效用。比如"圆柱的体积"一课,教师围绕"如何推导出圆柱的体积"这一核心问题,设计了两个任务(见图6-3)。任务一:怎样计算圆柱的体积?尝试用不同的方法,并把你的思考过程记录下来。任务二:长方体、正方体和圆柱体的体积公式是否有联系?请说明理由。以上任务既需要独立思考又需要合作探究,适合课中学习。课堂上教师给予学生充分的时间思考探究,让其在小组合作的基础上进行全班性的展示。学生有的画图展示说理(见图6-4),有的实物展示说理。课中学习单是学生群体性自主学习的研讨单、合作单。作为教师,要将学习的主动权交还给学生,让学生成为课堂学习的主导者。课中学习单,提升了学生数学学习的参与度、融入度。在课中学习单的导引下,学生与文本对话、与同伴对话、与自我对话。课中学习单,能帮助学生学会数学交流、互动、沟通,促进学生在数学学习中真正发生自我蜕变。

美国著名心理学家罗伯特·M.加涅曾经提出"为学习而设计教学"的口号。

学习单就是基于学生主体的学习设计,构筑了学生自主探究的时空。学习单是一种学习工具,是学生数学学习的路线图、导航仪、方向盘。在学习单中,要用问题驱动学生学习,设计合适的情境、任务等引发学生深入地学习。学习单是学生的一份学习内容丰富的"自助餐",是教师的教材改造的"调适单"。借助于学习单,能释放出学生"真学"的正能量,实现对目标的理性突围。

课时3 圆柱的体积(一)

【核心问题】如何推导圆柱的体积公式?

任务一:

怎样计算圆柱的体积?尝试用不同的方法,并把你的思考过程记录下来。(温馨提示:可以用萝卜切一切,求圆柱的体积。)

任务二:

长方体、正方体和圆柱体的体积公式是否有联系?请说明理由。

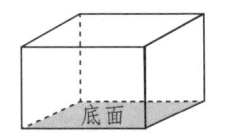

图6-3 "圆柱的体积"一课两个任务

图6-4 学生画图展示说理

第二节 展学：展示过程　发展思维

"展学"就是展示交流，质疑评价。展学的本质是"展学+评学"联动的过程。"展学"有利于调动学生围绕问题开展讨论、互动，具有学习激励、学习反馈、学习提升的作用。在课堂上如何更好地开展"展学"活动是教学的重中之重。因此，课堂上教师要创设真实问题情境引导学生在解决问题的过程中进行真探究、真合作，积极展示学生学习的过程，引导学生进行真交流、真对话，让学生的思维可视化，并在交流中完善、提升，使学生获得真体验、真收获。

一、精设学习活动，展示学习过程

《义务教育数学课程标准（2022年版）》在"教学建议"中指出要"丰富教学方式"：改变单一讲授式教学方式，注重启发式、探究式、参与式、互动式等，探索大单元教学，积极开展跨学科的主题式学习和项目式学习等综合性教学活动。根据不同的学习任务和学习对象，选择合适的教学方式或多种方式相结合，组织开展教学。通过丰富的教学方式，让学生在实践、探究、体验、反思、合作、交流等学习过程中感悟基本思想、积累基本活动经验，发挥每一种教学方式的育人价值，促进学生核心素养发展。"真数学"是基于学生真实学情的学习，根据学生的学习需要，设计有效的、有坡度的学习活动，一方面引导每一位学生投入到学习活动中，深度思考、积极表达，为学生的真实学习发生提供可能，从而使学生取得良好的学习效果；另一方面可使教师更好地把握环节目标，把握学与导的思路，更具针对性地导学，也能更自如地处理课堂生成，从而实现真学习，促进学生知识的掌握、经验的积累、思维的发展、能力的增长、情智的生长。

如何在教学中设置恰当的真学习活动环节，减少教师不必要的干预，体现学生的自主性，培养学生的探究精神，展示学生的学习过程呢？

1.学习材料的选择

材料引发学习。学习材料是组织学习过程的基本载体,是学生感受数学与生活的联系、体验数学价值的重要资源。学习材料包括主题情境、数学习题、教与学的操作材料等。在教学中,选择不同的学习材料或对相同材料进行不同组织,学生经历的学习过程就截然不同。选择学习材料时,教师首先要研读教材中设计的学习材料,用好、用活教材中的学习材料。同时,教师还要做有心人,收集各类情境中的素材作为学习材料,使学习材料具有丰富的现实背景,更有利于学习更真实、更深入地展开。需要注意的是,在提高学习材料的趣味性、现实性的同时,教师一定要把握学习材料的"数学味",即学习材料中蕴含的数学本质才是选择学习材料的关键要素。[①]

2.学习任务的设计

任务驱动探究,高认知水平探究任务能引导学生展开理解、应用、分析、推理、综合、评价、创造等高层次学习活动,激发学生的思维投入,促进学习目标的实现。设计学习任务既要关注让学生"做什么",更要关注让学生"想什么",就是要在"做任务"的过程中驱动学生积极思考,形成自己的观点或独特的见解。在学习任务的驱动下,全体学生投入到学习中,进而深度"卷入"数学学习过程,并逐步走向深度学习。[②]

3.学习反馈的过程

学习反馈能帮助学生及时了解学习成效,促进学生间的互动交流,是提升课堂效果的重要方式。在通过学习任务引导学生"卷入"学习的同时,教师还要注意学习反馈的预设,包括反馈的内容、反馈的形式、反馈的时机、反馈的顺序等,收集和利用学生的学习材料、学习作品,组织分享展示和深度讨论,想方设法呈现学生的思维过程,促进学生的思维对质和思维碰撞,教师适时介入指导,

---

[①] 朱德江.促进深度学习发生的小学数学教学设计[J].教育理论与实践,2020,40(29):58.

[②] 朱德江.促进深度学习发生的小学数学教学设计[J].教育理论与实践,2020,40(29):58.

促进学生对探究成果逐步达成共识和实现深刻的理解。[①]

下面以"分数乘分数"为例,谈谈如何促进学生真探究,展示探究的过程。

"分数乘分数"建立在分数乘整数的基础之上,是后续学习分数除法及分数四则混合运算的基础。教学重点是让学生理解分数乘分数的意义及计算方法,难点是理解算理。教材的编排意图主要是借助图形语言,让学生通过想一想、画一画、比一比等探究途径,理解分数乘分数的意义,探索和发现分数乘分数的计算方法,最终统一分数乘分数的计算方法。

"分数乘分数"一课教学,既定的传统思路是:教师提供横向、纵向等分好的长方形材料,让学生通过画一画等探究活动得到分数乘分数的结果,进一步引导学生通过观察、比较、分析等方式,归纳得出分数乘分数的计算方法。

【传统教学片段】教师提供等分好的长方形材料:

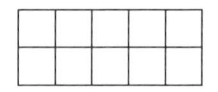

师:你能自己动手画一画,表示出 $\frac{1}{2} \times \frac{1}{5}$、$\frac{1}{2} \times \frac{3}{5}$ 的结果吗?

学生画图得到结果:

$\frac{1}{2} \times \frac{1}{5} = \frac{1}{10}$

$\frac{1}{2} \times \frac{3}{5} = \frac{3}{10}$

师:观察每个算式和它们的计算结果,你有什么发现?

生1:我发现分数乘分数,分子相乘的积作分子,分母相乘的积作分母。

【思考】

1.探究材料的选择,被动表征还是主动探究?

传统教学中,学生按照学习单提示,根据横向、纵向等分好的长方形材料,涂上相应的数量,即探究得到分数乘分数的结果。学生对于"为什么要把单位'1'平均分成两次""每次取几份""为什么这样取?"等真问题没有形成自己的思考,探究的价值仅在于为算法抽象提供素材,割裂了算理与算法之间的联系。因此教学中要重视探究材料选择,把握学习材料的"数学味",关注学生的学,将

[①] 朱德江.促进深度学习发生的小学数学教学设计[J].教育理论与实践,2020,40(29):58.

被动表征转化为主动探究。

2.探究任务的设计,归纳概括还是演绎推理?

传统教学中,先引导学生观察、发现,进而提出猜想:分数乘分数,用分子相乘的积作分子,分母相乘的积作分母。再引导学生举出一些分数乘分数算理的例子,并画图验证,最后学生经历从特殊到一般的"不完全归纳法",归纳概括出分数乘分数计算方法。但若追问学生:"分母乘分母表示什么意思?分子乘分子又表示什么意思?"大多数学生虽然尝试用几何表象来阐释算理与算法的关系,但他们的解释无法触及分数乘分数本质,即"分母乘分母计算出新分数单位,分子乘分子则计算出新分数单位个数",如"从图中可以看出一共被分成15份,取其中8份"。学生仅能从观察角度得出粗浅的解释,对于算理与算法之间有怎样的联系一知半解。可以看出以归纳概括的教学方式只能让学生知其然,却不知其所以然。因此教学中要重视探究任务的设计,引导学生展开理解、应用、分析、推理等高层次探究活动,激发学生的思维投入,以演绎推理形式理解分数乘分数的本质。

基于以上两点思考,如何让学生探究真实发生,掌握分数乘分数算法,理解抽象算理?可从以下方面进行实践。

1.以形促思:主动探究,直观表征

教学片段一:

$\frac{1}{2} \times \frac{1}{5} = ?$(让学生独立汇报、板书)

生1:化为小数 0.5×0.2=0.1(公顷)

生2:$\frac{1}{2} \times \frac{1}{5} = \frac{1 \times 1}{2 \times 5} = \frac{1}{10}$(公顷)

师:说一说你是怎么想的?

生3:1×1=1作为分子,2×5=10作为分母。

生4:为什么分子乘分子,分母乘分母就能算出结果呢?这1×1,2×5分别表示什么意思?

师:看来同学们都遇到难题了,怎么办?

生5:画图。

师:请同学们拿出课前准备好的纸,现在我们就用这张纸表示1公顷,你能通过折一折或者画一画说一说这样算的道理吗?请四人小组展开探究。若有困难的小组可以找老师拿提示卡。(提示:这一张纸表示1公顷的地,请你想办法先表示出$\frac{1}{2}$公顷并涂上颜色,再表示出$\frac{1}{2}$公顷的$\frac{1}{5}$。想想该如何表示?)

(学生先独立研究,再四人小组合作探究,教师巡视指导,随后组织开展交流。)

生6:先把一张纸(1公顷)平均分成2份,其中的一份就是$\frac{1}{2}$公顷,再把$\frac{1}{2}$公顷平均分成5份,这样的每一份是1公顷的$\frac{1}{10}$,取其中的1份,就是$\frac{1}{10}$公顷。(学生边说边演示,见图1。)

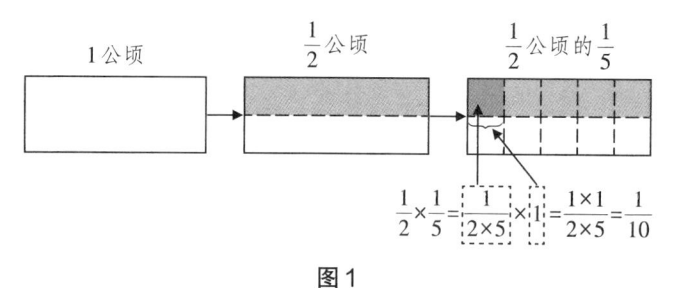

图1

生7:我想问$\frac{1}{2\times5}\times1$这个算式表示什么意思?

生8:$\frac{1}{2\times5}$是表示把1公顷地先平均分成2份,取其中1份是$\frac{1}{2}$公顷,在$\frac{1}{2}$公顷基础上再平均分成5份,此时每一份就是1公顷的$\frac{1}{10}$,也就可以写成$\frac{1}{2\times5}$。要求现在这块地有几公顷,也就是求1公顷的$\frac{1}{10}$是多少,所以用"$\frac{1}{2\times5}\times1$"。

上述片段中,教师在探究材料上避开已经等分好的长方形材料,选择了空白长方形纸,让学生自主探究,学生在长方形纸上先表示$\frac{1}{2}$,再表示$\frac{1}{2}$的$\frac{1}{5}$,借助几何直观得出每一份是多少,再看看有这样的几份,将抽象的算理"先分后取,再分再取"直观化、形象化,进而体会分母乘分母表示分的总份数,分子乘分子表示取的总份数。在这一学习过程中,学生不是在已画好的格子图涂一涂,画一画,而是真实地经历探究$\frac{1}{2}\times\frac{1}{5}$的道理的全过程,充分地理解每个数字、符号、算式的含义。整个探究过程学生用自己的体验、感悟诠释着对分数乘分数的理解,并在同伴的影响下完成自我知识框架的重建。学生探究之后,组织学生进行汇报,鼓励个性化的想法。学生不仅在行为上参与,更在思想上积极参与,在反复地操作、尝试、思考中碰撞、共鸣,为算理理解积累丰富的感性经验。

2.以形究理:演绎推理,理解算理

教学片段二:

探究任务一:$\frac{2}{3} \times \frac{4}{5} = ?$ 请你动笔算一算,再画图验证。

生1:求$\frac{2}{3}$的$\frac{4}{5}$,同样先把1张纸平均分成3份,取其中2份即$\frac{2}{3}$,再把$\frac{2}{3}$平均分成5份[也就相当于把1公顷平均分成了(3×5=15)份],5份中的一份就是$\frac{2}{15}$,取其中4份,即$\frac{2}{3} \times \frac{4}{5} = \frac{2}{3 \times 5} \times 4 = \frac{2 \times 4}{3 \times 5} = \frac{8}{15}$。

生2:一份为什么是$\frac{2}{15}$?

生3:$\frac{2}{3} \times \frac{4}{5}$就是把一张纸先平均分成3份取其中2份,再在$\frac{2}{3}$基础上平均分成5份,通过折纸可以发现这样的一份就是$\frac{2}{15}$。(见图2)

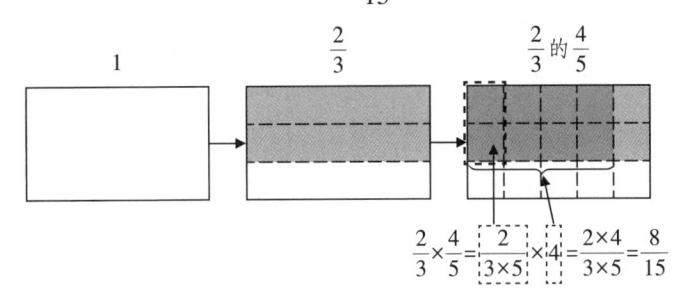

图2

探究任务二:经过前面两个例题学习,现在请你借助图形推理说明,分数乘分数计算法则是"分母乘分母作分母,分子乘分子作分子"。

生1:举个例子,如$\frac{1}{2} \times \frac{3}{5}$,把一张长方形纸平均分成2份,取其中一份是$\frac{1}{2}$。在$\frac{1}{2}$基础上再平均分成5份,每一份是这张纸$\frac{1}{10}$,取3份就是乘3,所以是$\frac{3}{10}$。($\frac{1}{2} \times \frac{3}{5} = \frac{1}{2 \times 5} \times 3 = \frac{1 \times 3}{2 \times 5} = \frac{3}{10}$)。由此可以看出分数乘分数是要先计算出每一份是多少,再看看有这样的几份。

生2:(边比画边讲)先把长方形平均分成a行,涂上b行,表示$\frac{b}{a}$;再把涂色部分平均分成c列,涂上d列。你们看,长方形就被平均分成了a行c列,所以$a \times c$就表示把"单位1"平均分成$a \times c$这么多份,就是结果的分母;涂色的部分是b行

d 列，所以 $b×d$ 就是结果的分子。

$$\frac{b}{a}×\frac{d}{c}=\frac{1}{a×c}×b×d=\frac{b×d}{a×c}=\frac{bd}{ac}(a≠0,c≠0)$$

↓　　↓
每一份　有这样
的大小　的几份

教学中，要重视探究任务的设计。探究任务既要关注学生"做什么"，更要关注学生的"困惑点"，就是要在"做任务"的过程中驱动学生积极思考，形成自己的观点或独特的见解。经过 $\frac{1}{2}×\frac{1}{5}$、$\frac{1}{2}×\frac{3}{5}$ 探究任务的学习，学生对于分数乘分数的算理有了初步感悟。但 $\frac{1}{2}×\frac{1}{5}$、$\frac{1}{2}×\frac{3}{5}$ 这两个算式分别是单位分数乘单位分数和单位分数乘非单位分数，两道题的第一个乘数 $\frac{1}{2}$ 都是分数单位，有利于排除分子的干扰，理解分母相乘实际是两次细分，得到新的分数单位，但不利于学生感悟"取了又取，分数单位的个数也发生了变化"这一道理。因此教师找准学生"困惑点"，设计了非分数单位乘非分数单位 $\frac{2}{3}×\frac{4}{5}$ 的探究任务，更进一步帮助学生感悟"取了又取，分数单位的个数也发生了变化"的道理。经历这样的探究过程，学生对于算理与算法之间的联系有了更深层次的体会，且初步意识到分数乘分数是要先计算出每一份是多少，再看看有这样的几份。进而感悟到分母相乘计算的是每一份是多少，分子相乘则计算的是有这样的几份，为接下来的探究任务二奠定了推理基础。探究任务二的过程中，无论是举例推理还是抽象出字母进行推理，学生均借助几何直观与数学符号，自然实现了演绎推理解释算理的过程，将算理与算法有机结合起来（分母相乘计算出新分数单位，分子相乘则计算出新分数单位的个数），从而真正做到对分数乘分数的计算方法不仅知其然，更知其所以然。

数学探究的根本在于真实，只有根据学生的"困惑点"设计探究任务，才能激发学生的探究欲望，引导学生真实融入探究过程，全身心参与，才能使其从中感悟探究的价值所在，从而促进学习深度发生。

二　经历"三学"任务，展示合作过程

"真数学"教学理念认为"小组合作学习"是以"自主、合作、探究、展示"等学

习方法为基本组织形式,用"兵教兵、兵练兵、兵促兵、兵强兵"和"小组合作学习多元评价激励机制"推动学生学习的教学模式。这一教学模式突出真学课堂的核心内涵——"自觉、自立、自控和主人、主体、主见",让学生真正成为课堂学习的主人。但在当下数学课堂教学中小组合作学习较流于形式,通过课堂观察和访谈发现,其主要存在以下几种形式化的问题:

一是"走马观花"式:学生对于合作的任务或没有兴趣,或感觉过于简单,探究欲望不足,合作流于形式,对于问题的解决仅仅是"走过场";设计的问题太难,学生无从下手,不知所措,学习出现了"冷场"。

二是"虎头蛇尾"式:在小组合作学习时,教师总能发现部分学生参与不足、个别学生过度"强势"等问题,看似合作,但没有互动、没有共享、没有碰撞和重构,成员间更没有达成共识,"成果"只是个别人的"一言堂"。

三是"浮萍逐水"式:交流汇报学习结果时,仅有一人代表小组反馈小组学习情况,发言的内容也仅仅是个人的观点再陈述,未能整合小组观点。各小组之间也没有互相质疑、互相帮助,相互补充,未能达成共识,实现共享、共进。

那么如何从"合坐"走向"合作"呢?

策略一:合作任务要从学生已有知识的起点出发,设计"跳一跳"能够完成的"合作任务",调动学生任务探究的兴趣。制定合作任务前做好前测,了解学生已有知识水平,有的放矢设计有层次的合作任务。

策略二:让合作任务处于真实的情境中,提供引发"认知冲突"的学习机会,给不同层次学生更多的数学想象和思维活动的空间,促使学生协同合作,或头脑风暴、或多元观点整合、或组内辩论,相互影响、相互帮助,形成共识,最终解决问题。

策略三:整体沟通,观点联结。观点联结环节,每个学习者的想法在群体内共享。此时教师是观察员、导学者、评价者。教师不仅要在学生理解不足时邀请其他组参与补充,更要在分享小组结论"堵车"时进行引导。教师可以有意识地让学生学会一定的语言表达体系。比如,我同意你的观点,我有不同观点,我有补充,我有疑问……让各小组成员之间互相欣赏、互相质疑、互相帮助,相互补充,达成共识,实现共享、共进,从而实现共同发展的最终目标。

下面,以人教版六年级上册"确定起跑线"案例为例,阐述如何指导学生进行真合作,促进学生真学。

关于"起跑线",学生已有直观经验;400米标准跑道的起跑线有怎样的规律,在教师引导下,学生也能初步了解;但若缺少合作实践,学生往往理解不深刻,运用知识解决生活中的实际问题也会存在一定的困难。因此,教学中,要创设真正的问题情境,引导学生从"纸上谈兵"走向"合作实践",从"合坐"走向"合作",促进学生对知识的理解和掌握,真正提升学生运用数学知识解决实际问题的能力。基于以上思考,"确定起跑线"合作学习具体可以分为三个环节展开。

(一)在独立思考中"自学"——充分合作的前提

"自学",强调学生的前置学习。学生的"自学"是课堂的起点和合作学习的基点,唯有基于自己独立思考方能有效交流,进而产生更深层次的碰撞和认识。因此教师课前根据一定的教学内容,围绕既定的教学目标,基于大部分学生的"最近发展区",事先设计有效的任务单。借助任务单,教师能站在学生的原认知基础上展开教学,找准知识探究的切入点,架设好知识迁移的桥梁,从而实现知识与经验的无缝对接,让不同层次的学生都能言之有理,言之有据。

"确定起跑线"一课,通过前测数据(如表1)可知求跑道一周长度不是难点,学生最近发展区在于"求两条跑道的长度差,从而求出起跑线之间的距离"。如何帮助学生突破思维障碍?如果依据教材中表格(表2),让学生照本宣科,表格要求求什么就写什么,没有进一步思考,其就无法站在整体角度思考问题,进而无法建立跑道差就是周长差($2π×$道宽)的数学模型。因此本节课结合2022年世界锦标赛400米及100米比赛的真实情境,引导学生自主提出问题:为什么400米起跑线位置不同?如何确定400米比赛起跑线?结合相对开放探究单(表3),仅给出跑道序号,给予学生较大思考空间,让学生在探究过程中慢慢聚焦到关键要素,如直径、道宽、周长等。基于这样的独立思考,组中的每一个成员都有着自己独特的经历和理解,这就能确保每位学生在合作学习中的参与度,小组成员通过组内讨论与争辩就会产生更深层次的碰撞和认识。

表1

题目	学生作答情况分析	占比
1. 请你说一说400米跑道由哪几部分组成?	48人认为400米跑道是由两条直道和两个弯道组合成的。	90.6%
	5人认为400米跑道是由一个长方形和两个半圆组成的。	9.4%
2.求出下列图形周长。	45人完全正确。其中有42人懂得用一个圆周长加2条直跑道。	84.9%
	3人列式正确,计算错误。	5.7%
	5人将面积与周长混淆,算成面积。	9.4%

表2

跑道序号	1	2	3	4	5	6
直径/m	72.6	75.1				
圆周长/m	228.08	235.93				
跑道全长/m	400.00	407.85				

注:π取3.14159。

表3

跑道序号						
1						
2						
3						
4						
5						
6						

①所以400米跑道起跑线应该这样设计:_____(请你在图上画出来)

②我有更快、更好的方法:

(二)在成果分享中"互学"——小组合作达成共识

自学任务完成后,学生要通过小组合作,完成"互学"任务。学生将自学的成果进行分享,每个组员要轮流发言,相互倾听,相互启发,相互补充。每个组员都要根据自己的学习状况,不断丰富和完善自己的学习成果,并达成小组共识,上台进行组间交流。

在"自学"部分学生对400米标准跑道的结构和对起跑线的确定有了初步认识,但对于如何确定起跑线,需要测量哪些数据,部分学生还有些迷茫。在实际测量之前有必要让学生合作设计"如何确定起跑线"的计划。因此课堂上要引导学生进行小组合作交流各自的想法,讨论并完成小组实践活动计划,包括实践活动的分工及注意事项等。

"确定起跑线"研究计划

1.研究成员:刘嘉和、谢雨桐、游震岳、肖怡欣、陈芊羽、范艺愔。

2.研究的问题:为什么在田径场100米跑步运动员站在同一条起跑线上,而400米比赛运动员站在不同起跑线上呢?如何"确定400米比赛起跑线"?

3.准备工作:在研究以上问题时,我们要实地测量数据,并对数据进行计算,所以要准备测量尺、记录本、计算器、速写笔、修正贴等工具。

4.展开研究:事先要了解跑道的结构以及需要哪些数据。测量跑道内圈的直径、直道长、道宽。(操场的弯道合起来就是一个圆,测量了直径,就可以算出周长;知道道宽,就可以依次知道各条跑道的直径了。)计算各个圆的周长和每一条跑道的周长。计算出相邻跑道的周长差,也就能确定起跑线。

5.收获:①了解"确定起跑线"有关知识。②测量必要数据时要精确仔细。③每圈跑道长可以用圆的周长加上两条直道长来计算。④起跑线由里而外应该越来越往前移。⑤各条跑道直道长是一样的。⑥各条跑道弯道长是不同的。

这是其中一个学生的计划,通过小组合作交流后,他们制订的计划更加详细、更加完善。通过合作讨论,学生不但知识明确、讨论深入、重点突出,而且制订的实践活动计划更贴近他们的实际。这样的合作讨论真正起到了由现象引发问题到实践操作之间承前启后的重要作用,最终实现了有效探究。

(三)在小组展示中"共学"——质疑补充,思维进阶

互学任务完成后,学生要在教师的引导下进行组间交流,完成"共学"任务。如何导向有深度的"共学"?核心任务的引领是关键。课中教师引导学生从"核心任务"出发,以小组为单位进行上台交流,其余小组要做到认真倾听,对照自己小组的学习成果,发现和认识不足的地方,并做好质疑和补充的准备,等台上的小组发言完毕,要积极提出自己有疑问的地方,和台上的同学共同探讨,从而让学生的数学学习真正发生。

小组1:(结合表格介绍)我们小组的方法是求出大小圈周长,大圈周长减去小圈周长的结果,就是起跑线相差的数据。计算得出第一圈跑道直径是72.60米,两个弯跑道合起来是一个圆,所以第一圈跑道长是72.6×π+85.96×2≈400.00(米)。第二圈直径是72.6+1.25×2=75.10(米),75.1×π+85.96×2≈407.85(米)。第三圈直径是75.1+1.25×2=77.60(米),77.6×π+85.96×2≈415.71(米)……所以我们小组认为400米跑道起跑线应该这样设计,从第一道开始,第二道比第一道往前移7.85米,第二道比第三道往前移7.86米……这是我们小组的观点,大家有疑问或者补充吗?

小组2：我们有更快方法，我们小组发现直跑道长度都是一样的，所以造成周长差是因为不同环的弯道长度不一致，而不同环的两条弯道可以组成一个圆。所以我们小组认为只要求出圆的周长进行对比就可以了，不用求出全长。同学们还有疑问或者补充吗？

小组3：我们小组发现，因为环宽每次增加2个1.25米，第一圈弯道是72.60π米，第二圈是(72.60+1.25×2)π米，第三圈是(75.10+1.25×2)π米……运用乘法分配律展开，也就是每圈都相差2.50π米。

小组4：我们还有更快方法，可以用字母推导，第一个圆(弯道)的直径是d，环宽是1.25米，那么第二个圆的周长就是π(d+2.50)米(板书)，所以相邻跑道差就是2.50π米，也就是7.85米。

本节课紧紧围绕"如何确定起跑线"这个核心任务让学生展开讨论，在互动交流过程中，学生对自己表格进行优化、调整，从求全长到只求相邻两个圆周长差，最后抽象出模型(两个相邻圆的周长差)，学生经历这样从现实情境中抽象出数学模型的过程，其思维、能力均得到不同程度的锻炼。本节课的魅力不在于答案本身，而是合作学习过程的精彩。在这样的学科实践中，学生的思维在碰撞，探究在深入，展示了数学学习的真实历程，我们不仅看到了学生对数学知识的学习，更看到了学生创造思维的开启、创造潜能的激活。

三 进行多维对话，展示思维过程

"对话"是一种人与人或人与物之间常态化的语言与思想交流方式。在汉语词典中关于"对话"的解释是：两个或更多的人之间谈话。也就是对话不一定是一对一的对话，也可以是一对多或者多对多的对话。本文提到的"多维对话"包括师生对话、生生对话、生本对话等三种形式。师生对话是教师与学生之间的双向对话，首先教师要创造平等的环境，拉近与学生之间的距离，孩子在一个有安全感的环境中，愿意把自己真实的所思所想用语言表达出来，从而与教师形成"真对话"。生生对话是学生与学生之间的对话。孔子曰"不愤不启，不悱不发"。每个学生是学习的主体，也是独立的个体，他们对同一事物或者问题都会有不同的想法，彼此之间将自己的想法表达出来，学生在自我反思中协同互助，完善对知识的认知，碰撞智慧的火花。生本对话，即学生和文本之间的对话。学生是学习的主人，他们自主探究文本，理解文本，敢于质疑提出想法。数学是一个不断试误的过程,学生思考前人提出的观点,进行生本对话,教师就能了解到学生对知识的掌握情况,从而有的放矢地进行师生对话和生生对话,增强对事物的新认知。由此可见,三种对话的形式相辅相成,紧密联系。在多重对话与多向对话中,学生打破自己的瓶颈,从封闭学习走向开放学习,从浅层学习走向深度学习,不断超越自我,形成一种"真对话"。下面以人教版六年级下册"北京五日游"为例,谈谈教学中如何让学生在多维对话中碰撞出智慧的火花。

人教版六年级下册"北京五日游"是一节综合实践活动课。这一节课对于厦门的学生来说主题比较陌生,因此教师改变问题情境,从学生的生活情境出发,设计"厦门一日游"的旅行方案。

教师在课堂上指导学生借助百度地图,先将各个景点进行标记,然后输入起点站和终点站,搜索坐公交车、步行或者滴滴打车的方案,再根据本组的讨论意见择优选择方案。课后,学生利用电脑搜索并和小组成员进行讨论,进行"生本对话""生生对话"。

课堂上,学生展示交流小组的实践成果:

学生展示交流如下:

生1:鼓浪屿是厦门的著名旅游景点,景点多而且历史悠久,因此,我们小组选择在鼓浪屿一日游。(生出示图1并介绍。)

生2:我们发现你们小组选择的几个景点较为分散,而且路线走过了又重复走,浪费旅游时间。我们小组也是选择鼓浪屿一日游,这是我们小组的设计方案。(生出示图2并介绍。)

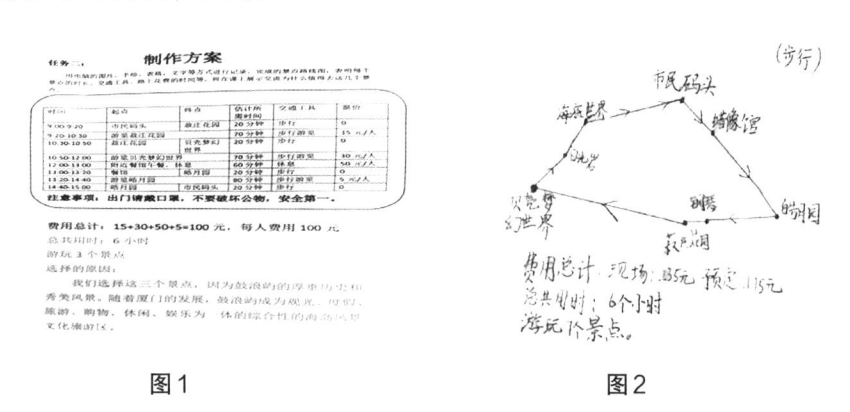

图1　　　　　　　　图2

师:对于他们两个小组的方案,你们有什么想说的?

生3:我喜欢图2的方案,因为他们选择的路线是从市民码头开始到市民码头结束,游玩的景点是按照一个"圈"来设计,不会像图1的方案绕来绕去,浪费旅游时间。

生4:我喜欢图2的方案,因为图2的方案一天玩了7个景点(码头不是景点),而图1因为在路上花费的时间多,只玩了3个景点。

师:看来,我们在设计方案的时候要注意旅游路线的选择,才能有更多的时间来游玩更多的景点。

生5:今年是建党100周年,我们小组想开启红色之旅。(出示图3并介绍。)

生6:我们小组也是选择红色之旅,但是我们为了节约经费,选择的打卡景点都是免费的,乘坐的都是地铁和公交车。(出示图4并介绍。)

图3　　　　　　　　　　　　　　图4

师:对于他们两个小组的方案,你们有什么想说的?

生7:我喜欢图4的方案,因为图3小组的同学出行都是滴滴打车,不仅浪费钱还不环保。

生8:我也喜欢图4的方案,他们有计划地安排费用,景点和交通工具花费少,把经费用来中午在外面就餐。

师:看来,选择环保的公交车或者地铁,可以降低旅游费用。

生9:我们小组一天游玩十几个景点。(生出示图5并介绍。)

生10：你们小组游玩那么多景点不会累吗？我们小组是这样设计的。(生出示图6并介绍。)

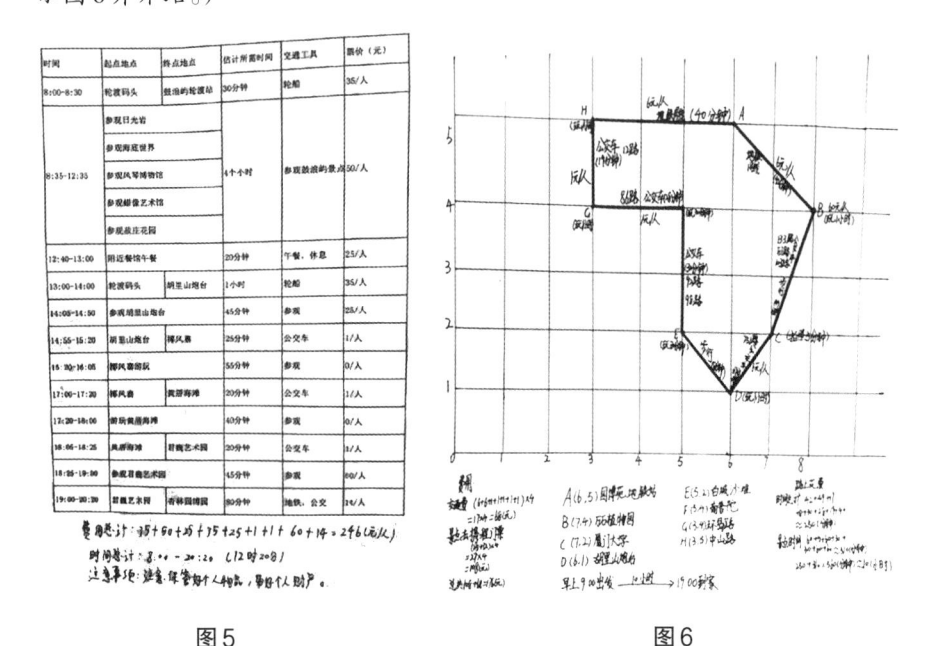

图5

图6

师：你们喜欢哪个小组的设计方案？

生11：我喜欢图6，因为图5的一个景点游览时间在40分钟左右，导致没有深入的游玩体验，游玩的人也感觉体力不支。而图6他们游玩的景点也很多，但相对合理，晚上安排去中山路逛街吃美食，很不错！

生12：我喜欢图6，因为他们很会精打细算，对比携程网和现场买票的票价再来买票。而且他们设计的这张图用到了数对的知识，不仅让我们看懂每个景点的位置，而且标出了路线，非常清楚！

师：看来，景点不宜少也不宜多，这样才能够有更好的游玩体验。

上完课，学生设计方案之后，教师通过QQ作业系统让学生上传作业，在批改作业时有目的地整合学生方案，两两对比，有利于学生在课堂上进行"真对话"，自主总结出设计旅行方案的几个要素：路线、费用、景点。

以上片段，学生在对话方案、对话他人、对话自己等"多维对话"中，用数学的语言表达自己的观点，甚至说服他人接受自己的观点；用数学的思维思考他人的方案的优缺点，从不同角度分析问题和解决问题，体会解决问题的多样性；在多维度思考中，不断提升自我的创新思维水平，不断碰撞出思维的火花，不断优化方案，从而积累了数学活动经验。

第三节　深学：迁移运用　进阶思维

什么是"深学"？朱德江认为"深学"指向的是学习结果，"深学"的核心是"学深悟透"，指学生的学习实现了理解的通透、知识的迁移和心智的成长。本书中的"深学"指的是学生在"真学"的过程中能够进行深度的思考，思维能够走向深处，让自己的思维表现出迁移性与批判性，同时能够综合运用所学的知识解决真实情境中复杂的、有挑战性的问题。此过程能促进学生认知的发展，实现思维的发展、核心素养的生长和心智的成熟。主要策略有以大概念统领和项目式学习，促进学生在真实情境中解决问题、发展思维，并能够将所学迁移到新的情境中解决更复杂的现实问题。

一　以大概念统领，促进"深学"

数学大概念是指在数学学科中那些核心的、具有广泛适用性和深远影响的思想或原理。它们超越了具体的数学知识点或技能，是连接不同数学领域、统摄众多数学概念与方法的高层次思维框架。数学大概念反映了数学的本质特征和结构，要帮助学生构建数学知识的宏观架构，促进其对数学深刻且全面地理解。以数学大概念统领教学，可以帮助学生构建深刻、持久的数学理解；数学"大概念"是学生学习数学的助推器，是学生学习数学的动力引擎，可以促进学生积极探究；数学"大概念"具有强大的"黏性"，能引导学生进行数学知识的有效迁移，解决现实生活中真实的、挑战性的问题。下面以"度量"这一大概念教学为例，谈谈如何引发学生"深学"。

先看一个例子，在一次区域性小学六年级数学学业质量监测中有这样三道题：

第一题：对下面生活数据的估计，最符合实际的是(　　)。

A.六年级学生跑50米最快用时45秒

B.一袋食盐约重0.5千克

C. 一张数学试卷卷面的面积大约是90平方厘米

D. 一瓶矿泉水大约有550升

第二题：数 a、b 在数线上的位置如下图所示。

如果 $a×b=t$，那么以下有可能正确表示 t 位置的是（　　）。

A. 0　b at 1　　2　　　　B. 0　b t a 1　　2

C. 0　b a 1　t　2　　　D. 0　t b a 1　　2

第三题：如图，阴影部分小正方形的面积为3平方厘米，长方形的面积是多少？请用你喜欢的方式说明想法。

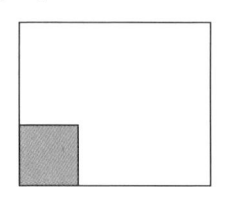

监测结果显示：全区第一题正确率为50.45%，第二题正确率为50.65%，第三题正确率为48.43%。通过分析和访谈发现：第一题学生对于计量单位缺乏正确的观念，教师教学中停留于计量单位的介绍及单位换算的训练居多，教学中不重视正确建构常见计量单位的表象，不重视与生活中常见的物体进行比较，缺乏引导学生借助已有的知识进行类比、推理；第二题学生对 a、b 的估值不明确，对于乘法计算度量的规则不明确、抽象不够；第三题错误的有两种情况，一是放空白，二是量出长和宽的长度，算出面积。从中可以发现学生在量与计量、数的感知、估算能力、整体量感方面是很薄弱的。

学生的学习效果反映着教师教的情况和学生学的情况，学生度量意识和度量能力的薄弱与教师的教学息息相关。通过对教师和学生问卷调查，结合教师的日常教学情况分析，学生的度量素养薄弱主要有以下原因。

一是度量内容不明确，度量观念狭隘化。

度量是小学数学教学中的重要内容。问卷显示，实际教学中，教师对度量所包含的内容、度量的重要性认识不足，仅认为教材中量的计量，长度、面积、体积、角度的测量是度量，对度量内容的认识片面化、狭隘化，导致没能从度量的角度去开展教学，影响了学生度量意识的形成和发展。

二是度量本质把握不到位，教学内容浅层化。

如上文提到的第三道试题,学生束手无策或量长方形的长和宽算出面积,说明教学中教师强化了长方形的面积公式及公式的运用,淡化了长方形面积的本质教学。教学中类似这样的问题很多,教师对度量的本质把握不到位,在教学时无法实现对教学内容的深度理解并展开教学,导致教学内容浅表化。

三是忽视儿童已有度量经验,体验感悟替代化。

儿童数学学习本质上是在已有经验基础上深度和广度的变化。度量的内容与儿童的生活经验和知识经验息息相关。对度量知识的理解、度量能力的提升与学生的直接感性体验密不可分。但在教学中教师忽视儿童已有经验,如上试题第一题考查的是学生对计量单位的体验感悟,但实际教学中教师以讲解代替活动、以演示代替操作、以个别代替全体的现象普遍存在,学生知其然却不知其所以然,死记硬背度量概念、进率等,度量基本活动经验缺失,度量意识薄弱,度量方法呆板。

四是度量教学呈碎片状,迁移应用困难化。

我国义务教育数学课程标准中小学度量知识分散于"数与代数"和"图形与几何"两个领域,分别编排在教材的不同阶段,然而一些教师在教学中缺乏主线意识,出现就课教课,机械地按教材中所编排的单一课时、零散知识点进行教学的现象,忽视知识之间的结构关联,知识呈碎片化,无法转化为学生的认知结构,造成学生迁移运用知识的困难。如上文第二题,涉及的知识是分数的认识和分数乘法,这两部分知识分散到不同年级,教学中教师如果没有抓住度量这一主线,让学生理解"单位"及规则,必然造成知识运用的困难,出现错误。

综上所述,教师对"教什么"不明确,对度量的知识本质把握不到位,对学生"怎么学"没有清楚的认识,未能遵循学生的认知规律和学习规律进行有效的教学,导致学生度量素养的薄弱。那么如何促进学生深度地理解度量的本质,掌握度量的方法,发展度量素养呢?

(一)解读梳理,明晰内容,以"大概念"统领教学

帮助学生把握知识的内在联系与本质,是教师的重要工作,是促进学生深度学习的前提。瑞典学者马飞龙指出:学习结果与教师对教学内容的处理和组织,有比较大的关系。最关键的是教师对教学中相同点与不同点、变与不变的内容的呈现和处理。因此,要促进学生把握知识的本质从而实现迁移,首先教师要根据课标要求,认真解读教材,在"度量"这一大概念引领下整理、明晰小学

阶段度量的知识内容,分析其本质属性并沟通其联系,理解教学重点。为促进对度量内容和本质的理解,明确教学重点,教师可做如下整理(见表6-2):

表6-2 小学阶段度量的知识内容

大概念	领域	内容				教学重点
		度量对象	度量单位	度量工具	度量方法	
度量	图形与几何	长度	米、分米、厘米……	米尺	数一数,有几个1米、1分米……	1.经历度量单位的形成过程; 2.理解度量的本质:度量单位的累加; 3.渗透比例推理、估计的方法和策略;培养定量思维、量感和数感
		面积	平方米、平方分米……	一个单位的正方形	数一数,有几个1平方米、1平方分米……	
		体积(容积)	立方米、立方分米(升、毫升)……	一个单位的正方体	数一数,有几个1立方米、1立方分米……	
		角度	度(°)	量角器	数一数,有几个1度……	
	数与代数	质量	吨、千克、克……	天平、秤等	数一数,有几个1克、1千克……	
		时间	时、分、秒……	时钟	数一数,有几个1分、1秒……	
		货币	元、角、分		数一数,有几个1元、1角……	
		整数	一(个)、十、百……		数一数,有几个一、十、百……	
		小数	0.1、0.01、0.001……		数一数,有几个0.1、0.01、0.001……	
		分数	$\frac{1}{a}(a\neq 0)$		数一数,有几个$\frac{1}{a}(a\neq 0)$	
		百分数	1%		数一数,有几个1%	
此外,方位、温度、雾霾指数、绿色指标等也是度量的对象						

在"度量"这一大概念的统领下,教师理清了数与代数领域、图形与几何领域的度量内容(含度量对象、度量单位、度量工具和度量方法),理解了度量的本质,明确了度量教学的目标和重点,这将为教师有效展开教学、为促进学生深度学习做铺垫。

(二)唤醒经验,体验感悟,以"亲历式"理解本质

人之所以可以进行度量,并且能够对度量单位取得广泛的共识,是基于人的两个先天本能,这就是对数量多少的感知和对距离远近的感知;人还具有两个特殊的能力——抽象能力和想象能力。因此对于人而言,能够基于两个特殊的能力,把两个先天本能延伸到对事物的某些指标进行量化和对量化顺序的感知。活动和体验是深度学习的核心特征,是促进学生理解知识本质的有效策略。基于学生的先天本能和特殊能力设计教学活动,能有效地促进学生充分认识度量的本质、内涵特征等。教学长度、面积、体积时,可根据学生已有知识经验,特别是生活经验,设计"看一看、摸一摸、量一量、比一比、估一估、算一算、想一想、变一变"等"亲历式"教学活动,让学生充分体验长度、面积、体积单位的形成以及度量单位的叠加过程,充分体验度量的三个本质属性——运动不变性、叠合性、有限可加性,积累度量的经验。学生对数学的感悟体验有两个层次:一是直接感知体验,二是推理想象体验。教学离学生生活近的数学知识可以让学生直接感知获得数学体验,但有些数学知识离学生的生活较远,可借助推理想象进行体验感悟。例如"认识公顷"一课,公顷是大的面积单位,离学生的生活较远,在学习定义后,要让学生感悟"1公顷有多大",可设计如下教学过程,让学生经历亲身体验的过程。

第一层体验:实验、推算、想象,感悟体验

师:1公顷很大,我们再一起来感受一下。还记得前几天我们在操场做的实验吗?谁来给大家介绍一下。

生1:我们量出边长10米的正方形,我们把它围起来,它的面积是10×10=100(平方米)。

师:在当时,你们对100平方米有什么感觉?

生2:很大。

师:多少个这么大的正方形的面积才是1公顷?

(学生推算)

师:同学们推算出了100块这么大的正方形的面积是1公顷,让我们一起再来看看。(课件展示)

100个100平方米=1公顷

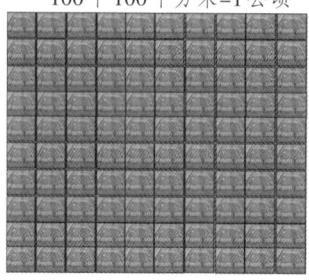

10个100平方米
20个100平方米
30个100平方米
40个100平方米
50个100平方米
60个100平方米
70个100平方米
80个100平方米
90个100平方米
100个100平方米

第二层体验：类比、估测、验证，深入体验

师：估一估1公顷有几个足球场的大小？有几个体育馆那么大？有几个电教馆那么大？有几间教室那么大？先独立思考，再和你的四人小组成员说一说，重点说说是怎么估的？为什么这样估？（学生回答略）

师：估一估，你们的小区大约有几公顷？说一说你是怎么想的？

测量活动的本质是比较，包括直观比较、直接比较和间接比较。教师通过引导学生在真实的问题情境中经历三种比较，感悟1公顷和几公顷的大小，建立度量单位的表象，培养学生的度量意识和度量思维，使其用度量的方法和思维分析生活、理解生活、表达生活。

（三）抓住主线，纵横联系，以"结构化"深化理解

国外许多国家把度量作为小学数学课程发展的一条主线，如美国数学标准的制定，以数与运算、代数、几何、度量、数据处理与概率贯穿小学到高中。众所周知，教学中学生所学的知识不是零散的、碎片式的、杂乱无章的信息，而是有逻辑、有结构、有体系的知识；学生也并不孤立地学习知识，而是在教师的引导下，根据当前的学习活动去联想、调动、激活以往的经验，以融会贯通的方式对学习内容进行组织，从而建构出自己的知识结构。教师应抓住度量这一主线，引导学生对知识进行纵向建构、横向关联，实现知识的结构化，深化对知识的理解。

1.抓住"单位"这一主线展开教学

"复习数的认识"是大部分教师头疼的复习课，很多教师认为"数的认识"知识点多、杂乱、零散，即使经过梳理，学生也很难掌握、灵活应用。通过问卷调查，发现学生认识整数、分数、小数等，对每种数内部的联系较为清楚，但对这些

数之间的关联不清晰,甚至认为它们是各自独立的,尤其是分数,学生认为它是不同于整数、小数的数,它们"长得"不一样、计数单位也不一样……细细分析,学生学习整数的时候是围绕计数单位、十进制、数位、位值等要素展开的,而"分数"一般有四种定义,大部分教师是从分数的定义出发进行教学的,这样教学,脱离了原来认识数的模式,学生感受到这是一种全新的、与过去毫无联系的数。"度量"是分数定义的其中一种,指的是可以将分数理解为分数单位的累积。教学中教师如果能抓住"计数单位"这一主线进行教学,便能打通整数、小数、分数之间的内部结构,让新知识转化为旧知识,将新知融入原有的认知结构中。学习分数、小数都是源于测量,是由于物体的量无法用整数表示而产生的,其实质是一种新的计数单位。教师教学分数、小数时如果只提"数",不提"计数单位",就容易导致分数、小数的学习与前面的学习脱钩。教师可让学生用以前学过的计数单位"一""十""百"等来计量数量不足1的物体,发现这些"标准量"都太大了,需要"比1小"的"标准量"。这需要把一个物体平均分成几份,每份就是一个计数单位,有几个这样的分数单位就是几分之几,有几个这样的小数单位就形成了一位小数、两位小数……同理计算教学,依然是抓住"单位"这一主线,"加法""乘法"是相同计数单位的累加过程,"减法"和"除法"是相同计数单位的递减过程。从中我们可以发现,沟通度量与数的认识是"计数单位",联通数的运算的算理依然是"计数单位"。抓住"单位"这一主线展开教学,有利于学生深入理解知识,整体建构知识体系。

2. 纵横联系,整体教学

布鲁纳指出:不论我们选教什么学科,务必使学生理解学科的基本结构。布鲁纳特别强调掌握基本结构对于学生发展的重要作用。度量的学习中,学生经历从简单粗略的定性描述到严格精确的定量刻画,是一种数学化的过程,在这一过程中要注意将学生已有的零散、粗略的知识梳理形成精确、系统的知识。让学生感受到知识结构化和数学抽象的力量,达到举一反三、发展思维的目的。如前文提及的教学"公顷"一课,课末,教师可引领学生带着如下问题展开深入探究,纵向沟通面积单位之间的联系,横向沟通长度单位、面积单位、体积单位之间的关联:

师:到目前为止我们一共学习了哪些面积单位?我们今天学习的"公顷"这个面积单位会在什么位置呢?它和我们以前学习的面积单位之间是什么关系?

学生通过猜测、思考、整理，呈现如下过程：

生1：我们小组发现平方厘米、平方分米、平方米相邻的两个面积单位之间的进率是100，今天学习1公顷是10 000平方米，平方米和公顷的进率是10 000，我们觉得它们中间应该还藏着一个单位，这个单位到底是什么呢？

生2：我们小组想的跟刚才那个小组一样，我们推算了一下，这个单位应该是100平方米，我们组的林××在课外书看过，100平方米就是1公亩[①]，所以这里面藏的面积单位就是1公亩。

生3：我们组猜接下来的单位是平方千米，它的大小是1 000 000平方米。因为边长是100米的正方形面积是10 000平方米，接下来就是边长是1 000米（1千米）的正方形，面积就是1平方千米。

师：同学们思考深入，表达清晰，理解了面积单位之间的联系。现在联系长度单位、面积单位，讨论它们之间有什么联系和区别？

生4：相邻的长度单位间的进率都是10，相邻的面积单位间的进率都是100。

生5：因为边长是1厘米的正方形的面积是1平方厘米，1分米是10厘米，所以边长是1分米（10厘米）的正方形的面积是1平方分米（100平方厘米），以此类推。

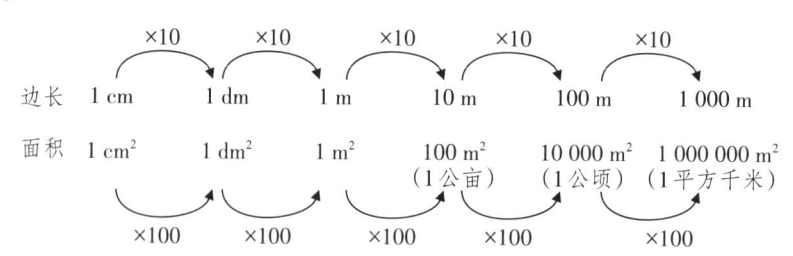

边长	1 cm	1 dm	1 m	10 m	100 m	1 000 m
	×10	×10	×10	×10	×10	
面积	1 cm²	1 dm²	1 m²	100 m²（1公亩）	10 000 m²（1公顷）	1 000 000 m²（1平方千米）
	×100	×100	×100	×100	×100	

教师根据学生的汇报，整理板书如上图，使之结构化、整体化。通过图表的展示，不仅有纵向的长度单位、面积单位内部的联系，又有横向的长度单位与面积单位之间的关联，揭示了知识之间的联系，让学生知其然并知其所以然。如果说本课教学是教结构，那么后续教学体积单位，则可以用结构学，即放手让学生探究体积单位的纵向联系以及长度、面积、体积单位间的横向联系，让学生感悟单位间存在一定的规律和联系，加深对数学整体性和结构性的认识，培养学生思维的逻辑性和严谨性。

[①] 公亩不是国际标准单位，此处为展示探讨原貌，做保留——编辑注。

(四)联系生活,解决问题,以"真运用"培育素养

迁移和运用是深度学习中的重用学习方式,解决的是知识向学生个体经验转化的问题,即将学生所学知识转化为学生综合实践能力的问题。教学中教师应联系生活,创设真实的问题情境,让学科知识和学生经验之间、学生学习和社会生活之间产生联系,让学生自觉地运用度量知识和度量思维解决实际问题,这是培育学生度量素养的有效举措。如可以以学习小组为单位开展"度量史实"研究,探索古代度量对现代生活的帮助;可以开展度量主题探究,如"云南象群出游"用到了哪些度量知识?"旧小区安装电梯如何分摊费用? 如何安装? 要做哪些改造等?""2021年奥运会全红婵跳水满分的秘密"——入水角度、旋转角度、起跳高度等;还可以开展"度量应用知多少"调查活动,了解方位、温度、雾霾指数、绿色指标等在海上作业、国防建设、科技发展、工业生产、人民生活等方面发挥的重要作用。如此,让学生自觉运用度量知识和量化思维认识、理解、表达世界,提升学生的度量素养。

度量是一种意识、一种思想,贯穿整个数学学习过程。以上教学中教师把握度量的数学功能和本质特征,突显了知识的结构化和一致性;基于学生的已有认知,创设真实问题情境,引导学生深度学习,体验感悟度量的形成过程和内涵特征,感悟度量思想,自觉运用度量思维解决实际问题,培养学生的度量意识。

总之,教师可以通过以下策略实现以数学大概念引领,促进学生的"深学"。一是明确数学大概念,教师需要明确数学中的大概念,即那些贯穿整个学科,连接不同知识点的核心思想。二是设计情境化问题,通过设计与现实生活紧密相关的、能够激发学生兴趣的问题情境,引导学生运用数学大概念来分析和解决问题,这种情境化的学习有助于学生理解数学的实际应用,增强学习的意义感。三是促进探究式学习,鼓励学生通过探索、发现、论证的方式学习数学,通过动手操作、数学实验、小组讨论等方式,让学生自己发现数学规律和概念之间的联系。四是强调概念之间的联系,在教学中强调不同数学概念和技能之间的内在联系,帮助学生构建知识网络,这不仅能加深学生对每个单独概念的理解,还能提高他们综合运用知识的能力。五是反思与元认知,培养学生的反思能力,让他们能够思考自己的学习过程,理解自己是如何解决问题的,以及哪些数学概念被应用其中,元认知的发展有助于学生自我调整学习策略,促进深度学习。六是使用多种表征方式,鼓励学生使用图形、符号、口头语言、实物操作等多种

方式表达数学概念,这有助于他们从多维度理解数学,加深记忆并提升思维灵活性。七是持续评估与反馈,采用形式多样、聚焦于理解的评价方法,及时给予学生具体、建设性的反馈。评估不仅关注学生解题的结果,更重视他们对数学概念的理解程度和思考过程。通过这些策略,教师可以有效地以数学大概念为引领,促进学生的深度学习,帮助他们建立起坚实、灵活的数学知识体系,为终身学习打下基础。

二 项目式学习,促进"深学"

"当学生进行较大的主题或项目学习时,就可能不断地与问题情境互动,在已知经验和新问题之间不断地创设意义。此时学生会不断反思,调动所学知识,调动多方面的能力,启动多个系统,开展较深入的学习过程,从而学会学习,发展核心素养。"[1]《义务教育课程方案(2022年版)》倡导学生在真实情境中解决问题,在解决问题的过程学知识、育能力、提素养。跨学科主题学习、项目式学习是发展学生核心素养,展示学生能力和素养的有效途径。教师可以利用数学文化节、综合实践活动等开展主题鲜明的跨学科主题学习、项目式学习,让学生主动自觉地将所学运用到解决实际问题中,做中学、创中学,促进学生深度学习。以项目式学习为例,最核心、最重要的问题就是活动的设计,夏雪梅教授从素养所包含的综合性目标出发,指出从六个维度进行项目化学习设计,即核心知识、驱动性问题、高阶认知、学习实践、公开成果、学习评价。这六个维度在知识观、学生学习、学习关系等多个层面上进行了统合,整合了学习的设计和课程的设计。[2]下面以"学校活动场地策划方案设计"项目实践为例,谈谈如何以项目化学习促进学生"深学"。

侨英小学地处城乡接合部的工业区,校园周边马路较窄、车流量大,形成交通难、停车难的困境。为解决这个问题,区政府决定在学校操场下面建一个地下停车场,停车场的施工将为期三年,这意味着三年内学校没有操场可以使用,

---

[1] 王春易,等.从教走向学:在课堂上落实核心素养[M].北京:中国人民大学出版社,2020:51.
[2] 夏雪梅.项目化学习设计:学习素养视角下的国际与本土实践[M].2版.北京:教育科学出版社,2021:32.

学校面临的是活动场地来源以及大课间、体育课活动场地安排等问题。教师围绕这一真实问题从六个维度进行数学项目化学习设计并引导学生进行实践。

(一)厘清核心知识,提出驱动问题,制定研究方案

项目化学习设计首先要从期待学生理解和掌握的核心知识出发。数学中的核心知识主要指重要的数学概念,以及与这些数学概念相关的一系列基础知识和技能。《义务教育数学课程标准(2022年版)》中提出了11个核心概念:数感、量感、符号意识、运算能力、几何直观、空间观念、推理意识、数据意识、模型意识、应用意识、创新意识。在进行"学校活动场地策划方案设计"项目化学习中,教师充分挖掘了数学核心概念与真实生活问题之间的关系,理清项目中的关键概念和主要知识点(见表1),核心知识的提炼有助于教师和学生站在更高、更远、更本质的视角了解世界,考察知识,启迪心智。

表1 "学校活动场地策划方案设计"核心知识

学科关键概念或能力	测量,数据收集、整理,数据交流,量感,问题解决。
主要知识点	1.能准确地测量相关的数据。 2.能运用四则运算、单位换算等知识解决一些实际问题。对解决问题过程的合理性、完整性、简洁性进行思考、表达和评价。

将核心知识用问题的形式表现出来,问题有两类:一类是教师要了然于心的本质问题,本质问题直接指向核心知识中的概念或能力;一类是驱动性问题,教师需要进一步将本质问题转化为适合某个年龄段学生的驱动性问题,以激励学生主动投入。数学项目化学习的本质问题与数学核心概念相关,"学校活动场地策划方案设计"的本质问题是"如何将量感可视化?如何用数据来论证方案设计的合理性?"。而驱动性问题需要将本质问题放入情境中,本项目的驱动性问题是:这三年的活动场地如何安排?继而引发三个子问题:一是学校可用的活动场地是多少平方米?二是体育课场地、上课节次怎么安排合适?三是大课间活动场地怎么安排合适?紧接着教师引导学生组建研究小组,根据核心问题商量讨论、制定研究方案(如表2),此方案贯穿整个项目的始终。

表2 "侨英小学活动场地分配设计"研究方案

解决的问题	1.大课间活动场地怎么安排？ 2.体育课上课节次怎么安排？运动场地怎么安排？		
小组成员及分工	姓名	任务	
^	生1	测量数据、制作PPT。	
^	生2	测量数据、帮助制作PPT。	
^	生3	测量数据、随时请教老师。	
^	生4	计算场地容纳人数、各种体育器材课所需场地面积。	
^	生5	^	
^	生6	^	
^	小组成员	商讨、完成体育课安排、大课间分配。	
研究规划	1.先测量数据并整理； 2.计算各地场地面积以及做操容纳人数、各种体育器材课所需场地面积(对解决问题有用)； 3.商讨； 4.完成体育课安排与大课间分配； 5.制作：可大家一起完成PPT和模型。 补充：中途不懂询问老师。		
研究过程	将用PPT展现。		
研究成果	用PPT和模型配合展现并讲解。		
研究过程可能出现的困难	1.有些数据不准； 2.体育课一节课有多少班要上，有多少人，要上什么课，都不知； 3.分配有问题、不能让人信服； 4.小组有些不团结； 5.分批讨论问题结果未取得小组人员全部赞同。		
解决方法	1.分歧较大的重新测量； 2.询问体育老师或调查； 3.重新适当分配并"用数据说话"； 4.增强活动性、多商讨； 5.其他人指出问题所在，共同解决意见不一致的问题。		
收获和反思			

(二)明确认知策略，引导学习实践，发展高阶思维

高阶认知策略主要有问题解决、调研、创见等。学习实践主要有探究性实践、调控性实践、审美性实践、社会性实践和技术性实践。本项目主要涉及的是探究性实践、社会性实践和技术性实践。围绕核心问题制定研究方案的关键在

于学习实践,在实践中解决问题,培养高阶认知。方案提出后,每个小组根据制定的研究方案,有条不紊地展开测量、计算、调查、访问、绘图、制作作品等,教师根据学生遇到的困难进行协调、指导。

为解决第一个驱动性问题"学校可用的活动场地是多少平方米?",学生根据学校每块空地的特点自觉地运用各种工具进行测量:有地砖的地方学生根据砖的规格进行测算;没有地砖的地方学生运用卷尺、滚轮尺、"身体尺"等测量工具进行测量;有的小组根据不同年级学生在做操时的个体占用面积进行测算。这使得在测算不同年级的占用面积时更加精准。测量后,学生运用组织图、数据表等可视化的思维工具进行测算,安排每个年级的活动空间。学生在这一系列技术性实践的过程中主动运用数学知识、数学学习经验解决问题。

在解决第二、三个驱动性问题"体育课场地、上课节次怎么安排合适?大课间活动场地怎么安排合适?"时,学生遇到了各种困难,比如每周每个年级有几节体育课?排课有什么规定和限制?学校每块空地适合做什么运动?大课间怎么出操不堵?每个班级做活动时占地的大小是多少?……面对这些问题,学生一方面采访相关教师,一方面根据班级的分布情况、不同年级学生的速度测算出操的速度和时间……学生用各种形式展示解决问题的方案,有的"纯手工"排课,有的借助信息技术手段排课,有的手工绘制学校地图及各场地的安排,有的选用经济、性能强的材料制作校园活动场地分配模型,成果丰富多样。学生在这一探究性实践中提高了调查研究的能力、全面系统分析的能力和创见的能力。

在这一项目化学习过程中,学生的社会性实践能力也得到了发展。社会性实践的组成主要有倾听、讨论、寻求帮助、团队合作、书面报告和口头报告等要素。在项目实施过程中,学生无论在小组合作还是在班级汇报中,都能倾听他人的观点,并给予回应性的思考;在讨论中能做好材料的准备,既接受他人的观点,又能提出自己的见解;在遇到困难时能主动寻求教师、同伴和家长的帮助;在团队合作中,学生由刚开始的意见出现分歧到慢慢协调中的团结协作、勇于承担责任,体现了成长的过程;在汇报环节,每个组都经历多次试讲,最后在"策划案招标"过程中体现出来的是自信、正确、有效、富有表现力的报告成果,并能与台下的"观众"进行互动交流。

(三)前置成果目标,设计全程评价,促进目标达成

项目化学习要求把学习成果和评价量规前置,这有助于学生明确要达到的

学习目标并为之而努力。数学项目化学习的评价既要指向数学的核心知识,也要对学生的学习实践进行评价。教师在设计学习成果和学习实践的阶段,就要设计成果和实践的初步评价要点,并在项目全部设计完后,进一步细化成果和过程的评价要素。本节课的成果目标见表3。从成果、知识与能力方面对学生提出了具体的要求,有助于学生明确努力的方向。

表3 "学校活动场地策划方案设计"成果目标

成果	团队分工,策划两份方案:体育课活动场地安排和课时安排方案;大课间活动场地分配方案。 要求:形成可行的方案,能从数学的角度,运用多种方式进行分析,并且运用模型、图片、表格等多样的方式形象简洁地表明本组的观点。
知识与能力	1.能测量、收集有用的数据进行简单整理,能运用四则运算和单位换算进行推算,提出合理的假设; 2.具有一定的数学表达与交流能力; 3.具有一定的合作、协调、调整、反思能力。

表4和表5分别对学生的设计方案、学习习惯、学习态度、实践过程和项目成果进行了量化评价,覆盖学生学习的全过程。项目化学习将评价前置,每个学生明确实践活动要达成的过程目标和结果目标,并朝着目标努力,极大地提高了学习的积极性、探究的兴趣,引发学生深度地参与、实践、合作、反思、调整等,最终解决真实的问题。从学生的自我评价、互相评价中,可以看见学生融会贯通、化知成智的信心与能力增强了,直面困难的勇气与品格、改造和创造世界的能力与热情在慢慢形成。

表4 "学校活动场地策划方案设计"项目评价

内容	★★★	★★	★
确定研究方向,组队分工	有明确的研究方向,并能成功组队分工。	有明确的研究方向,并能成功组队。	有明确的研究方向。
细化问题,制定方案	能进一步细化研究问题,制定明晰的研究方案。	能进一步细化研究问题,制定初步的研究方案。	能进一步细化研究问题和制定方案,但比较简单。
实地测量	能够选择合适的测量工具并准确使用,能够测量需要的数据并分析结果。	能够选择合适的测量工具并测量,能分析结果。	能选择测量工具测量,并进行粗略的分析。

续表

内容	★★★	★★	★
访谈	能够访谈相关人员并做记录,分析得到结论。	能够访谈相关人员并做记录且能分析。	能够访谈相关人员并做记录,但不够全面。
合理推算	在整个方案设计中能准确地运用数学知识解决问题。能根据设计方案合理推算得出全校的可用面积以及根据人数进行活动场地的安排。	能恰当运用数学知识解决问题,能根据设计方案合理推算得出全校的可用面积以及根据人数进行活动场地的安排,但有微小误差。	数学知识的运用不恰当或有问题。能粗略地推算出全校的可用面积以及根据人数进行活动场地的安排。
小组合作	全体成员积极参与,能在实践过程中和同伴、家长、教师开展较为有效的合作学习,能互相启发。	全体成员参与度较高,能在实践过程中和同伴、家长、教师开展较为有效的合作学习,能互相启发。	全体成员参与度一般,能在实践过程中和同伴、家长、教师合作学习。
数学表达	能运用采集、计算的数据进行画图或者制作模型。作品质量较高,富有创造性,能够用多样的、富有创意的方式对研究成果进行清晰的表达。	作品质量一般,基本合理,总体的设计成果需要稍作修改。能清晰地表达成果。	作品基本成形,但是存在一些问题,需要继续改进。能用自己的方式进行表达,但表达效果一般。

表5 "学校活动场地策划方案设计"学生习惯与态度评价

组别		姓名		评价等级		
一级指标		二级指标		个人评价	同伴评价	教师评价
会参与	★★★ 积极参与讨论与交流。	★★ 会参与讨论与交流。	★ 较少参与讨论和交流。	☆☆☆	☆☆☆	☆☆☆
会合作	★★★ 在团队中与成员良好合作,在小组内起到领导作用,能给出建议,对小组贡献大。	★★ 能良好协作,对团队有一定的贡献。	★ 能合作,但参与度不高。	☆☆☆	☆☆☆	☆☆☆

143

续表

组别		姓名		评价等级		
一级指标	二级指标			个人评价	同伴评价	教师评价
会探究	★★★ 有强烈的求知欲，不断提出与项目有关的问题，并努力寻找答案。	★★ 能提出与项目有关的问题。能在遇到困难时与同伴讨论、寻求解决方案。	★ 能提出问题，有时问题偏离内容，思考较不深入。	☆☆☆	☆☆☆	☆☆☆
会创新	★★★ 有明显的创新意识，且观点有一定的合理性。	★★ 有一定的创新意识。	★ 有创新意识的萌芽。	☆☆☆	☆☆☆	☆☆☆

以上项目化学习过程，教师紧紧围绕项目化学习的四个特征——核心知识的再建构、创建真实的驱动性问题和成果、用高阶学习包裹低阶学习、将素养转化为持续的学习实践，引导学生在做事中理解概念，形成专家思维，引发跨情境的迁移，引导学生将当下的读书与做事、做人建立关联，将学校学习与未来个人生活、校外实践建立关联。项目化学习对发展学生的终身学习素养具有深远的意义。

第七章

真评:促进最优发展

中共中央、国务院发布的《深化新时代教育评价改革总体方案》提出："坚持科学有效,改进结果评价,强化过程评价,探索增值评价,健全综合评价,充分利用信息技术,提高教育评价的科学性、专业性、客观性。坚持统筹兼顾,针对不同主体和不同学段、不同类型教育特点,分类设计、稳步推进,增强改革的系统性、整体性、协同性。"《义务教育数学课程标准(2022年版)》对评价的建议是"发挥评价的育人导向作用,坚持以评促学、以评促教。主要分为教学评价和学业水平考试"。"真评"指全面反映评价对象的价值与特点的评价。在这里,一方面指教师依据学生的身心发展特点和学习规律,全面地、客观地、有针对性地对学生的学习进行评价,关注学生的进步,增强学生学习数学的自信心,提高学生学习数学的兴趣,使学生养成良好的学习习惯,促进学生核心素养的发展;另一方面指学校采用适当的课堂教学评价机制对教师的课堂教学进行较为客观、全面的分析、评价和建议,以此改进教师的"教",促进学生的"学",提高教学质量。实践证明,通过各种表现进行"多元""多维"评价,能知道学习者所处的位置以及素养达成的水平,能让学习者知道努力的方向,激发内在的潜能,提高学习的自主性和主动性。著名教育评价专家斯塔弗尔比姆说过:"评价不在于证明,而在于改进。"[1]

---

[1] 于丽萍.基于标准的教学:"教-学-评一致性"区域实践[M].北京:中国社会出版社,2021:117.

第一节 多元：方式多样 以评促学

《义务教育数学课程标准（2022年版）》指出，评价方式应包括书面测验、口头测验、活动报告、课堂观察、课后访谈、课内外作业、成长记录等，可以采用线上线下相结合的方式。每种评价方式各有特点，教师应结合学习内容、学生学习特点，选择适当的评价方式。例如，可以通过课堂观察了解学生的学习过程、学习态度和学习策略，从作业中了解学生基础知识和基本技能的掌握情况，从探究活动中了解学生独立思考的习惯和合作交流的意识，从成长记录中了解学生的发展变化。课程改革以来，大部分教师都能够尽量使用多种方式全面评价学生，作业评价、书面测验、课堂观察等是教师使用较频繁同时也是提高教学质量较为根本的评价方法。因此提高作业设计、试卷设计的质量尤为重要。

一、提高作业、试卷设计的质量

《义务教育课程方案（2022年版）》指出：要提升考试评价质量。提高作业设计质量，增强针对性，丰富类型，合理安排难度，有效减轻学生过重学业负担。优化试题结构，增强试题的探究性、开放性、综合性，提高试题信度与效度。一份有质量的作业（习题）、试卷是提高教学质量的有效评价方式。因为它可以提供学生对所学内容的反馈，帮助教师了解学生的学习状况，并有针对性地指导学生的学习。通过作业，教师可以评估学生对课堂知识的掌握程度，发现学生的弱点，并给予及时的反馈和指导。此外，作业还可以帮助学生巩固所学知识，提高解决问题的能力，培养学生的学习习惯和自主学习能力。因此，教师在教学过程中应该注重作业的设计、布置和评价，根据课程要求和学生的实际情况，合理安排作业的数量和难度，及时批改和反馈，以提高学生的学习效果。教师应尽量提高作业设计和试卷制定的质量，用纸笔测试、表现性评价等方式对学生进行评价。

(一)作业设计"五关注"

作业(习题)设计是学校实现"减负提质"目标的重要切入口。随着课程改革的深入开展,作业的设计和实施越来越受到一线教师的重视。但仍然存在一些弊端:一是"拿来主义",即从课本或众多教辅材料中信手"搬来",作业成了教辅材料的"复制"或堆砌,缺乏目标性;二是所设计的作业更多关注结果的应用,缺乏对学生学习过程的关注;三是作业设计依然重视面向全体,缺乏对学生个体差异的关注;四是作业形式单一,多为书面作业,缺乏实践性作业;五是作业重基础训练,缺乏思维性特别是高阶思维培养的作业。因此,教师在设计作业时应做到"五个关注",即关注教学目标,设计针对性作业,促进目标达成;关注学习体验,设计过程性作业,使学生积累学习经验;关注个体差异,设计层次性作业,实现不同发展;关注生活实践,设计实践性作业,培养实践能力;关注结构重思维,设计拓展性作业,培养高阶思维。

1.关注目标重达成

教学目标是课堂教学的出发点和归宿,对课堂教学和作业设计起着导向作用。进行习题设计时,首先要明确数学课程目标、单元教学目标和课时目标的要求,进行有针对性的设计。

如在教学"认识圆柱和圆锥"一课时,教学目标如下:①在现实情境中,通过观察、操作、比较等活动,认识圆柱和圆锥,掌握它们的特征;②引导学生在活动中进一步积累认识立体图形的学习经验,初步体会平面图形与立体图形内在的联系,增强空间观念,发展数学思维;③体验立体图形与生活的联系,感受立体图形的学习价值,提高学习数学的兴趣和学好数学的信心。基于以上教学目标,设计了如下作业:

课时作业题目属性汇总表

作业层次	题号	类型	对应单元作业目标	对应学习水平				难度	来源	时间
				了解	理解	应用	综合			
基础性作业	1	整理类	1、2、13		√			中等	创编	6分钟
	2	填空题	1		√			较低	创编	
	3	简答题	2	√				较低	改编	
提升性作业	1	开放题	2、12			√		较高	改编	4分钟

续表

作业层次	题号	类型	对应单元作业目标	对应学习水平 了解	对应学习水平 理解	对应学习水平 应用	对应学习水平 综合	难度	来源	时间
拓展性作业	1	动手操作类	1、2、4、12		√			中等	改编	10分钟
拓展性作业	2	听说类	3、15	√				较低	创编	10分钟

作业1 玩转圆柱和圆锥

建议用时:20分钟　　实际用时:_____分钟　　等级评价:

1.巧妙分类。(将序号填在对应括号里)

① ② ③ ④ ⑤ ⑥ ⑦ ⑧ ⑨

2.谨慎选择。

(1)关于圆柱和圆锥这两类图形的特征,错误的是( )。

A.它们都有1个曲面　　　　B.圆柱有2个底面,圆锥只有1个

C.圆柱有无数条高,圆锥只有一条　　D.它们的高决定了它们的大小

(2)下图中,圆柱的高画得正确的是( )。

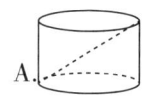

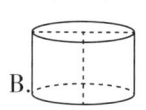

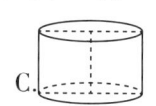

A. B. C. D.

3.想象勾连。

欢欢和乐乐做了几面小旗,请你把小旗和旋转后形成的图形连一连。

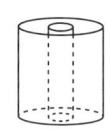

4.你知道吗？

点动成线、线动成面、面动成体！下表中的阴影平面图形经过运动后形成相应的立体图形。填写下表，然后和同桌说说你发现了什么？

过程与方式	运动后的形状				
由什么图形运动而来？					
运动方式是什么？					

作业评价表

1.教师评价

评价指标	等级						备注
	必做作业			选做作业			
	A	B	C	A	B	C	
答题的准确性							A等,答案正确、过程正确。 B等,答案正确、过程有问题。 C等,答案不正确,有过程不完整；答案不准确,过程错误或无过程。
答题的规范性							A等,过程规范,答案正确。 B等,过程不够规范、完整,答案正确。 C等,过程不规范或无过程,答案错误。
解法的创新性							A等,解法有新意和独到之处,答案正确。 B等,解法思路有创新,答案不完整或错误。 C等,常规解法,思路不清楚,过程复杂或无过程。
综合评价等级							1.AAA、AAB综合评价为A等；ABB、BBB、AAC综合评价为B等；其余情况综合评价为C等。
最终评价等级							2.如果必做作业获得A等,选做作业获得A等,最终等级是"A+A"等；如果必做作业获得A等,选做作业获得B等,最终等级是"A+B"等；以此类推。
教师评语							

2.学生评价

根据自己的学习表现,能得几个★,就把几个☆涂上颜色。

能根据实际物体,判断圆柱形物体的表面积有几个面,理解题目的意义,按照要求答题。	☆	☆	☆	☆	☆
掌握圆柱侧面积、表面积的计算公式,并能熟练地运用这些计算公式解决简单的实际问题。	☆	☆	☆	☆	☆
能与他人合作完成活动任务,综合运用数学学科和跨学科的知识解决问题,掌握了一定的信息技术素养。	☆	☆	☆	☆	☆
反思与改进					

基于教学目标,设计作业题目属性汇总表,根据题目属性汇总设计作业,题1、2是针对目标1设置的作业,要求学生能理解掌握圆柱和圆锥的特征,并进行正确判断;题3、4是目标2、3的体现,让学生在"连线""填表"中体会平面图形与立体图形内在的联系,感受立体图形的学习价值,提高学习兴趣,增强空间观念,发展数学思维。"作业评价"采用教师评价和学生自评的方式,教师评价从答题的准确性、规范性、创新性进行分层评价,一方面有助于培养学生良好的学习习惯,另一方面有助于发展学生的求异思维,培养创新思维;学生自评有助于学生自我反思,提升自我认知,促进学习能力的提高。

2.关注本质重过程

《义务教育数学课程标准(2022年版)》指出:问题的设置要有利于考查对数学概念、性质、关系、规律的理解、表达和应用,注重考查学生的思维过程,避免死记硬背、机械刷题。因此,在作业设计时,教师也应该设计体现学生学习过程的作业,以全面了解学生的学习过程。如教学"分数乘分数"一课时,我们可以发现:经过教学,学生都会根据分数乘法的法则进行相关题目的准确计算,但对于"为什么这样计算"经常是说不清楚,为了巩固学生的学习过程,教师可设计这样的作业,

"根据算式在右边的长方形里画一画,涂一涂"

$\frac{2}{3} \times \frac{4}{5}$ □

让学生理解"$\frac{2}{3}$"即把一个长方形平均分成3份,涂其中的两份,"$\frac{2}{3} \times \frac{4}{5}$"即求

$\frac{2}{3}$的$\frac{4}{5}$是多少,就是把2行平均分成5份,涂其中的4份,也就是把一个长方形平均分成了15份,取其中的8份。经过画一画、涂一涂,教师了解了学生的学习过程,也让学生进一步掌握了算理,巩固了算法。

3.关注差异重分层

义务教育数学课程标准致力于实现义务教育阶段的培养目标,使得人人都获得良好的数学教育,不同的人在数学上得到不同的发展,逐步形成适应终身发展需要的核心素养。但是由于先天的因素、后天所处的环境和家庭背景不尽相同,每个学生在思维角度、解决问题的方式等方面也表现出了一定的差异。如果本来有差异的学生做着没有差异的作业,那必然会导致有的学生"吃不饱",有的学生"吃不下"的现象。因此,我们在设计作业时,可以多设计一些有层次的、弹性的作业,比如我们可以根据教学目标、重难点将作业设计成一星、二星、三星三个层次,"一星级"作业偏重于基础知识的巩固和积累,"三星级"作业偏重于综合能力的运用,"二星级"则介于二者之间。也可以根据学生的个体差异以及对其发展要求的不同进行作业数量的增减,如在"长方体和正方体的棱长"校本作业中,我们可以这样设计:

★:制作一个长方体的灯笼框架(如下图),至少需要多长的铁条?

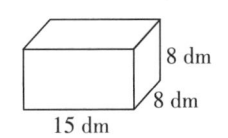

★★:用一根长48分米的铁丝围成一个正方体框架,它的棱长是多少?

★★★:用一根彩带扎一种礼盒(如下图),如果结头处的绳子长30 cm,求这根彩带的长度。

以上作业,每一层次难度虽有差异,但仍然反映的是同一知识内容在深度和广度上的差异,这种差异是阶梯式的,有利于低层次学生向高一层次目标迈进。我们要引导学生能落实"基础"、实现"发展"、争取"创造"。在布置作业时,教师可以让学生根据自己的水平情况选择适合自己的星级作业,体现自主性;

对于基础相对薄弱的学生,教师在引导完成一星题、二星题后,也可以鼓励他们向三星题挑战。

4.关注实践重运用

数学来源于生活,又应用于生活,服务于生活。而现行教辅材料中的作业形式比较单一,基本上都是书面作业,重知识轻实践,远离学生的生活。根据新课程理念,我们应该拓宽作业形式,既关注课内又关注课外,既重课本知识的学习,又重实践能力的培养。我们在教学中可根据课型和实际情况设计操作型作业、调查型作业、日记型作业等。

如教学"角的认识"一课,可设计这样的"实践操作作业"。

智力游戏,我会玩。拿出一张纸,和伙伴们一起折一个角,并比一比,想一想:①怎样折才能比伙伴们折的角大?②怎样折才能比伙伴们折的角小?

学生通过"玩纸"折角,在"折"和"比"中,理解了角的大小与角两边张开的大小有关系。这样的作业形式学生喜欢,乐于完成。在"玩"中体验,在"玩"中收获,培养了学生的动手实践能力。

又如教学人教版教材六年级上册"百分数(一)"一课安排的"你知道吗?——恩格尔系数"内容时,在课上教师让学生初步了解恩格尔系数的内容和计算方法后,布置了如下作业:

同学们,经过老师的介绍你们对"恩格尔系数"已经有了一定的了解,回家后请你在作业纸上完成下面的任务:(1)请计算你家现在的恩格尔系数;(2)访问你的爸爸或妈妈,了解他们小时候的生活情况,计算出当时的恩格尔系数;(3)比较两个数据,请你写出自己的想法或感受。

以往的作业更多地停留在解题训练上,即运用百分数的意义,解决一些实际问题,这些问题大多是一些固定的情境模式,有的离学生的生活太远。而要完成"计算你家现在的恩格尔系数和父母小时候的家庭恩格尔系数"任务,首先,需要学生在理解恩格尔系数的计算方法后,搜集整理有关数据,算出食品支出总额与家庭消费支出总额,然后算出百分比。这是对书本内容的延伸和拓展,拓宽了学生学习数学的视野,是一次对"百分数"知识的良好运用。其次,当算出现在和父母小时候的家庭恩格尔系数时,学生不仅感悟到数学与生活的联系,同时感受到幸福生活的来之不易,如一学生写道:我家现在的恩格尔系数是32%,属于富裕,而妈妈小时候家庭恩格尔系数是76%,属于贫困。这说明现在的生活条件比以前优越了很多,我们应该珍惜现在的幸福生活,很感谢爸爸妈妈给我这么好的生活……从作业的效果看,学生对这种实践性的作业形式非常感兴趣,它极大地提高了学生综合运用知识的能力,提升了学生的数学素养,同时取得了"润物细无声"的教育效果。

5.关注结构重思维

《义务教育数学课程标准(2022年版)》强调课程内容的结构化和学科实践。结构化的习题一方面可以促进学生知识的结构化,另一方面有助于引导学生进行数学猜想、验证、计算等数学实践,发展学生的思维能力。

如图1所示,想要知道这个零件的体积,需要知道哪些数据?怎么计算?

图1

已知4条信息可供选择:①a=4厘米;②b=9厘米;③c=10厘米;④d=14厘米。

(1)我选择有用的信息是_____。(填序号)

(2)我是这样算的_____。(可结合文字及算式表达)

(3)想一想,这个不规则物体的体积你是怎么求出来的?以前还有用到这样的思想方法吗?请举例(可结合画图及文字表达)。有困难的同学可以选择下面其中一幅图(图2、图3)加以说明。

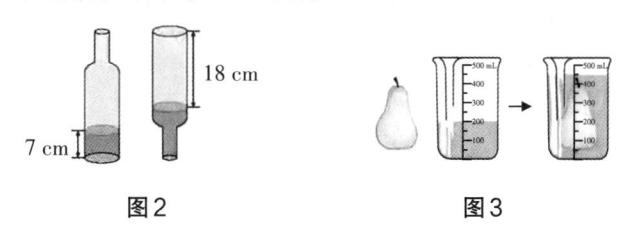

图2   图3

第(1)小题的设计,考查学生求不规则物体体积的能力,引导学生筛选有用信息,进行解答。第(2)小题,主要让学生将思维外显出来,通过文字和算式的表达求零件的体积,体现转化的优越性。第(3)小题,扩展型的题目丰富学生的思维材料,让学生回忆和联想学过的立体图形,用已有的方法解新题目,实现知识的正迁移,感受转化策略的价值。通过设计结构化题组作业,帮助学生搭建知识网络,把握题目之间的联系与区别,让学生的思维走向流畅、灵活和深刻,让思维充满张力。

"教育仅有爱是不够的,还要有爱的艺术,我以为设计学生喜欢而富有成长意义的作业就是师爱艺术的一种平实呈现。"(周彬语)因此,在设计作业时,教师要关注课标要求、关注教学目标、关注学生学习规律、关注个体差异、关注学生的现实生活,并由此设计学生喜爱而又有意义的作业,让学生作业以趣味训练、体验成功、探索创新为主,让学生的知识在作业中得以升华,技能在作业中得以掌握,能力在作业中得以形成,思维在作业中得以发展,真正做到"减负提质"。

(二)试卷命制"三聚焦"

《义务教育数学课程标准(2022年版)》指出试卷命制要坚持素养立意,凸显育人导向。以核心素养为导向的考试命题,要关注数学的本质,关注通性通法,综合体现教材"四基""四能"与核心素养。适当提高应用性、探究性和综合性试题的比例,题目设置要注重创设真实情境,提出有意义的问题,实现对核心素养导向的义务教育数学课程学业质量的全面考查。审视当前小学数学试卷命制,存在以下几种现象:一是只注重考查学习结果,忽视学生学习过程,对数学本质内容考查过于呆板、单一;二是不注重培养学生思维的分析力,学生常常按照常规的逻辑方法去解决问题,很少有学生能够打破常规的思维方式,逆向思考、解决问题,学生思维缺乏全面性与深刻性;三是题目内容缺少整合,脱离生活情境,过于封闭,学生思维受限。因此在小学数学试卷命制中,要根据课程标准提出的命题原则,从知识立意向素养导向转变,培养学生的高阶思维,发展学生的核心素养。

1.聚焦本质,从结果到过程,提升理解力

关注学生素养发展的命题,不能仅限于让学生得出正确答案,还应关注知识本质及其形成过程,积极探索可以考查学生学习过程的试题,引导学生经历"数学化"过程。学生正是在自己建构数学知识的过程中逐渐提升思维理解力。

【原题】晓红会唱26首歌,小晴会唱18首歌,晓红和小晴都会的歌曲有15首。他们一共会唱(　　)首。

  A.15   B.18   C.29   D.26

【改编题】晓红会唱26首歌,小晴会唱18首歌,晓红和小晴都会的歌曲有15首。他们一共会唱几首歌?下面第(　　)个图形可以表示这个题意。

原题是一道重叠问题,学生若记住重叠问题求解方法即可算出正确答案。而改编后形成的图形选择题,学生要得出正确答案,首先必须掌握韦恩图形成过程及其各部分之间的关系,其次理解不同集合表达的不同内容及同一个集合圈各部分间所表达的不同含义。学生思考的过程会随着这两个步骤一步步深入,其理解力也一步步得到提升。

【原题】计算14×26。

【改编题】右图可以表示算式( )。

4×20	4×6
10×20	10×6

A.26×14　　　　B.24×16　　　　C.46×24　　　　D.42×16

单纯的计算只能考查学生操作层面的认知水平,难以促进学生思维深度参与,容易造成学生只关注学习结果,不重视学习过程。改编题相较于原题,更加侧重于对算理的理解,考查学生对各部分积的理解是否准确,这使得学生必须有借助"矩形图"对两位数乘两位数进行直观表征的经验,同时,从"形"到"数"经历的是思维上对知识内化理解再输出表达的过程,这样的过程沟通算理及算法之间的内在联系,将学生的思维从"知道""领会"引向"综合""分析"等高阶思维层面。

2.聚焦思维,从正向到逆向,提升分析力

所谓的逆向思维也叫作求异思维,它是对司空见惯的似乎已经成为定理的事物或者观点反过来思考的一种思维方式。但在试卷中往往都是让学生按照常规的逻辑方法去解决问题,这在一定程度上增加了学生的思维局限性,不利于学生思维的改变和提升。逆向思维能力有助于学生打破常规的思维方式,使学生能从反方向去思考、解决问题。因此教师要不断向学生渗透逆向思维,引发学生主动地展开探究、质疑、释理,促进学生深度参与,提升思维分析力。

【原题】下面哪组小棒无法拼成三角形?(单位cm)

A. 3/4/5　　　　B. 3/3/3　　　　C. 2/2/6　　　　D. 3/3/5

【改编题】将一根12 cm长的小棒剪成三段,怎样剪才能围成三角形?

0 1 2 3 4 5 6 7 8 9 10 11 12(cm)

(1)第一刀不能剪在哪里?为什么?

(2)如果第一刀剪在"4"刻度处,要使剪成的三段保证能围成一个三角形,第二刀应在( )刻度处(整厘米处)。

这道改编题不是像传统意义上的数学命题那样,直观给出三角形三条边的长度,而是出示了一根12厘米长的小棒,让学生思考怎样剪一定能围成三角形。学生要得出正确答案,就必须打破正向思维定式,根据"任意两边之和大于第三边"这一结论得出,第一刀不能剪在6厘米处,否则一条边为6厘米,另外两条边之和也是6厘米,这样就围不成三角形。同理第(2)题学生也需要逆向思考,经过推算得出:第一刀剪在4厘米处,则还剩8厘米,根据"任意两边之和大于第三边",及对称性原理,第二刀不能落在5厘米、6厘米、10厘米、11厘米等处,故只能落在7厘米、8厘米、9厘米处。逆向思维有利于引导学生从多个视角分析、解决问题,对学生思维灵活性和独创性的培养具有不容忽视的现实意义。因此,在小学数学试卷命题中,教师要将逆向思维培养纳入当中,促进学生思维分析能力的发展。

3.聚焦真实,从数学到情境,提升运用力

数学情境型试题是指将数学问题置入某种现实情境中的试题。数学知识来源于现实生活,又服务于现实生活,但只是简单地联系生活情境易让学生徘徊于肤浅思考、形式识别的低阶思维层面。只有基于学生已有的生活经验不断创设新颖、富含挑战的真实情境,才能让学生在不确定的复杂的真实情境中主动思考、敏锐捕捉数学问题,参与思维"再创造"过程。

【原题】计算下面圆环的面积。(大圆直径10 cm,小圆直径6 cm。)

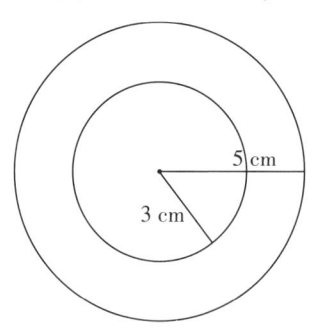

【改编题】某快餐店一般有直径为6寸(1寸约等于3.33厘米)、10寸、12寸几款厚度大致相同的普通披萨供顾客选择。小林和小赵点了1份12寸披萨。服务员告知:"12寸卖完了。"同时,端来一份6寸和一份10寸的来抵换。小赵说:"可以,6+10=16(寸),还大了4寸。"小林说:"不行,拿一份10寸的加两份6寸的,那我们才不亏。"你同意谁的观点?请用计算支持你的看法。

《义务教育数学课程标准(2022年版)》认为:学习素材应尽量来源于自然、社会和生活,让学生学有价值的数学。因此从熟悉的现实情境和知识经验出发,让学生切实体会数学和生活的联系,并且可以运用自己所学的数学知识解决问题,其数学应用意识便由此产生。改编后的题目重点考查学生解决生活中稍复杂的实际问题的能力,要求学生从换披萨情境中抽象出圆的面积问题,即"一个直径为6寸的圆和一个直径为10寸的圆"与"一个直径为10寸的圆和两个直径为6寸的圆"哪一个组合的面积之和能超过一个直径为12寸的圆的面积。面对实际问题时,学生能主动尝试从数学角度运用所学知识和方法寻求解决问题的策略,使思维在分析问题中穿梭,在解决问题中发展。

【原题】一列"和谐号"动车从天津西开往沈阳北,它平均速度是140千米每小时,5小时能到达沈阳。你能算出天津到沈阳的距离大约是多少千米吗?

【改编题】下图是王阿姨购买的一张动车车票。这列动车的平均速度是140千米每小时。王阿姨乘这列动车于当天19:34到达沈阳。你知道从天津到沈阳的距离大约是多少千米吗?

命题应跳出"纯粹数学"和"应用数学"的思维框架,把数学知识与方法置于"生活数学"的现实情境中,从而培养学生解决实际问题的能力和数学应用意识。原试题数学结构严谨,但学生无须作过多的信息解读与处理。事实上,解决此类问题,对学生的问题解决能力的提升帮助不大。若将此类问题以改编后的形式呈现,图文并茂,则更加贴近学生生活,也使问题解决的考查目的更清晰,也更有价值。解决问题时,学生既要掌握相关的数学知识,还要分析车票所蕴含的信息,从而提取所需的数学信息。通过联系与整合,从而促进学生提升综合分析、灵活应用能力。

总之,数学试卷命题应基于发展学生的思维而展开,指向高阶思维的命题不是练习量简单增加,也不是练习难度刻意提高,而是要着眼于发展学生数学思维的分析、评价、创造等高水平认知目标。据此,指向发展高阶思维的命题应强调知识间的联系,直面思考过程,直指内隐素养,直通生活实践。让学生真正参与到深度学习中,发展学生的数学核心素养。

二 运用数学日记评价,促进学生有效学习

数学日记在近年来被广泛视为一种有效的教学评价工具,尤其是在小学数学教育中。它不仅用于评价学生的数学知识掌握程度,而且还用于评价学生的数学思维、学习过程中的情感态度以及解决问题的策略。通过写数学日记,学生能够将数学学习与日常生活联系起来,反思学习内容,记录学习过程中的成功与挑战,从而促进深层次的学习理解和数学素养的提升。这种方法强调学生的自我反思和元认知能力的发展,有助于教师全面了解学生的学习状态,并据此调整教学策略,激发学生学习数学的兴趣。

(一)交流式日记,增进师生交流,促进主动学习

要促进学生主动学习,我想应该先抓住学生的"心",只有知道学生的心理需求了,才能有效地引导学生进行主动的学习。在平时的教学中教学时间有限,教师不可能每天与每个学生交流,了解其想法,到了中高年级,有些学生的有些想法也不便通过言语来表达,而在数学日记中教师能及时地了解学生的思想、心理状态和情感感受。师生通过日记交流,一方面能扫清学生的各种思想负担、心理障碍,另一方面教师能根据学生的心理需求更好地改进自己的教学,从而促进学生主动学习。如一位学生在数学日记中写道:"我理想中的数学课是:老师上课的时候表情不要太严肃,应该面带微笑,这样子的话,同学们上课的时候就会比较放松,才会让我们掌握更多的知识、内容。"我在评语中写道:"谢谢你给老师提的这些建议,老师会在今后的课堂中每天都面带微笑,让你们有轻松的感觉。"在接下来的教学中,我履行着和该学生的"约定",果不其然,学生们个个越来越喜欢我的课,积极主动地投入学习,学习成绩和学习方式有了很大的进步。

(二)预习式日记,了解学习起点,促进针对性学习

学生是有差异的,教师如能了解每个学生的学习起点,则更能有针对性地开展教学活动。因此,我在教学中遇到一些较难把握学生认知起点的课,就布

置学生写"预习日记",我经常这样要求学生:在打开书本预习前,先看着这个课题想这节课要学习哪些内容,这些内容可能与我们以前学过的哪些知识或方法有关,先思考,再预习。如"圆锥的体积"一课,一学生在日记中写道:"因为圆锥长得和三角形很像,所以我猜测圆锥的体积像三角形的面积一样也要除以二,也就是用圆柱的体积除以二或者是用三角体的体积除以二。"又有一学生写道:"一开始,没接触圆锥体积时我猜测两个圆锥才等于一个圆柱体,我用的方法是空间想象,一个圆锥平均分成四份,然后插进另一个圆锥的体积,这样大概就有点像圆柱体了,可是后来想了想觉得插完后还会有空隙。"通过学生的日记,我了解了学生的认知起点,学生隐隐约约感觉到了圆锥与圆柱是有关系的,但学生受圆锥纵切面是三角形的影响,认为求圆锥的体积应该跟求三角形的面积一样(三角形的面积是求出等底等高的平行四边形的面积除以二,而圆锥与圆柱有关,体积也应该用圆柱的体积除以二)。了解分析了学生的认知起点后,我在教学中突破了"等底等高"这一难点后,重点引导学生通过亲自动手操作和课件演示加强对"3"的理解,即圆锥的体积是用等底等高的圆柱的体积除以三。课后,学生在日记中写道:"……等底等高的圆锥和圆柱,把圆锥装满水倒入圆柱,三次果真刚好满上,这就证实了等底等高的圆柱和圆锥,圆锥体积乘3等于圆柱的体积。我原来的猜测是错误的。我很高兴揭开了我心中的疑问。"通过让学生写预习日记,让我清楚地了解了学生的学习起点和困惑,让我在教学中能更加有针对性地设计、组织教学,确保教学的针对性,避免走弯路,做到余文森教授提出的"三教三不教",从而提高课堂的实效性。

(三)反思式日记,反思学习过程,积累学习经验

《义务教育数学课程标准(2011年版)》明确提出:要让学生获得必需的数学的基础知识、基本技能、基本思想、基本活动经验。让学生通过反思课堂学习过程,记下在课堂中经历的数学活动、获得的数学知识、学习方式等都有利于学生积累基本的数学学习经验。如在教学"圆柱的体积"后,一学生在数学日记中写道:"周五,我们和老师一起讨论了关于圆柱的体积的问题,一开始就有人举手说圆柱的体积是底面积×高。有人信,有人疑。到底要怎么验证呢?举行同桌讨论活动后,有同学提出:上学期我们学圆形的面积时是把它转化成近似的长方形,如果沿着圆柱的底面像圆形那样切后会变怎样呢?为了证明该同学的说法是不是正确,老师发给了我们做实验的工具,一个圆柱被分成若干等份后,把

它拼成一个近似的长方体,这样就把圆柱转化成长方体了,我们通过观察发现圆柱与长方体是息息相关的。长方体的长就是圆柱底面周长的一半,长方体的宽就是圆柱的底面半径,长方体的高就是圆柱的高。圆柱的底面积,就是长方体的底面积,由此我们证实了圆柱的体积就是用底面积乘高。这就是用转化的思想把未知的变成已知。问题就立马解决了。转化的方法真神奇!同时我还发现了虽然两'兄弟'的体积一样但是他们的表面积却不一样,长方体比圆柱体多了两个面的面积。由此看来这有点像把圆转化为长方形一样。从中我明白了一点:数学知识像链子,断开了哪个地方就不完整了。这堂课实在是太有趣了!"通过让学生整理反思数学学习过程,学生积累的不仅是知识,更是方法和思想,这对学生后续的学习将起到推波助澜的作用。

又如教学完"解比例"后,一名学生在日记中写道:"这一周,我们学习了怎样解比例,我知道了根据比例的基本性质,如果知道了比例的任何三项,就可以求出这个比例中的未知项。其实我还是有点不喜欢用现在学的方法。例如有一道题,我是这样做的:

$$X:10=\frac{1}{4}:\frac{1}{3}$$

解:$X\div10=\frac{1}{4}\times3$

$$X\div10=\frac{3}{4}$$

$$X=\frac{3}{4}\times10$$

$$X=\frac{15}{2}$$

当然我现在也会用解比例来解,但有时还是会用以前的那种方法来解。"

当时我给的评语是:这两种方法都行,你能灵活运用更棒!通过反思日记,我们可以看到学生举一反三的学习过程,学生积累了不同的学习方法。再如在一次综合练习之后,一学生写道:"今天,老师把数学综合练习发了下来,我总结了几个错误。有两道计算题很不应该(错),还有一道解决问题——学校会议室用边长8分米的正方形瓷砖铺地,正好用了125块,会议室的面积有多少平方米?当时,我是这样做的:8×4×125,可是综合练习发下来的时候,自己想了想,8×4只算出了周长,不是面积,自己心里遗憾万分,总不能让开会的人站在'线'上开会吧!所以,应该算出一块砖的面积,再乘125。"学生通过写反思日记,总结了自己在解决问题过程中的得与失,积累了学习经验。

(四)生活式日记,解决从生活中发现的数学问题,促进学以致用

在数学教学中,我经常要求学生用数学的眼光看待生活中的事物,并用数学头脑随时解决生活中的问题。如在教学"圆"这一单元时,一学生写道:"今天,我去购买圆规,我观察了两家店的价格。一家8.5元/把,设为A店;一家7元/把,设为B店。A店买一把圆规送尺子和橡皮擦,而B店没有。刚开始我犹豫不决,后来通过对比,并进行计算,发现两家店的圆规品牌一样,而A店的尺子和橡皮擦差不多一个0.5元钱,$2×0.5=1$(元),$8.5-1=7.5$(元),$7<7.5$,所以我买了B店的圆规,我用学到的数学知识买到了便宜的东西,我十分兴奋!"通过写生活日记,学生不仅感受到数学与生活的联系,更感受到用数学知识解决生活问题的乐趣,培养了解决问题的能力,同时获得解决问题的自信心和自豪感。

(五)整理式日记,梳理学习内容,提高概括能力

引导学生将所学内容整理后写成日记,不仅可以加深学生对所学知识的理解,而且通过梳理可使学生思维条理化,提高概括能力。如在六年级下册进行"简便计算的整理和复习"时,学生整理了如下内容(表7-1):

表7-1 学生整理内容

知识点	加法	减法	乘法	除法
交换律	$a+b=b+a$		$a×b=b×a$	
结合律	$(a+b)+c=a+(b+c)$		$(a×b)×c=a×(b×c)$	
分配律			$(a+b)×c=a×c+b×c$	
减法、除法的性质		$a-b-c=a-(b+c)$		$a÷b÷c=a÷(b×c)$
积、商不变的规律			积不变规律	商不变规律

值得一提的是学生把这些定律和性质以四种运算为主线放在一个表格里,对比着进行整理归纳,不仅可以展示出学生思维的条理性和学生较强的概括能力,也是对数学"简洁美"和"事物之间是相互联系的"的一种感悟。

(六)感受式日记,互相交流分享,形成认知共识

数学日记不仅可以记录在数学活动中学生知识的建构、方法的选择、能力的形成等方面的内容,也可记录学生在学习过程中某方面的心理感受等。在此基础上,教师再引导学生彼此交流分享学习感受,从而促进全体学生形成认知共识,更有效地学习。如一学生写了一篇《帮助别人,快乐自己》的日记感动了全班学生,让全班形成了互帮互助的氛围,这种榜样的力量比教师的说教效果更好更持久。这个学生是这样写的:"今天上午,我的数学老师把我叫过去,我也不知道是为了什么事。哦,原来是让我当刘俊琪的师傅啊。说到帮同学这事儿,我当然义不容辞。有次,刘俊琪同学叫我教他'喷水量'那一题。我先听了一遍他自个儿的想法。他虽然不会我的方法,但他却有自己的独到见解,他是这样想的:他把这里的每天喷水量,看作速度,把喷水量看作路程,把喷涌天数看作时间,但是他不知道如何转化,于是,在我与他共同的努力下终于解出来了。在处理这个问题的过程中我学到了遇到不会的难题,可以试着转化为学过的来解答,这样就容易了许多。同时我也感受到了帮助别人,快乐自己、成长自己的道理。"又如一学生在看了一本书后,写道:"今天,我无意中看见了一本书,里面有一篇文章让我感受到了马虎的代价。那篇文章的题目是《小数点的代价》,文中写道:1967年8月23日,苏联的联盟一号宇宙飞船在返回大气层时,突然发生了恶性事故——因减速降落伞无法打开,宇航员弗拉迪米尔为国殉难。而减速降落伞无法打开竟是因为在地面检查的时候忽略了一个小数点。就这样,一个生命离我们而去! 这一篇文章让我懂得了数学的严密性,明白了做事不能马虎做人更不能马虎。有时细枝末节(没处理好)可以让我们付出惨痛的代价。"陶行知先生曾经说过:"小孩子最好的先生,不是我,也不是你,是小孩子自己队伍里最进步的小孩子。"这种积极向上的感受式日记的分享,有效地促进了学生的认同,从而促进学生更有效地学习。

总之,数学日记是数学课堂教学的延伸和补充。在教学中,教师要充分利用这一有效的练习方式让学生充分展示在数学学习活动中的心理体验、知识建构、方法、选择、实践操作能力形成过程、课外研究过程等,从而把学生的数学学习引向更为广阔的天地。

三　运用信息技术手段,实现增值性评价

增值性评价是一种国际上较为前沿的教育评价方式。它不以学生的考试成绩作为评价学校和教师的唯一标准,而是引导学校进行多元化的发展。具体来说,增值性评价以学生学业成就为依据,追踪学生在一段时间内学业成就的变化,并将客观存在的不公平因素的影响分离开来,考察学校对学生学业成就影响的净增值。其公式为:增值=输出-输入。这种评价方式旨在更全面、客观地评价学校和教师的教学效果,促进教育质量的提高。增值性评价不同于常模参照评价和标准参照评价,它指向"自己跟自己比"。这样的评价方式深受学生的喜欢,极大地激发学生的学习兴趣,增强学生学习的自信心。运用信息技术手段实现增值性评价,主要是指利用现代技术工具和平台,收集、分析学生的数据,追踪学生的学习进展,评估教学干预对学生学业成绩和个人成长的积极影响。现在很多学校开发评价平台,记录学生的各种表现,通过增值性评价,发展学生的素养。比如杭州天长小学开发"天长大脑"这一评价平台对学生进行增值性评价、表现性评价、综合性评价。2023年3月在天长小学跟岗时,该校的副校长讲了"一位同学数学成绩不及格,能不能获得数学'乐学之星'称号"的事例让大家深受启发,答案是肯定的。该生虽然数学成绩不及格,但他对数学有浓厚的兴趣,他希望通过自己的努力可以评上"乐学之星"。申报流程是这样的:自主申报(订立契约)—自主达成(记录、上传)—伙伴互评(点赞、留言)—教师审核(通过/打回)。申报后该同学根据与老师订立的契约每天完成任务,该同学的任务是"坚持每天练习递等式计算10题",周期是一个月,每天把完成的任务拍照上传,同学对他的任务完成情况进行点评,最后由教师审核,通过则授予"乐学之星"称号,如果"打回",则需要再努力。如果学校没有评价平台,教师可以让每个学生建立小小档案袋,记录每次作业、考试的等级,对于进步的授予"进步星""优秀星"称号;还可以记录学生的倾听、提问、合作、解决问题的情况等,每个月统计一次,采用自评、同伴评、教师评的方式进行评价。这样的评价方式能够更好地适应不同学生的发展需求,促进学生的全面发展。首先,增值性评价不仅关注学生的知识掌握程度,还关注学生的思维能力、创新意识、实践能力等综合素质的提升。这种评价方式鼓励学生全面发展,提升自身的综合素质。其次,增值性评价将学生的进步作为评价的重点,鼓励学生在学习中不断追求进步。这种评价方式能够激发学生的学习积极性和自主性,提高学生的学

习动力。

《义务教育课程方案(2022年版)》指出要创新评价方式方法。注重对学习过程的观察、记录与分析,倡导基于证据的评价。关注学生真实发生的进步,积极探索增值评价。借助信息技术手段,记录学生的作业提交、在线测试成绩、参与讨论的情况等,可为教师提供学生学习活动的全面视图,便于进行个性化反馈和调整教学策略;可利用Excel、SPSS或更专业的教育数据分析软件,对学生的考试成绩、作业完成情况等数据进行统计分析,识别学生的学习模式和进步趋势,实现增值性评价;适应性学习平台可根据学生的能力自动调整学习内容难度,实时收集学习数据,帮助教师识别学生的优势和弱点,实现精准教学和个性化增值性评价;可让学生在数字平台上整理和展示自己的学习作品、项目、反思日志等,这些不仅记录了学生的学习历程,也为教师提供了评价学生综合能力和成长情况的依据;可应用AI技术分析学生的学习行为和表现,预测学习成效,为每位学生定制学习路径,实现更加精准和个性化的增值性评价。通过这些信息技术手段,教师不仅能更有效地监控学生的学习进度,还能深入理解学生的学习需求,从而设计出更符合学生发展的教学计划,真正实现对学生个体的增值性评价。

第二节 循证:课堂观察 以评促教

用丰富的评价方式对学生进行评价,可以直接促进学生的发展。面对基础教育高质量发展的历史新阶段,制定科学有效的课堂观察评估方法是教学评价改革的关键。对教师的教和学生的学进行观察、诊断、评价、改进,以评促教,以教促学,也是发展学生的核心素养和促进教师的专业发展的良好举措。崔允漷等认为:课堂观察,是通过观察对课堂的运行状况进行记录、分析和研究,并在此基础上谋求学生课堂学习的改善、促进教师发展的专业活动。[1]课堂观察模式有多种多样。依据课堂观察方法来源和特征的不同进行归纳,现已有的课堂观察范式主要有"经验-总结范式、技术-分析范式、体验-理解范式"等。三种范式同时存在并且各自发挥着功用。

"经验-总结范式"是指听课者在听课过程中对课堂进行仔细观察,听课活动结束以后,对课堂教学做出评价的活动。这种活动需要听课者根据观察所获得的课堂信息,对执教者的课堂教学表现及教学效果做出客观公正的评定和价值判断。这种范式局限于听课者个人的感官直觉和粗浅观察,尤其有赖于听课者既往的听课经历以及在此基础上积累和总结出的个人主观经验,因此其所收集到的课堂信息在数量、质量和可靠性等方面都非常有限。而听课者依据这有限的感性材料所做出的判断、分析与解释存在着很大的片面性和主观性。[2]

"技术-分析范式"主导下的课堂观察,主张运用科学统一的方法完成资料收集,并运用先进的工具技术手段对其进行数据统计,在理性分析的基础上得出科学结论。每一个步骤和环节都坚持方法应用的科学性、过程控制的严密性以及操作流程的规范性。这种实证研究的方法,摆脱了教育研究纯粹的逻辑分析与哲学思辨。目前,国内自主开发出的、比较典型的观察理论框架主要有崔允漷教授团队的课堂观察LICC范式。崔允漷提出:课堂由4个要素构成,分别是学生学习(Learning)、教师教学(Instruction)、课程性质(Curriculum)和课堂文

---

[1] 崔允漷,沈毅,周文叶,等.课堂观察20问答[J].当代教育科学,2007(24):7.
[2] 陈梦琪.课堂观察的基本范式与中国化路径[J].当代教育科学,2019(12):35.

化(Culture),"每个要素分解成5个视角,再将每个视角分解成3—5个可供选择的观察点,这样就形成了'4要素20视角68观察点'"[1]。LICC范式在各学科中有广泛的应用。有的学校根据相关要素、视角和观察点,运用技术平台,进行课堂观察,然后将"人工观察"和"机器观察"相结合,确保观察的全面性和科学性。

"体验-理解范式"主张研究者运用参与观察法,将自己作为一种研究工具,亲自走入真实的课堂情境中,或进行无声的观察、记录和描述,或与课堂师生进行有声的交流和沟通。在与师生的课堂交往中逐渐掌握他们的语言及其风格,熟悉他们的行为模式和教学习惯,并使自己完全成为该课堂中的一个"份内成员"。在此基础上,研究者再以"份内成员"的身份和观念,运用所习得的该课堂师生所特有的语言风格和概念体系来描述和解释发生在课堂中的相关行为事件。有别于"技术-分析范式"注重定量研究,"体验-理解范式"更关注观察记录内容的质量和深度而不是数量。这也就要求观察者应具备深厚的理论功底和对课堂活动细节敏锐的洞察力。[2]

融合以上三种范式的优点,可以更加科学地、全面地、深入地观察、分析教师教和学生学的情况,以让教师更好地改进教学,提升教学能力和提升学生的学习能力。第一,设计观察量表;第二,根据观察量表对课堂教学进行观察,也可以和"机器观察"配套使用;第三,对人工观察的数据和智能评课系统导出的数据进行量化分析,对参与"体验-理解"的老师进行质性分析;第四是专家进行点评,提炼改进策略,以更好地提升教学的有效性,发展学生的核心素养。下面以六年级上册"确定起跑线"一课的合作学习为例,谈谈如何进行课堂观察,并进行有效教研,改进教学。

---

[1] 崔允漷.论课堂观察LICC范式:一种专业的听评课[J].教育研究,2012,33(5):80-81.
[2] 陈梦琪.课堂观察的基本范式与中国化路径[J].当代教育科学,2019(12):36.

1.研制了基于"小组合作学习"的课堂观察量表。

<table>
<tr><td colspan="6" align="center">合作学习观察量表</td></tr>
<tr><td rowspan="2">组别：</td><td colspan="5">记录员：</td></tr>
<tr><td colspan="5" align="center">小组合作</td></tr>
<tr><td>合作环节</td><td>准备</td><td colspan="3">合作阶段</td><td>合作评价</td></tr>
<tr><td>记录要求</td><td>①是否明确活动任务
要求：
不明确1分；
较明确2分；明确3分</td><td>②小组讨论主题与任务密切相关
要求：
无关1分；
相关2分；
密切相关3分</td><td>③组长组织，小组成员均能积极参与
要求：
不倾听，不发言1分；
仅倾听不发言2分；
倾听且能提问质疑、补充或完整发表自己的想法3分</td><td>④组内成员是否关注基础比较薄弱的同学并提供帮助
要求：
不关注1分；
关注2分；
密切关注3分</td><td>⑤小组内是否达成共识
要求：
没有达成共识1分；
部分达成2分；
完全一致3分</td><td>⑥小组合作学习效果总体评价(一般，较好,优秀)
要求：
9分以下合作一般；
9分到12分(不含)合作较好；
12分及以上合作优秀</td></tr>
<tr><td rowspan="6">学生姓名</td><td></td><td></td><td></td><td></td><td></td><td></td></tr>
<tr><td></td><td></td><td></td><td></td><td></td><td></td></tr>
<tr><td></td><td></td><td></td><td></td><td></td><td></td></tr>
<tr><td></td><td></td><td></td><td></td><td></td><td></td></tr>
<tr><td></td><td></td><td></td><td></td><td></td><td></td></tr>
<tr><td></td><td></td><td></td><td></td><td></td><td></td></tr>
</table>

2."体验–理解范式+技术–分析范式"点评：课后，小组对观课记录进行研讨，汇报各组观察的情况，教研组长根据各组的汇报进行总结性汇报。

研讨"确定起跑线"这一课,采用的方式有传统的听评课教研(即"经验–总结范式")、智能评课系统观察量表诊断、"人工观察"(教师进行小组内合作学习的观察,弥补"机器观察"的不足,这是"体验-理解范式"的体现),用数据说话循证教研,不断地改进教学。

这是一节以生为本的真实课堂。从智能评课系统上看,S-T曲线图[即学生-教师(Student-Teacher)图,主要用于记录和分析课堂上的学生行为(S)与教师行为(T)的时间分布]偏向于S轴,说明学生活动交流时间多,学生积极、深度参与课堂学习;Rt-Ch图[Rt-Ch图用于展示课堂行为的两个关键参数:教师行为占有率(Rt)和师生行为转化率(Ch)]显示这是一节混合型教学模式的课。"混合型"是指以教师为主导,学生围绕有挑战性的学习任务展开探究,从课堂讲授转向组织学习,"小黄点"越往中间靠,就越说明教师的教服务于学生的学。这是从横向上分析本节课。从纵向看,本节课每个教学环节学生学习是否真实有效呢?下面我们将从真情境、真探究、真关注、真评价四个维度,以课堂观察角度展开分析。

(1)真情境。新课标指出,在真实情境中提出能引发学生思考的数学问题,能增强学生认识真实世界,解决真实问题的能力。400米长跑道是学生司空见惯且经常接触到的运动场所,教师让学生置身于真实情境中,出示400米比赛的视频(每位参赛选手的起跑位置不同),引出"为什么400米比赛每条跑道的起跑线位置不同"和"怎么确定每个运动员的起跑线"的核心问题。于是在核心问题的引领下,学生以小组为单位,制定方案,到操场进行实地测量,测量400米跑道的直径、环宽、周长等。教师给予学生较大的空间,让学生观察思考、自主操作、合作探究,正是在这样的真实情境下,促使学生投入真探究。

(2)真探究。真实课堂是学生真正地参与其中并主动建构的活动过程,探究式学习是学生小组合作交流想法,展示成果的学习过程。课前学生通过对400米跑道进行实地测量,获得真实数据,在探究中获得真体验和真感悟。那么小组合作究竟是停留于表面还是真实有效?通过智能评课系统的分析,我们可以看到本节课小组合作时间大约为12分钟,互动交流约18分钟,共计约30分钟,占本节课课时的约75%,说明教师留给了学生足够的时间自主探究、合作交流。

为了更细致观察本节课合作交流是否真实有效,教研组还采用了"体验-理解范式"进行课堂观察,9位老师参与18个学习小组的学习,同时利用观察量表进行课堂观察,主要观察小组是否明确活动任务、小组讨论主题与任务是否密切相关、组长是否组织小组成员积极参与、组内成员是否关注学习有困难的同学并提供帮助、小组内是否达成共识以及小组合作学习效果等。通过观察我们得到这样的数据,全班一共有18个合作小组,认真倾听且能提问质疑补充或完整发表自己想法的有17个小组,占94.44%,仅倾听不发言1个小组,占5.56%。以三人小组合作共学的模式展开教学,让学生在充分的时间内完整地表达自己的观点,绝大多数小组都能认真地倾听,且能质疑补充,说明绝大部分学生在小组合作过程当中既有自己的独立思考,又在碰撞中有思维的提高。统计发现完全达成共识的有14个小组,占77.78%,部分达成共识的有4个小组占22.22%,没有达成共识的占0%,这些数据说明三人小组合作共学的模式,对于大部分小组是适用的,当中的学优生能够带领中等生和后进生一起共同学习。对于在规定的时间内没有能完全达成共识的小组,建议老师在后续的学习过程中,加以关注和指导。除了从观察的数据上进行分析,我们也可以从学生的学习单上看出,在学生的合作交流后,小组成员会用红笔增加别的同学的想法,能够主动与他人交换意见并达成共识。我们也在课前和课中分别统计了学生通过独立思考4个水平相应的人数占比。小组合作交流后,前三个水平的人数降低了相应的百分比,水平4的人数增加了。说明从独立思考到小组合作交流之后,大部分学生的思维水平有了一定的提高,说明小组合作学习是真实有效的。然而在小组合作过后还是有学生无法解决此类问题,还有一个学生还停留在用圆的周长求出两个跑道的周长进行对比,在后续的学习当中,小组的学优生和教师应该多关注这三个学生,让他们能在原有的基础上再上一个台阶。

	独立思考			小组合作交流后		
水平	指征	人数	占比	指征	人数	占比
水平1	学生无法运用知识解决问题	8	16.67%	学生无法运用知识解决问题	1	2.08%
水平2	求出相邻两个跑道的全周长,进行对比	25	52.08%	求出相邻两个跑道的全周长,进行对比	1	2.08%
水平3	通过简化的模型,计算相邻两个圆的周长进行对比	10	20.83%	通过简化的模型,计算相邻两个圆的周长进行对比	2	4.17%
水平4	通过概括出来的模型解决问题	5	10.42%	通过概括出来的模型解决问题	44	91.67%

(3)真关注。学生的真实探究离不开教师的关注,教师关注学生的学习过程(完成小组活动方案、前测单、探究单以及后测单等)。在课堂上从教师的运动轨迹、学生发言的分布情况,可以看出,教师能做到关注全体的学生。从课堂的观察统计看,本节课教师提出的问题一共有10个,其中识记性问题有2个,理解应用型的问题有3个,综合分析评价的问题有5个,教师设计的问题富有层次性,能促进不同层次的学生得到不同的发展。从发言的统计情况看,发言的共有21人次,其中优等生18人次,发言优等生占优等生总数的70%,中等生发言2人次,发言中等生占中等生总数的10%,后进生1人次,发言后进生占后进生总数的50%。从数据可以看出,教师虽然有关注到中等生和后进生,但是优等生发言的占比还是偏高。结合问题设计分析:教师所设计的综合分析问题较多,对于中等生、后进生难度偏大,建议后续继续关注这些学生的思维发展情况。除了教师关注学困生,在合作学习中,组内成员是否关注到学习困难的学生并给予帮助呢?从数据看,全班分成18个合作小组,密切关注的有17个合作小组,占94.44%,会关注的有1个小组,占5.56%,不关注的没有。落实"小先生"制,由优等生和中等生帮助后进生,这也是导优辅差的最优方案。这样的学习也能让后进生,学得有趣,学得有效。

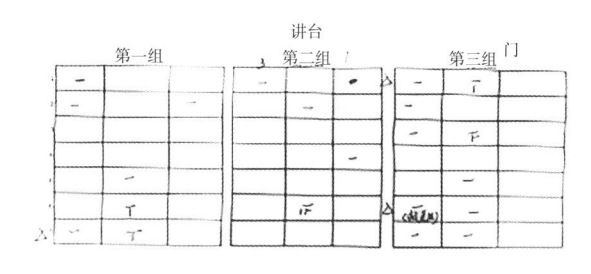

(4)真评价。坚持"教-学-评一致性"原则,发挥评价的育人导向作用,坚持

以评促学,以评促教,促进学生真正地发展。本节课的教学内容不仅来源于生活,还要回归到生活。课后我们当场进行后测,分成4个水平层次,后测的结果完成水平1的有一人,占比2.08%,水平2的也有一人占比2.08%,水平3的有2人,占比4.17%,完成水平4的有44人,占比91.67%。这个数据说明,大部分学生通过本节课的合作交流,最后优化出两个跑道的长度差等于周长的差,也就是($2\pi \times$道宽),能运用数学模型解决问题。除了知识的评价,我们也从小组合作的模式进行评价,全班的18个合作小组,总体评价为优秀的有15个小组,占比83.33%,有两个小组较好,占比11.11%,一个小组一般,占比5.56%。从中可以看出大部分的学生能有效地、客观地进行自我评价和互相评价。3个小组评价为较好和一般,说明这三个学习小组的合作模式还不够成熟,小组内的讨论还不够充分,建议教师在平时的教学过程中,对这三个合作小组再加以关注和指导。当然评价是多元的,应该有多元的指标,这是我们今后继续努力的方向。

3.专家点评。

要提高课堂教学质量,除了以上范式择优运用外,还可以请专家进行点评,以真正促进教师的专业发展和提高学生的学习质量。以下为"确定起跑线"一课,在教师用课堂观察量表进行数据分析、讨论后,专家的点评:

大家都知道,我们教育的对象是儿童,成尚荣先生在《儿童立场》一书中指出只有真正认识儿童、发现儿童和发展儿童,才能坚守儿童立场。只有基于儿童立场的课堂实践,才是儿童成长的真实需要。所以下面我主要从儿童立场谈谈对这节课的理解。

本节课让我们见证了基于儿童立场的"三个真实"。一是确定了基于儿童认知的真实起点。首先是知识起点,这节课是在学生学习了圆和组合图形的相关知识的基础上进行学习的;其次是生活起点,学生在日常学习中与操场打了六年的交道,对跑道和赛跑比较熟悉;再者是问题起点,学生在日常的学习生活中会遇到一些问题:如为什么有的比赛在同一起跑线起跑,有的却不在同一起跑线?不同的比赛起跑线应该相差多远呢?如何来确定呢?这些问题在生活中真实存在,处于学生的最近发展区,这样的问题容易激发学生的探究热情,满足学生的真实需求,调动他们分析问题和解决问题的能力。杜老师的设计正是基于这样的儿童立场,所以很好地调动了学生去发现问题、分析问题和解决问题。二是发展基于儿童学习特点的真实思维。从课前测量到课中的学习,整个学习过程学生处于真实思维状态。我们知道,儿童立场,意味着教师要理解儿童发展的思维特点、学习方式和学习特点,这是孩子独特生命体所具有的内在发展逻辑。《人是如何学习的》一书指出,教师必须积极地探究学生的思维,创建可以揭示学生思维的课堂任务和条件,使用经常性的形成性评价帮助学生把他们的思维展示给自己、同伴、教师,这可以为学生提供修改思维和提炼思维的反馈。从课中可以看到老师基于儿童的思维特点,抓住两个核心问题,采用合作学习、小先生制、学习单、教师引导等教学方式、评价方式,让学生从低阶思维(记忆、理解、简单应用)向高阶思维(创新能力、问题求解能力、决策力和批判性思维能力)发展:外跑道-内跑道——外圆-内圆——(外直径-内直径)乘π——2个道宽乘π,在这个过程中,学生互相质疑、互相补充,直至问题解决,批判思维和问题求解能力得到了发展;真实思维第二个体现在学生的思维从算术思维向代数思维发展[学生从具体的测量数据计算(这是算术思维)到从推理得到模型(这是代数思维的体现)],这是数学的追求——注重得到结果的推理过程,追求逻辑的正确性。在这样真实的学习过程中,学生的思维得到了修改和提炼,这是数学教学永恒的追求。三是实现了基于发展儿童的真实育人。儿童立场的核心不仅是尊重儿童,更重要的是发展儿童。2022年版课程方案倡导学科育人、实践育人、协同育人,突出学科思想方法和探究方式的学习,注重培养学生在真实情境中综合运用知识解决问题的能力,倡导"做中学、用中学、创中学"。数学这门课程该如何发挥数学学科独有的优势,实现基于儿童发展的真实育人呢?从课中我们可以看出三点:第一点是学生学习能力的提升,课前学生围绕问题进行了方案的设计、调整,进行实地测量,课中进行分享汇报、交流质疑,最后解决问题,学生习得了数学学科的思想方法,整个过程中学生的参与度高,表达力、质疑力、合作力表现得可圈可点,这从教研组统计的数据和分析可以看出;第二点是学生学习品质得到了提升,在测量后进行计算,数据是比较繁琐的,学生还是能够耐心计算,体现了学生迎难而上的积极的学习品质;第三点是学生交往能力和团队精神的增强,像这样的综合实践学习,需要一个长程的学习过程,在这个过程中学生的交往、沟通、合作能力得到了提升,具备了一定的团队精神。

  以上是我从儿童立场谈对这节课和"真实课堂"的理解。为了让真实课堂更真实,我们可以进一步思考这样的问题:200米跑道起跑线的位置是相差1个道宽乘π,400米跑道起跑线的位置是相差2个道宽乘π,800米呢?是相差4个道宽乘π,理论上是,但实际生活中不是。实际是这样的。800米跑分两种情况,中考的时候,800米、1 000米是可以并道跑的。由于赛程较长,运动员跑速较慢,允许跨道跑,当所有运动员都选择贴着内侧跑道线跑步时,各跑道之间的距离差也就不成为影响跑步成绩的因素了,因此,起跑线是一条弯弯的弧线。这条弧线是通过点量法画的。根据国际田联的规定:800米起跑是分道跑;800米一道起跑位置在终点线上,二道在前面约4米的位置,三道在终点线前约8米的位置,以此类推。并道线:800米跑过一个完整弯道进入直道后(即过了并道线)才可以并道。像今天的练习题,理论上是这样(一次只能跑6个人,第一个在0,第二个在距离起点11.896米处,第六个在距离起点59.346米处),但实际体育课中跑400米时,是像800米那样拉一条弧线,10个人一起跑。当然,数学来源于生活,又高于生活,我们培养的是学生的思维,但如果我们能同时结合现实世界的一些规定来拓宽学生的认知,应该会让数学这门课程更有意思更有意义,以此激发学生的内驱力。为避免学生出现比如800米跑,是相差"4个道宽乘π"的尴尬情况,建议当建立数学模型,解决了数学上的问题后,老师可以做一个微课,介绍生活中的、奥运会比赛中的起跑线的规定,以拓宽学生的理解和知识面。

循证评估不仅仅要做大量数据的收集和分析,更要使用评估数据形成证据来回应问题、作出判断和决策。开发基于循证的课堂教学质量评估系统能够有效地提高课堂教学评价的科学性、促进基于证据的教学改革、提升教师教学改进的循证意识和循证素养。[①]

这是基于"小组合作学习"的课堂观察循证研究的三种范式。教师还可以根据想研究的维度设计观察量表,进行课堂观察,比如课堂提问、倾听、发言等。以下是教师基于"学科实践"的维度设计的课堂观察量表(见表7-2)。

[①] 王珊.基于循证的课堂教学质量评估——以美国数学课堂教学质量评估工具为例[J].中国考试,2022(2):73.

表7-2 小学数学学科实践课堂观察量表

授课年级：_____ 授课课题：_____ 授课教师：_____ 观察时间：_____

评价维度	观察视角	特征表述	教学环节中典型事件记录	出现频次时长	学生学习类型 频次时长	教师提问方式 频次（正字统计）	评价等级
教师指导行为	创设真实情境	0.未能创设真实情境； 1.创设学科性的学习情境； 2.创设与已有学习经验相联系的形象性情境； 3.创设形象且能与原有知识体系建立联系的生活性情境。					
	教学行为	0.教师串讲，一问一答为主； 1.学生在教师引导下独立学习； 2.鼓励学生进行小组合作； 3.小组合作后，学生得到发展。					
学生学习行为（学科实践活动）	做中学：提出问题	0.基于真实情境未能提出问题； 1.能提出识记与理解类问题； 2.能提出应用与分析类问题； 3.能提出评价与创造类问题。					
	用中学：分析问题	0.未能结合具体情境分析问题； 1.观察实践：通过操作或画图表征等形式分析问题； 2.理解分析：基于理解，分析数学变量及其相互之间的关系； 3.推理验证：通过提出假设，推理出相关结果。					

续表

评价维度	观察视角	特征表述	教学环节中典型事件记录	出现频次时长	学生学习类型 频次时长	教师提问方式 频次（正字统计）	评价等级
	创中学：解决问题	0.未能正确解答问题； 1.能解决与例题相类似的问题； 2.通过推理判断能解决真实情境良构数学问题； 3.具身参与进而建构知识，解决真实情境非良构数学问题。					
目标达成	素养目标	0.未能对实践过程进行调整及反思； 1.在监控与调整实践过程中，提升数学决策能力； 2.在对实践成果的检验与完善中发展数学模型意识； 3.基于模型意识，在对实践成果的迁移与运用中强化应用意识。					

此外，我们还可以借助信息技术手段进行课堂观察，改进教师的教学。课堂观察除了要有合适的观察工具，更要关注数据的有效收集，这对于课堂观察结果具有决定性作用。

第三节
进阶：反思调整 以评促改

美国教育评价专家斯塔弗尔比姆曾明确指出，"评价最重要的意图不是为了证明，而是为了改进"。"评价是为了改进"概念模式如图7-1[①]所示：

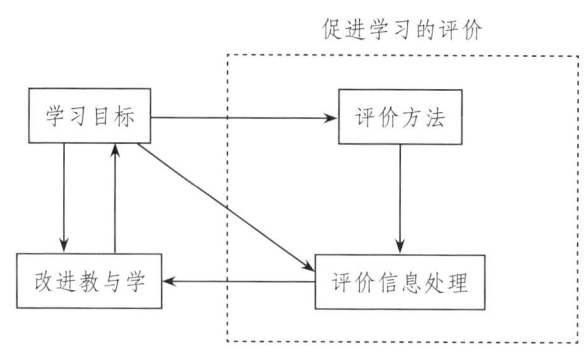

图7-1 "评价是为了改进"概念模式图

在评价过程中，会收集到大量具体的学生学习表现信息，其中包括学生对知识的理解掌握运用程度、思维和能力的发展以及情感、价值观的形成等方面的诸多信息，也会收集到关于教师的环节设计、重难点处理、问题设计、生成处理等方面的信息，这些信息称为评价信息。评价信息的收集，不仅仅是为了得到一个结论，更是为了寻找教师教学目标和学生学习目标达成度的依据，检测教师教和学生学的程度，离目标还有多远，以此调整策略，继续向目标挺进。新的评价理念认为好的评价应该是"为学习的评价"，评价信息的处理和运用，目的在于不断依据收集的目标达成证据作出对教与学的改进与调整，从而持续接近目标。

（一）评价信息的处理

评价信息的处理需要把收集到的学生学习表现信息不断与目标要求进行比较，得出学生学习结果与目标之间的距离，对有效信息进一步作出处理，借助

[①] 于丽萍.基于标准的教学："教-学-评一致性"区域实践[M].北京：中国社会出版社，2021：168.

具体、指向性明确的学习证据信息,更好地改善和促进教与学的进程。信息处理不仅是学习进程之间衔接的枢纽,也是不断形成变量,促进课堂动态发展的源泉。在信息处理过程中,需要遵循以下原则。一是即时性原则,即在动态的课堂进程中,教师和学生要及时对收集的信息进行筛选、融合、转化,推动课堂向深度发展。[①]如学生在四人小组合作动手操作的过程中,教师一边巡视一边对学生的作品及时采用视频或照片的形式进行收集、归类。在展示交流环节借助这些资源,让做得好的同学说说是怎么想的、怎么操作的,让做错的同学在倾听、观察中找到错误的原因,并迅速找到正确的操作思路和方法。像这样,教师和学生在学习活动中同步对评价信息进行即时处理,从而做到及时改进学习策略,共同得出学习目标达成度的证据,对学习进程和策略及时进行调整,推动向最优目标的进程。二是有效性原则,课前、课中或课后收集的信息种类繁多,但并不是每一条信息都有教学价值,教师需要认真地甄别所有收集到的评价信息,根据信息的有效性,采取不同的信息处理手段。[②]这样可以有效达成教学的目标。比如教师采用展示、提问、作业面批、测试等形式,会收集到一些错例,这些错例是个别现象,还是典型现象,教师需要进行判断,并采取相应的处理方法,或个别指导或全班反馈,通过将错例信息转化成进一步探索的课堂资源,促进学生进行深度学习,不断接近目标的最优达成。

(二)评价信息的反馈

评价信息处理的目的是改善和促进学习,但并不是所有处理和反馈的信息都能对学习起到积极的作用。如在课堂上老师泛泛地表扬"你真棒""真了不起""你真聪明"等,只是给予学生一个浅层次的表面评价反馈,并没有反馈出学生与对应目标的具体差距,以及改进的方法。还有教师在课堂上直接把答案告诉学生,并没有给予改进的机会,没有描述学生的回答与正确答案之间的距离或提供走向目标的线索和提示,这样的评价信息的处理就是一种无效的处理,反馈的信息也是无效的。[③]那么,如何有效地反馈评价信息呢?现在的评价形

---

① 于丽萍.基于标准的教学:"教-学-评一致性"区域实践[M].北京:中国社会出版社,2021:169.

② 于丽萍.基于标准的教学:"教-学-评一致性"区域实践[M].北京:中国社会出版社,2021:169.

③ 周文叶.中小学表现性评价的理论与技术[M].上海:华东师范大学出版社,2014:162.

式多元,有师评、自评、他评。第一,教师的评价要具体,可根据评价任务制定的评价量规,引导学生对照,帮助学生反思整个学习过程,指出表现良好和需要改善的地方。研究结果表明,用评价量规来阐释评价信息的反馈,学生的成绩提高最多。第二,学生自我评价,学生根据评价量规将自己的表现和优秀的样本进行对比,了解自己的学习进程,评判自己的成果,明白自己的长处和不足,对自己的学习进行反思,改善自己的学习。自我对照、自我反思、自我成长,有助于增强学生学习的信心。第三,同伴的信息反馈,同伴的信息反馈同样是改进学习的重要依据。同伴互评能够让学生明确自己在任务完成时所处的位置和距离,能够增强相互的团队意识和达标意识,能更容易让学生接受。比如在"学校活动场地策划方案设计"的项目式学习中,一学生说道:我最想表扬的是我们的组长,他在我们意见有分歧的时候会进行协调,在我们迷茫的时候会召集我们一起分析、提出对策;我想给明明(化名)提建议,希望他能多听我们的建议,一起合作,共同把项目做好。同伴的反馈更有利于学生发扬优点,改正缺点,更容易激发学生的内驱力。

(三)教与学的决策调整

评价的目的是促进教与学决策的改进、调整。课堂教学不是按教案按部就班进行的,而是灵动的、生成的、有生命力的。为了促进学生学习目标的达成,真正发展学生的核心素养,教师在教学过程中要根据教学目标精准把握学生的评价信息,机智地处理这些信息,调整教学策略。比如借助智慧教研平台,教师可以从平台上看到自己的教学情况。

如"教师提问类型统计",第一次教师提问68次,琐碎的问题太多,教师经过重新解读教材,抓住核心问题进行设计,问题越问越有针对性,从68次降到35次;从反馈看,教师还可看出哪些是高阶认知问题、哪些是基础认知问题、哪些是无认知水平问题;还可以从"S-T曲线",看课堂上师生的互动情况,教师可以根据"S-T曲线"来调整自己的教学,要以学生为主体,给予其充分活动的机会和时间,同时根据学生的理解掌握情况、个体发展情况,起到主导、启发等作用,帮助学生思考、学习。

教师提问类型统计表（一）

测项	基础认知问题			高级认知问题			无认知水平问题	总次数
	识记型	理解型	应用型	分析型	评价型	创新型		
提问次数	9	45	3	1	3	6	1	68
占比	13.24%	66.18%	4.41%	1.47%	4.41%	8.82%	1.47%	100%
占比合计	83.83%			14.70%				

本节课一共提问68次，问题数量偏多，其中基础认知问题共57次，占83.83%；高级认知问题共10次，占14.70%；无认知水平问题共1次，占1.47%。

数据分布显示本节课理解型问题出现频率最高（占比66.18%），其次为识记型问题（占比13.24%）。

从数据中可以看出本节课提问时比较侧重理解型问题，分析型的问题提问较少。

教师提问类型统计表（二）

测项	基础认知问题			高级认知问题			无认知水平问题	总次数
	识记型	理解型	应用型	分析型	评价型	创新型		
提问次数	0	25	3	4	1	0	2	35
占比	0%	71.43%	8.57%	11.43%	2.86%	0%	5.71%	100%
占比合计	80.00%			14.29%				

本节课一共提问35次，其中基础认知问题共28次，占80.00%；高级认知问题共5次，占14.29%；无认知水平问题共2次，占5.71%。

数据分布显示本节课理解型问题出现频率最高（占比71.43%），其次为分析型问题（占比11.43%）。

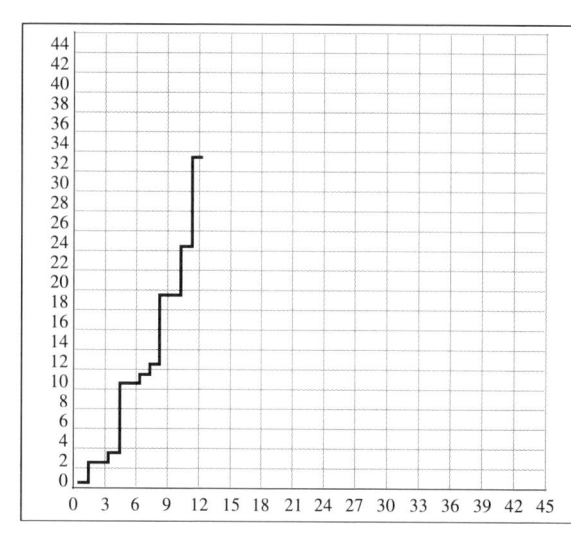

（图：S-T 师生互动曲线，纵轴0-44，横轴0-45）	师生互动曲线描述的是老师和学生的互动情况。 ·沿横轴方向的线段代表老师在讲话,沿纵轴方向的线段代表学生在讲话 ·当曲线偏向横轴时,表示老师活动占多数;偏向纵轴时,学生活动占多数 ·当某段曲线整体平行于45度线时,表示在此段时间内老师学生互动充分

S-T教学分析

师生互动情况:教师讲话时长为11分16秒,学生讲话时长为32分35秒,互动10次。

第八章

基于"真数学"的案例分析和单元教学设计

第八章 基于"真数学"的案例分析和单元教学设计

在当今快速变化的知识经济时代,数学作为基础学科之基石,其教育质量与方法直接影响着学生逻辑思维能力的培养、问题解决技能的提升及创新能力的发展。因此,探索并实践"真数学"教育理念,即在数学教学与学习过程中追求真知的积累、真教的实践、真学的体验与真评的反馈,显得极为重要和迫切。"真知"强调数学知识的本质理解与应用能力,并非仅仅停留在公式与定理的记忆层面,而是要深入到数学思想与原理的把握;"真教"倡导以学生为中心的教学模式,借助情境模拟、问题导向等方法激发学生的学习兴趣,促进深度学习;"真学"鼓励学生主动探索、合作交流,形成批判性思维和自主学习的能力;而"真评"则侧重于建立多元化、发展性的评价体系,不仅评价知识掌握情况,更关注学生的思维过程、问题解决策略及情感态度的变化。

第一节 基于"真数学"的案例分析

本节旨在通过具体案例,展示"真数学"理念在实际教学活动中的应用与成效。

以学定教 突破难点 感悟真内涵
——"分段计费"教学思考与实践

一、教材分析——理解真内涵

"分段计费"问题在后续学习中可看作分段函数,是学生学习函数的雏形。具体如下:

在小学阶段,教材主要通过具体的数据,分别计算各段的费用既而总费用,这是分段计费的模型(如右图)。初一年级,学习的是一元一次方程(一个变量),这是在小学分段计费的基础之上,加大了"分段"的难度和提高了分段的标准,引入了用一元

一次方程解决问题的思路,也就是用代数的思维来解决有关分段计费的问题,比如时间、单价问题。初二年级,在一个变量的基础上,学习一次函数(两个变量),用分段函数来呈现,研究的是一个量的变化,引起的另外一个量的变化。也就是两个量都是未知量,它们是有联系的,而且这个联系是有分段的,根据每一段的不同标准,它会得到一个类似的方程组,即一个恒等式和一个不等式。

根据对分段计费"前世今生"的分析,确定本节课的教学重点是:(1)理解分段计费的问题特点,探究解决问题的方法,建立分段计费的模型;(2)初步体会函数思想;(3)培养学生分析问题、解决问题的能力。

二、教学前测——确立真起点

首先对执教班级39个学生进行前测,前测题如右图。对前测进行分类分析,有23人正确(第一种);3人没有理解"3千米以内10元"(第二种);3人没有理解"不足1千米按1千米计算"(第三种);4人没有"分段计费"(第四种);6人完全没有思路(第五种)。

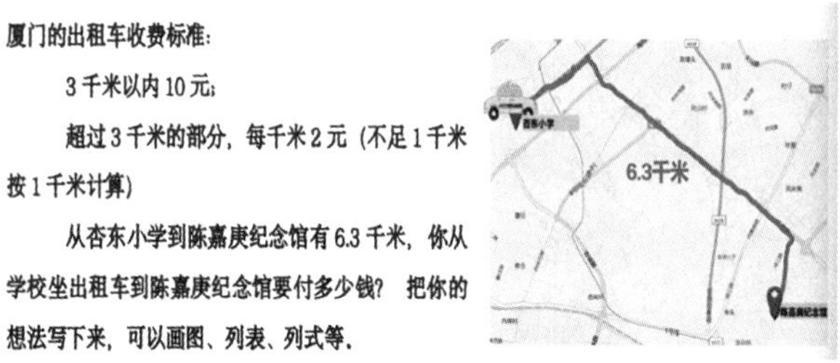

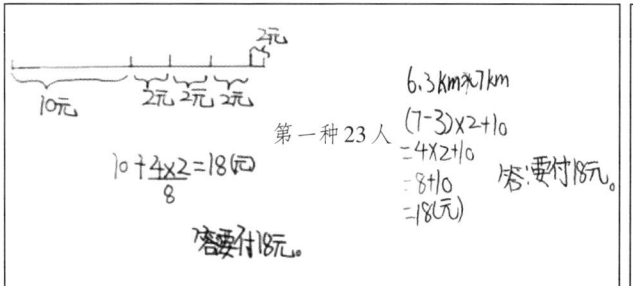

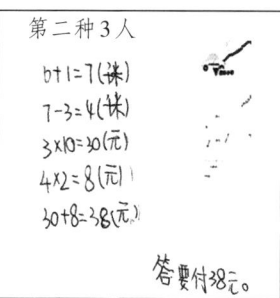

从教学前测看,学生错误的主要原因有三:一是没有从整体上理解题意;二是对"不足1千米按1千米计算"不理解;三是没有"分段"的意识,还是按原来的思维惯势解决问题。根据教学前测分析,确定本课的核心问题,也就是教学难

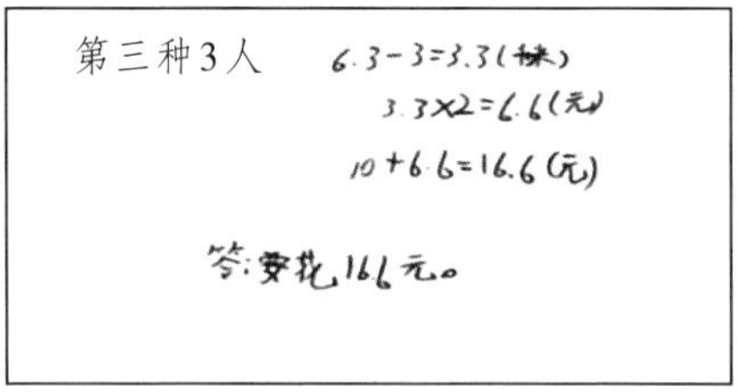

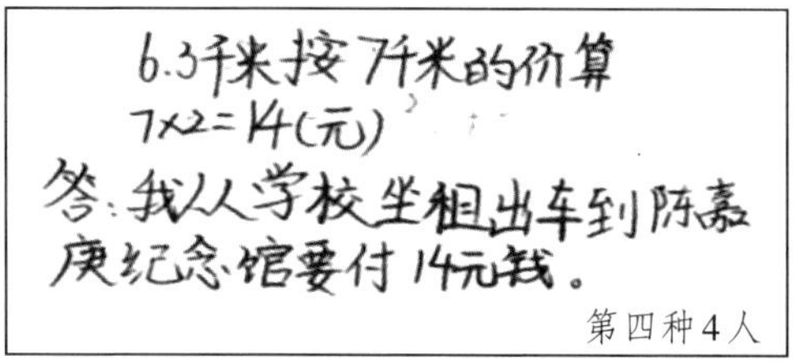

点是:分段的分界点是什么?每段如何计费?

三、教学实施——以真教促真学

如何突破难点呢?可从以下五个方面入手,通过真教促进学生真学,发展学生的思维,凸显数学学科的育人价值。

1.小组讨论,对比思辨——根据学习起点,引发真学

师:同学们课前尝试着解决这个问题,出现了这几种情况(课件呈现学生的典型错例),认真思考,你同意哪一种?不同意哪一种?为什么?把你的想法在小组里交流。

学生围绕问题进行3分钟的交流,然后汇报。学生在小组充分讨论的基础上进行集体性交流,并形成一致意见:同意第一种方法,不同意第二三四种。第二种"3×10=30(元)"不符合"3千米以内10元"这句话的意思,应该是3千米以内只收10元,不是每千米收10元。第三种不符合"不足1千米按1千米计算",走了6.3千米应该按7千米计算。

2.线段表征,丰富表象——根据思维特点,促进理解

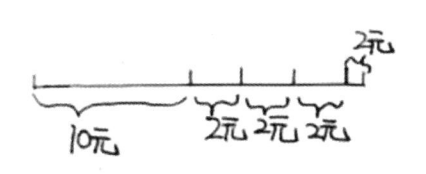

3千米以内10元;超过3千米的部分,每千米2元(不足1千米按1千米计算)

起步价 + 后段的价钱=总价

师:同学们都同意第一种方法,也来说说同意第一种方法的道理。

生1:我们可以看这个线段图(上左图),10元表示"3千米以内10元",后面的还有3.3千米,每千米收2元,最后剩下的0.3千米,不足1千米按1千米计算,也要收2元。然后再把第一段的10元,加上后面的4×2=8(元),就是18元。

教师根据学生的思路呈现线段图,让学生感悟到出租车的计费方式是用"分段"进行计费的,一段是"起步价",一段是"后段的价钱",把这两部分合起来就是总价。一般来说,解析式法、列表法和图像法是表示函数的三种方法。从逻辑结构分析,线段图是图像法最直接的表现。学生从已有的知识和经验出发,画示意图、线段图,根据所蕴含的数量关系,分析、说理、辨析,建立了"分段计费"问题的直观模型,在解决问题中初步感悟函数思想。

3.小步巩固,建立模型——根据学习规律,进行建构

师:同学们咱们集美有许多旅游景点,这几个地方你去过吗?从咱们学校

出发,选一个自己最想去的地方,算一算,如果坐出租车去要付多少钱?

学生自主解决问题。

师:苏老师只付了10元,你们猜猜苏老师去了哪里?

生1:园博苑停车场。因为从杏东小学到园博苑只有1.5千米,收起步价就可以了。

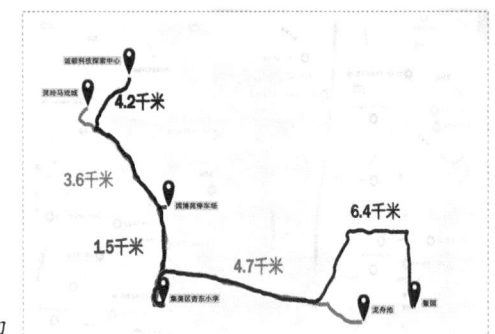

师:你去了哪里付了多少钱?

学生反馈,形成板书:

10+1×2=12(元)

10+2×2=14(元)

10+4×2=18(元)

基于学生的学习规律,在学生初步理解了"分段计费"的模型后,及时进行巩固练习,让学生在真实的问题情境中解决问题,进一步理解分段计费的特点,巩固模型思维。

4.图像选择,渗透思想——根据学习目标,初步渗透

以下哪幅图表达了题目的意思?为什么?

"。"表示不包括

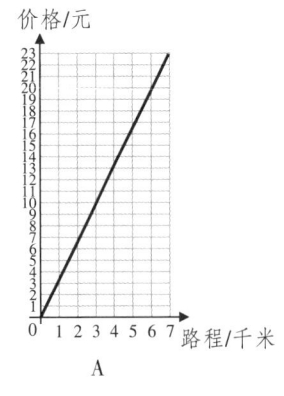

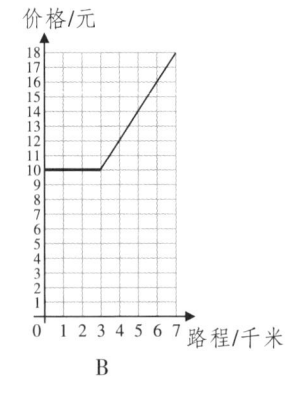

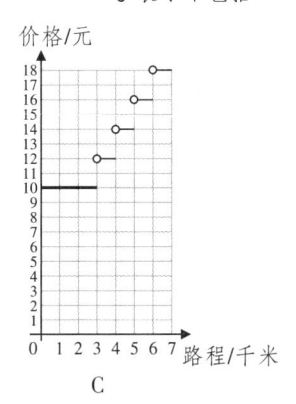

A　　B　　C

师:哪幅图表达了题目的意思?四人小组讨论讨论。

生1:选B,因为它分成两段计费。

生2:我不同意,应该选C,因为题目说"不足1千米按1千米计算",B图虽然有分成两段,但后段是连续计费的,比如3.5千米对上去是11元,而3.5千米应该按4千米计算,应该是14元才对。

学生通过小组讨论、全班辨析、质疑,巩固了分段计费的模型思维,渗透了函数思想,还培养了学生的批判性思维。

5.变与不变,把握本质——根据育人目标,促进求真

师:观察这些算式,你发现了什么?

生1:起步价不变,后段的价钱变了,总价也变了。

生2:后段的价钱是用单价乘数量,单价不变,行驶的路程越多,总价越高。

生3:起步价+后段的价钱=总价。

生4:可用"$10+(n-3)×a$"(不涉及不足1千米按1千米计算等情况下)的公式,10(元)是起步价,是固定的,n表示总路程,a表示单价。只要知道总路程,就可以用这个算式来解决出租车收费的问题。

让学生在观察中理解分段计费的"变"与"不变",运用"$10+(n-3)×a$"的规律解决问题,让学生体会函数思想在解决问题中的应用。

四、精心设计——实现真评价

提高作业设计质量,增强针对性,丰富类型,合理安排难度,有效减轻学生过重学业负担,促进"教-学-评"有机衔接是我们的责任和使命。根据"学业质量"要求,结合各级质量监测方向,本节课设计如下练习,旨在培养学生的"四能",发展学生的思维。

★★[①]1.收水费问题:某自来水公司为鼓励节约用水,采取按月分段计费的方法收取水费。12吨以内的每吨3元,超过12吨的部分,每吨4元。小可家上个月的用水量为17吨,应缴费多少元?列式是(   )。

A.17×3   B.11×3   C.3+(17-12)×4   D.12×3+(17-12)×4

【设计意图:设计生活中的收水费问题,一是巩固学生对"分段计费"问题的认识,二是引导学生通过对比,发现"收水费"和"出租车收费"在第一段的收费要求是不一样的,培养学生认真审题、灵活解决问题的能力。】

★★★2.快递费问题:某省顺丰快递收费标准价格表如下

同城省内	首重[1千克内(含)]13元,续重每千克加2元
省外	首重[1千克内(含)]22元,续重每千克加8元

李东妈妈从厦门寄了5千克的鼓浪屿馅饼给北京的阿姨,李东妈妈一共花了多少钱?以下方法能解决此问题的有(   )。

[①] 不同的星数表示不同难度。

①13+(5-1)×2 ②22+(5-1)×8 ③5×8+(22-8) ④22+(5-1)×2 ⑤13+(5-1)×8

⑥

1千克	2千克	3千克	4千克	5千克
22元	30元	38元	46元	54元

A.①②③　　　B.②③⑤　　　C.②③⑥　　　D.③④⑥

【设计意图:"快递费"问题是学生熟悉的生活问题,这类问题可以激发学生的学习兴趣,让学生感受到数学来源于生活,学数学可以解决生活中的问题。这道题的设计,一方面可以培养学生阅读理解信息的能力,另一方面可以培养学生多视角思考问题的能力。有的学生根据"从厦门寄了5千克的鼓浪屿馅饼给北京的阿姨"用排除法解决问题;有的学生根据表格法推导出其他方法是否正确;有的学生紧紧抓住第二个信息理解每个算式的含义,从而解决问题。】

3.停车场收费问题:某停车场停车时段分为白天时段和夜间时段(收费标准如下图所示)。

停车收费项目及标准		
白天时段 8:00—18:00(含)		夜间时段18:00—次日8:00(含)
2小时内 (含2小时)	超过2小时部分每小时	每小时
5元	3元	2元
温馨提示: (1)停车不满1小时按1小时计费; (2)连续停车24小时最高收费30元,超过24小时重新计费,累计收费。		

★★(1)李叔叔的车从早上8:00停到中午12:00,需付停车费多少元?

★★★★(2)王阿姨的车在这个停车场停了26小时,她需付停车费多少元?

【设计意图:"停车场收费"问题也是学生非常熟悉的生活问题。此题的设计主旨是培养学生分析信息、提取信息、解决问题的能力,培养学生的发散思维。特别是第二问,学生要综合思考"26小时"有几种情况。可能是24小时+白天2小时,可能是24小时+夜间1小时+白天1小时,也可能是24小时+夜间2小时。这一问题的开放性,可以培养学生全面思考问题、多角度思考问题的能力。】

以上教学基于知识的本质、学生真实的学情展开。学生能自主解决的教师充分放手,学生有困难的,教师适时予以引导启发,着重于学生的疑难处和困惑处。学生在教师的启发下真正地参与学习、思考、交流,不仅理解了每个信息的含义,自主纠正了原来的错误,还进一步感悟、建立了"分段计费"的模型,在建立、应用模型时感悟函数思想。

基于学情　把握本质　实现真理解
——"鸡兔同笼"教学思考与实践

一、教材与学情分析,厘清"教什么",明晰真问题

人教版教材利用数学广角系统有步骤地渗透数学思想方法,尝试把重要的数学思想方法,以生动有趣的、生活化的、学生可以理解的简单形式呈现出来,让学生在解决问题的过程中体悟数学思想方法。"鸡兔同笼"是2011版课标小学数学人教版教材四年级下册"数学广角——鸡兔同笼"的教学内容。数学广角承载的任务有二:一是让学生学会采用多种策略或最优策略解决问题,二是让学生在解决问题的过程中领悟相应的数学思想和方法。那么本课中所涉及的几种解题策略是分割的还是有机联系的?渗透了哪些数学思想方法?是文本所体现的"化繁为简""列表"法,还是另有其他,值得教师思考和挖掘。跟教师访谈,发现老师们认为学生的学习难点在于用假设法求兔或鸡的只数时,对于"当假设全部是鸡时,10÷(4-2)=5,这个'5'为什么是兔的只数?"的辨析。于是,我对四年级300名学生进行教学前测,发现30%的学生会用画图或"硬推"的方法解决问题,5%的学生会用假设法解决,65%的学生不知所措。但无论是运用画图还是"硬推"的方法解决问题的学生,他们都是运用调整的策略找到答案的。对此,我有以下几点思考:一是如何引导学生经历调整的过程,在调整过程中渗透函数思想?二是如何确定画图法、表格法与假设法的联系,突显知识本质?三是如何突破"10÷(4-2)=5,求的是兔的只数"的难点?四是"鸡兔同笼"

问题是一种数学模型,如何与生活建立联系,拓展数学模型?如何解决以上问题,实现以真教促真学呢?

二、思考与实践,明确"怎么教",理解真内涵

"真教"的其中一个原则是"为理解而教"。教师要明确"教什么",把握住数学的真内涵,要围绕要教的内容思考教学的策略和路径,以促进学生对知识的理解、对方法的提炼、对思想的感悟。

(一)经历调整过程,理解函数思想

数学广角承载的一个很重要的任务是渗透数学思想方法。从文本上看,化繁为简、数形结合等是本课需要渗透的数学思想方法,这是显性的。从学情上看,学生是在"猜测-调整"的尝试学习过程中找到答案的,因此,我们可以发现,调整是一个重要的数学学习策略;另外,学生在调整的过程中,发现鸡、兔头数、脚数的变化,这里又蕴含着函数思想。函数思想是重要的数学思想,虽然在小学阶段没有给出明确定义,但教师应该抓住一切可渗透的知识进行有机渗透。

当学生利用列表法找出答案时,教师引导学生观察表格,学生从一只一只调整(表1)过程中发现"每减少一只鸡,增加一只兔,腿就增加两条,反之,腿数则减少两条";在跳跃式调整(表2)过程中发现"每减少3只鸡,增加3只兔,腿就增加6条,反之,腿数则减少6条"(见表2最后两列)。此时,教师可适时逆向引导,提出"如果要增加8条腿,就要减少几只鸡,增加几只兔呢?如果要减少10条腿,就要增加几只鸡,减少几只兔"等问题。让学生在经历调整、交流的过程中感悟函数思想:"头数"是自变量,"腿数"是应变量,每减少 n 只鸡,增加 n 只兔,腿就增加 $2n$ 条;反之,腿则减少 $2n$ 条。腿数(应变量)是随着头数(自变量)的变化而变化的,过程是变化的,但规律是不变的。在教学中,教师只有提供充足的时间和空间,放手让学生自主尝试、探究,学生才能在尝试中感悟"变与不变"的规律,体悟函数思想,从而为后面的学习打下基础。

表1

鸡	8	7	6	5	4	3
兔	0	1	2	3	4	5
腿	16	18	20	22	24	26

表2

鸡	8	7	6	3
兔	0	1	2	5
腿	16	18	20	26

(二)把握知识本质,理解内在联系

解决鸡兔同笼问题的方法有画图法、假设法、列表法、抬脚法、列方程等。其中前四种方法都是一种假设。画图和列表都经历"假设-验证-调整"的过程

(如下图)，假设法是一种更为简洁的假设(假设全部是鸡或兔)，如果学生假设有6只鸡、2只兔也是可以列式解决的，只不过最后结果还要进行调整。画图法是一种直观的手段，列表法是一种半直观半抽象的媒介，用假设法列式计算是一种抽象的思维过程。基于此，教学本课时，让学生利用表格进行有序调整，在调整的过程中，感悟要增加2n条腿，就要把n只鸡换成n只兔的知识本质。借助表格这一半具体半抽象的媒介，教师提出："如果要一次就找到答案，应该怎么做呢？"让学生对照表格想过程，教师边引导边形成算式，再让学生看着算式和表格说一说算式每一步表示什么意思，确定表格法与假设法之间的内在联系。再运用这一方法解决假设全部是兔的问题，举一反三。

鸡	8	7	6	5	4	3	2	1	0
兔	0	1	2	3	4	5	6	7	8
脚	16	18	20	22	24	26	28	30	32

少了10条腿

8×2=16(条)
26-16=10(条)
兔：10÷2=5(只)
鸡：8-5=3(只)

画图法：直观形象　　　　列表法：半直观半抽象　　　　假设法：抽象

教学时，教师应该基于学生已有知识经验，遵循学生思维发展特点，把握知识本质，确定知识间、方法间、策略间的内在联系，促进学生思维的发展。

(三)巧用学具辅助，理解教学难点

解决鸡兔同笼问题，画图法、表格法较为直观，学生容易理解，但对于数据较大、较为复杂的问题，学生不易运用这两种方法进行解决。我们在课后进行调查，98%的学生采用假设法，理由是用算式表示比较快、比较简洁。但在列式过程中每一步的意思学生是否真的理解，特别是对于算式"10÷(4-2)=5为什么求的是兔"，很多学生云里雾里，说不清楚，会讲的也只是"鹦鹉学舌"，有的教师干脆直接告诉学生，"假设全部是兔求的就是鸡，假设全部是鸡求的就是兔"，学生只是机械地模仿列式，不"知其然"，更不知"其所以然"。为了突破这一难点，教师可以提供形象直观的学具，辅助学生理解每一步的意思，学生看着算式边操作边思考：

第一步：8×2=16(条)……表示什么意思？从图中可以看出，假设全部是鸡，共有16条腿。

第二步：26-16=10(条)……和实际相比，少了10条腿，这10条腿是兔子的。

第三步：10÷(4÷2)=5(只)……给一只兔安上2条腿，5只兔就安上10条腿，所以这个5就表示5只兔。

第四步：8-5=3(只)……共有8只，有5只兔，就有3只鸡。

四年级学生还处于具体形象思维阶段，之前接触的都是两步列式问题，五步列式对学生来说较难，另一方面"鸡"和"兔"的互换过程是学生抽象思维形成的一种挑战。因此，借助直观的学具可以很好地帮助学生思考，提升学生的思维和推理能力，同时体现了教师"教"的作用——教在学生的困惑处，教在学的需要时。

(四)抓住生活原型，理解建模过程

数学模型的建构经历"创设情境—建立模型—巩固模型—应用模型"的过程。在课末，教师指出中国的"鸡兔同笼"题漂洋过海到日本变成了"龟鹤问题(有龟和鹤共40只，龟的腿和鹤的腿共112条，龟和鹤各有多少只?)"，在俄国变成了"人狗问题(一对猎人一对狗，两对并成一队走。数头一共是十二，数脚一共四十二。几个猎人几条狗?)"，在生活中有"钱币问题(李琳的存钱罐里有2元和5元的人民币共15张，合计48元。2元和5元人民币各有多少张?)、交通工具问题(自行车和三轮车共10辆，总共有26个轮子。自行车和三轮车各有多少辆?)"等，教师提出"什么相当于鸡、什么相当于兔"，让学生感悟到"鸡兔同笼"问题在生活中的广泛应用，加强了数学与生活的联系，建立了"鸡兔同笼"问题模型。

在人教版教材中，每册均安排数学广角的内容，目的在于引导学生感悟一种思想、学习一种方法、体悟一种精神。作为一线教师，应该深刻领悟课标的精神、意图，在全面把握学生真实学情的基础上深入解读教材，挖掘可渗透的思想、方法，引领学生学习、感悟，从而发展学生的核心素养。

整体关联　延伸拓展　进阶评价
——"三角形的高"教学实践与思考

如果学生学习的知识是碎片化和零散的,就容易在解决问题时出现逻辑结构混乱的问题,在遇到复杂问题时难以条理清晰地从大脑中选取正确的信息并加工处理。这是导致学生数学学习越来越困难的主要原因之一。教师可基于"真数学"教学主张,结合学生的真实现状和水平,突破传统教学课时的束缚,将自然单元进行调序和整合,并且对教材内容合理地进行延伸拓展,推动知识间的优化组合,在构建系统而完善的数学知识结构体系的同时,引导学生体会与了解数学知识的核心本质,促进其核心素养的发展。

一、教材与学情分析——把握真知,整体建构

"三角形"是人教版四年级下册第五单元的内容。本单元在第一课时编排了三角形的概念,介绍各部分名称(边、角、底和高),教学生画三角形指定的底对应的高(图1)。

说出下面每个三角形各部分的名称,并画出指定底边上的高。

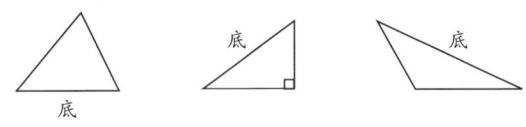

图1

在平时的教学中,三角形的高是本节课的学习难点,那么,怎样将难点化解?首先要了解学生已有认知基础,读懂学生内心,教学设计才能有的放矢。因此,教师设计了两个问题作为课堂前测:①你会画三角形的高吗?请试着在图2中画一画;②关于三角形的高,你有什么疑问?

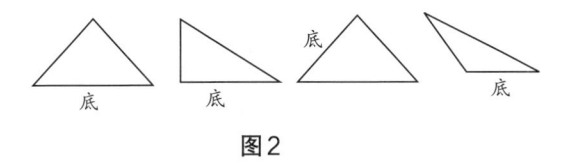

图2

通过调查,可以发现:对于问题①,86%的学生会画图2的第一个三角形指定底的高,而图2的第二到第四个三角形指定底的高完成的错误率较高,一种是底和高不是对应关系,一种是高和底不存在垂直关系。由此可见,对于画斜边上的"高",学生存在认知盲点。对于问题②,多数学生提出了"三角形有几条高"和"三角形的三条高之间有什么联系"两个问题,而这两个问题,仅用教材提

供的三角形的高的概念是难以回答的,涉及三角形高的概念外延。

回顾以往教学,在四年级的"三角形"的第一课时教材设计的是以概念化的方式使学生理性认识三角形,包括研究它的边和角,因此教学的重点放在理解三角形的特征属性上,所以往往容易忽略对高的教学,无形中削弱了对三角形高的探究。即使要研究三角形的高,由于一节课的时间有限,学生没有充足的时间动手探究三角形的高,很难获得对三角形的高的本质属性的直观感知,这不利于解决学生的认知盲点与困惑点。同时,纵向看"三角形"的编排,我们翻阅人教版八年级上册"三角形"这一单元,发现三角形的高、中线和角平分线被安排在了同一个课时中。试想,一节课40分钟,教师要讲全"三线",将"三线"进行对比和分析,必然又要削弱三角形的高的教学——因为初中教师会认为三角形的高在小学阶段已经学过,不用再重复教学。显然,教师如果仅按照小学阶段和初中阶段的教材来施教,学生对三角形的高的认识必然是不完整的。因此,我们可以在"三角形"这一单元单独安排一个课时教学三角形的高,既引导学生扎实掌握三角形高的内在属性,又为其初中学习"三角形的高、中线与角平分线"一课奠定良好的基础。

基于以上思考,教师可以跳出原有的课时安排,在第一课时"认识三角形"后,为学生量身定制"三角形的高"这一课时。教师唤醒学生已有的学习经验,学生能自主画不同类型的三角形的高,在教师引导下学生对新旧知识进行整体关联,结合学生的学习需求,对三角形的高进行拓展延伸,在进阶学习中,提升学习力。

二、教学实施——以真教促真学

在充分把握知识本质和学情的基础上,通过抓联系,构建知识图谱;通过真问题,突破教学难点;通过真评价,实现思维进阶,提高学生的学习力。

(一)通过抓联系,构建知识图谱

结构是系统的属性,是元素及关系的整体关联。教师通过找准学生学习起点,整合零散的知识点,帮助学生将已知和未知之间建立联系,加强不同知识之间的联系,从而使知识图谱构建于学生的脑海之中。

从学生的知识经验出发,学生已经会"过直线外一点画已知直线的垂线",会画平行四边形和梯形的高。因此,课伊始,教师设计了一道复习题(图3):

图3

课堂上,教师先唤醒学生关于点到直线的距离的概念之后,引导学生"过直线外一点画已知直线的垂线"(图3、图4),并总结画垂线的步骤。一重:三角尺的一条直角边与已知直线重合;二靠:把直尺靠紧三角尺的直角边;三移:移动三角尺,使三角尺的另外一条直角边经过直线外的点;四画:沿着另外一条直角边画一条直线;五标:标出直角符号。以上五个步骤再次唤醒学生的旧知,为接下来学生总结三角形的高的画法做铺垫。

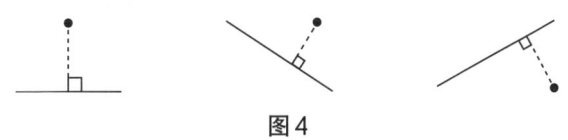

图4

接着,教师利用希沃白板,把已知直线的两点分别和直线外的点连接,使其变成三角形(图5),并引导学生观察发现:"过直线外一点画已知直线的垂线"和画三角形的高的画法相同,自然地完成第一次建立网络式结构知识。

图5

学生直观感知三角形的高和点到直线之间的距离之后,教师出示一个锐角三角形,鼓励学生亲历画三角形的高的过程(图6)。随后,学生自主总结画三角形的高的步骤,即"一重、二靠、三移、四画、五标",这五个步骤与画垂线的方法相呼应,从画垂线到画高,学生自然地从旧知迁移到新知,感悟到画三角形的高和画垂线的方法相同,由此减轻了学生的学习负担。

图6

当学生已经会画三角形的高之后,教师引导学生观察对比平行四边形的高、梯形的高和三角形的高的画法,发现不同图形的高画法的本质属性,即过直线外一点到对边画垂直线段(图7)。教师将新旧知识再次进行关联和结构化,串点成线,二次建立网络式的结构知识。

图7

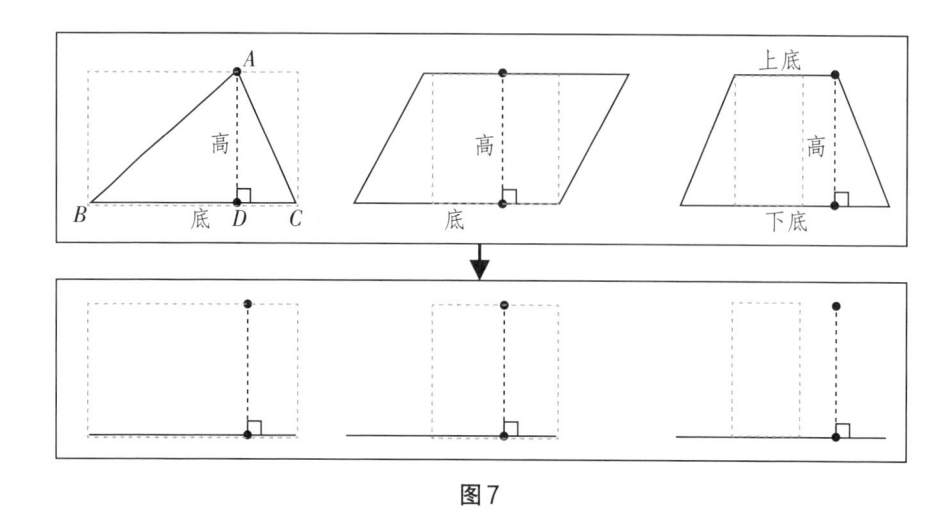

教师从学生认知出发，找准他们的最近发展区，从"过直线外一点画已知直线的垂线"的知识入手，唤醒学生的原有学习经验，学生从直观思维（不同图形的高）到模型思维（过直线外一点到对边画垂直线段），从具体到一般，将知识结构化，最终发展学生的核心素养。

(二)通过真问题，突破教学难点

《义务教育数学课程标准(2022年版)》指出，教师应让学生经历从实际物体抽象出几何图形的过程，认识图形的特征，感悟点、线、面、体的关系；积累观察和思考的经验，逐步形成空间观念。当"三角形的高"单独作为一个课时的教学内容时，需将知识进行延伸拓展，即探讨三角形高的特征、三角形高的数量和三角形三条高之间的关系，使学生学透、悟透三角形的高的知识，延伸拓展三角形高的特征属性，在积累数学活动经验的同时，发展空间观念。

基于课标和教学前测，教师以"什么是三角形的高"、"三角形有几条高"和"三角形的高之间有什么联系"三个问题形成问题串，引导学生在学习画三角形高的同时，挖掘三角形高(三角形的高不仅有内部高，也有外部高)的内在属性，进而使学生整体认识三角形的高，深刻体会底和高的一一对应关系。学生拓宽了学习思路，学会从"特殊到一般"思考问题，从而发展了辩证思维。

当学生用尺板画锐角三角形的高之后，教师要给予学生充足的时间尝试画直角三角形和钝角三角形的高，教师相机出示课件，进行第一次对比，特别使用同一种颜色表示底和对应的高(如图8)，比如，红颜色的底对应红颜色的高，而不是对应绿颜色的高，绿颜色的高对应的是绿颜色的底，而不能对应红颜色的底。三角形有三条底，因此采用三种颜色表示底和对应的高(彩图见二维码)。

通过这样的视觉冲击,强化学生直观理解"三角形底和高的对应关系",有效地扫除学生知识的易错点。

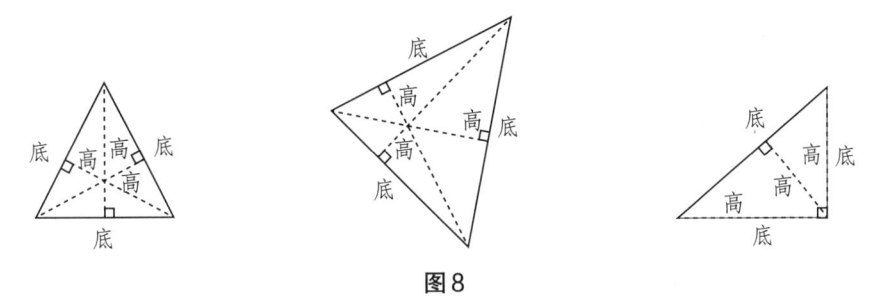

图8

教师结合课件问:观察图7,你有什么发现?

此时,学生发现:三角形的底和高相对应,三角形有三条高,三条高都相交于一点。本节的三个问题,就在学生的动手操作,直观感悟中得到解决。

随后,教师引导学生进行第二次对比:现在我们发现三角形只有三条高,那梯形和平行四边形有几条高?教师结合课件(图9)引导学生直观对比,将关注点聚焦在图形的特征和画垂线的本质上:因为三角形有3个顶点,所以过顶点画对应底上的高有且只有三条高。梯形和平行四边形的高是画两条平行线间的垂线段,因此,梯形和平行四边形的高有无数条。

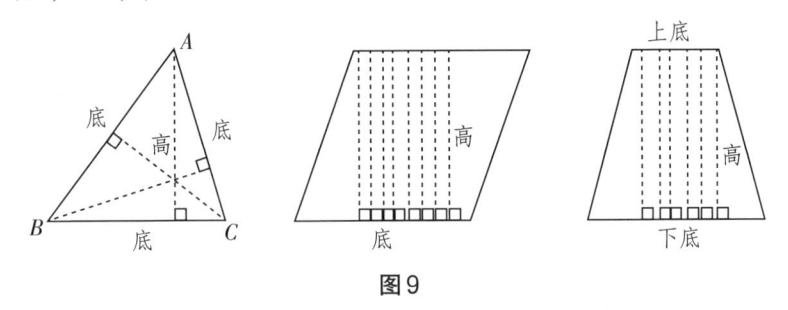

图9

教师基于学生自身的认知水平,设计具身的体验活动,让学生画不同类型三角形的高之后,进行两次对比:第一次对比,给予充足时间动手操作,让学生在操作中深刻感悟三角形的高相交于一点。教师在满足学生的学习需求的同时,要预防学生学习的习惯性思维(以一概全),对"三角形的三条高相交于一点"这一结论,不能只考虑锐角三角形,还要考虑直角三角形和钝角三角形,要培养学生思维的严谨性,让学生在观察对比中发展空间观念,促使感知丰盈化、认知结构化和理解深刻化。第二次是进行三角形、平行四边形和梯形的高的对比,有效强化了他们对平面图形高的条数的认识,打破了认为平面图形的高有无数条的定式思维,串联性地使其认识到了小学阶段平面图形的高的固有属性。

(三)通过真评价,实现思维进阶

数学的学习是一种思辨的学习。教师设计有意义的,富有挑战性和思维价值的数学题组,把零碎且无序的知识编织起来,让学生在进阶学习中对知识进行有效迁移,提升学生的学习能力。如本课中教师在练习环节设计了三道题形成题组,引导学生从"直觉"感悟走向"思维"进阶,从"分析"走向"综合":①画同底等高的三角形。在格子图中以4厘米长的线段为底,画高为3厘米的三角形 ABC。②画同底不等高的三角形。在格子图中以4厘米长的线段为底,画一个等腰三角形。③画不同底同高的三角形。(图10)

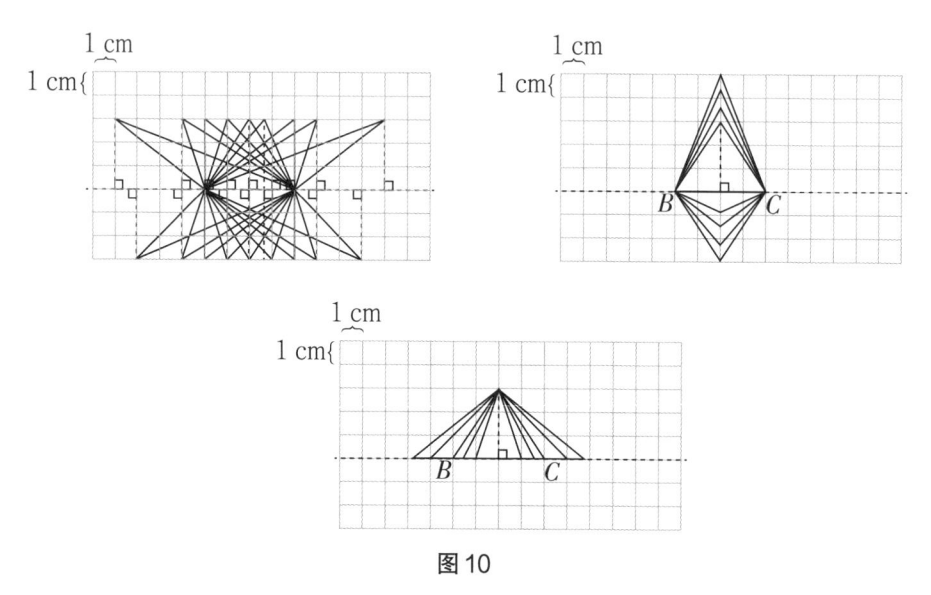

图10

上述三道题,通过改变底和高的其中一个变量,让学生再次加深对三角形的底和高之间的对应关系的认识,直观感悟底和高的变化(会引起三角形的形状和大小改变),为五年级学习"三角形的面积"做好铺垫。第①题,大部分学生画的是锐角三角形,当个别学生画出直角三角形和钝角三角形之后,教师引导全班学生进行质疑:"画的这两种三角形符合题目要求吗?"引导学生再次回归题目问题进行验证——直角三角形有的高在直角边,钝角三角形有的高在外部。教师趁势提出:"你还能画出其他三角形吗?"一石激起千层浪,学生在练习单画出了无数个三角形,教师继续追问:"除了三角形的顶点可以在底上方,也可以在哪?"有了这个提示,学生想到了三角形的顶点也可以在底的下方。最后,教师结合几何画板的技术支持,将顶点拖动,以点成线,形成了两条直线轨迹,为初中学习函数图象奠定基础。通过第①题,打开学生思维,在第②题学生画出无数个三角形之后,师生重点关注:顶点不能在底的中点上,否则不能围成一个三角形。这与第一课时三角形的定义(由三条线段围成的图形叫三角形)再次呼应,也为三角形的三条边的教学做铺垫。第③题又一次打破学生的思维界限,学生直观感受到同高不同底,引起三角形的形状和面积改变,再次培养学生的空间观念。

"三角形的高"是基于学情开发的学习内容,它促动了学生整个单元的学习。教师将学生学习盲点进行重组和整合,学生经历生动的数学学习活动,将积蓄在身体和头脑中的能量无限激活,他们理解知识,厘清知识之间的内在联系,获得鲜活的数学学习经验,最终建立结构化的知识网络。

真问题　真任务　真应用
——"平均数"教学实践与思考

"真数学"倡导基于数学本质,让学生在真实的问题情境中经历数学探究的过程,以评价贯穿始终,培养学生综合运用数学的能力,提高学生的批判思维和创新能力,发展学生的核心素养。下面以人教版"平均数"一课为例,谈谈在课程学习的过程中,如何以"真问题 真任务 真应用"促进学生真学,提高学生的学习力。

一、以真问题引发思考,激发学习需求

"问题是数学的心脏",一个好的问题可以引领学生深入思考。本文提出的真问题指的是引导学生思考的核心问题。在课堂教学中,教师要设计核心问题,让学生在求真课堂中聚焦真问题,制造学习冲突,引发数学思考。

学生是学习的主体。要"以人为本",促进学生的全面发展。让学习在课堂上真正发生,就需要在课堂上形成学习场。而以"真问题"引领的课堂,改变了"一问一答"式的传统的小学数学课堂教学(教师提问时指定某个学生来回答,其他学生当倾听者,这逐渐让部分学生失去了思考和表达的动力)。设计数学真问题,制造学习冲突,让学生有思考的时间,有交流的空间,才能让学习真正发生,让所有学生在场域里有思考、有交流、有提升,让学习真正在场。

我们知道,激发学生学习兴趣最好的方法是让学生产生学习数学的欲望,设计认知冲突,激发学生学习数学知识的内在需求,引发学生深入进行数学思考,让学生产生学习内驱力。为什么要学习平均数?如何激活学生学习的内在需求,选择合适的切入点尤为重要。因此,在导入环节设计如下:四年级1班选出4名同学进行一分钟踢毽子赛前训练,他们踢毽子的个数统计如下表。

人员	第一次	第二次	第三次
小明	7	7	7
小蓝	7	8	9
小亮	8	10	病假
小张	2	3	13

哪个同学踢毽子的成绩最好?

情境创设:瞧,一年一度的趣味运动会即将拉开序幕。在一分钟踢毽子项目上,我们班选派了4名选手进行赛前训练,这是他们每次踢毽子的个数。

基于大情境的导入,教师问道:"哪个同学的成绩最好,比三次踢的总数,行吗?"学生根据已有的经验进行解释,小亮少踢了一次,比总数对小亮不公平。教师立即追问:"那比最后一次的成绩,大家认为呢?"学生再次调动自身的生活经验,表示比最后一次会有偶然性,也不行。

然后,教师抛出核心问题:"不能比总数,也不能比一次数,那该比什么数?"此时的核心问题,瞬间引发学生的数学思考:以往学过的数在这里比不了,那该怎么比?教师准确切入问题,制造矛盾冲突,引发思考,让学生产生学习平均数的内在需求。环环相扣,激活学生的学习需求,促使学生主动参与到课堂的真学过程。

赞可夫先生说:"教学一旦触及学生的情绪和意志领域,触及学生的精神需要,这种教学就能发挥高度有效的作用。"因此,求真课堂上首先要激发学习兴趣,吸引学生的注意力;设计认知冲突,激活内在需求,引发学生的数学思考,让学生真正进入自主探究的学习场域里,让学习真正在场。

二、以真任务驱动探究,实现学习进阶

真任务实为真正有效的学习任务,可驱动学生真实探究。真任务是深入探究活动的核心要素,组织高阶思维的探究活动要从学习任务出发,找出探究活动中的关键问题,围绕学习任务驱动学生进行探究活动。

学生学习应是一个生动活泼的、主动的和富有个性的过程。动手实践、自主探索与合作交流同样是学习数学的重要方式。如何让学生理解平均数的意义?设计什么样的真任务能够驱动学生深入探究?本节课在深入理解平均数

的实际意义和特点,掌握平均数的计算方法的过程中,设计了一系列的学习任务。具体任务如下:

真任务一:在探究中深化联系,理解平均数的意义

人员	第一次	第二次	第三次
小蓝	7	8	9

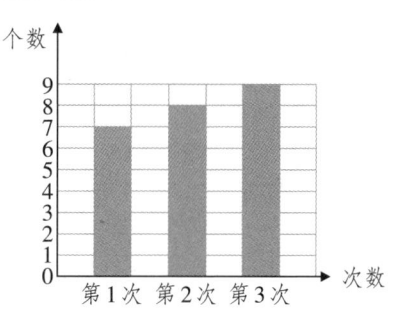

1.看一看,想一想:

用数字多少可以代表小蓝前三次踢毽子的平均水平。

2.画一画,写一写:

把怎么找到这个数的过程表示出来。

学习任务一的设计,少了计算量,旨在让学生将统计表与统计图关联起来,让学生在任务一尝试用不同的方法去找出小蓝的踢毽水平。不同的学生选择了不同的方法去解决问题,我们收集到两种资源。

资源1:从"数"上去理解,通过"汇总均分"计算[(7+8+9)÷3=8(个)]。

资源2:从"形"上去理解,通过"移多补少",把原来不同的数变成"相同"的数。

两种方法,殊途同归,都能够找出平均数。但是,学生没有将"数"与"形"关联起来,无法深刻理解平均数的意义。因此,在这里教师及时追问:"算出来的8和小蓝第二次踢的8个意思一样吗?"学生马上懂得将"数"与"形"相联系,借助"形"来解释"数",从图中直观地看出小蓝第二次踢的8个是真实踢的,而算出的平均数8是虚拟的数,是整组数据的平均水平,不是每次都踢8个。学生在学习的过程中逐渐由被动地学转变为主动地学,形成良好的学习习惯。以任务驱动学生在探究的过程中深入联系,深刻理解平均数的意义,并且掌握找平均数的两种方法。

真任务二：在探究中深化变式，感受平均数的特点

人员	第一次	第二次	第三次	第四次
小明	7	7	7	?
小蓝	7	8	9	
小亮	8	10	病假	
小张	2	3	13	

人员	第一次	第二次	第三次	第四次	第五次
小明	7	7	7	7	10
小蓝	7	8	9	12	9
小亮	8	10	病假	10	6
小张	2	3	13	11	14

1.说一说：如果再加练一次，小明可能踢几下？平均水平会有怎样的变化？

2.画一画：如果加练2次，根据小蓝踢的实际情况，小蓝踢毽子的平均水平可能在哪个位置？

3.估一估：小组合作，结合统计图，估计小蓝踢毽子的平均数最有可能是多少。

学习任务二旨在让学生通过"说一说"的环节，知道小明踢的个数有三种情况：可能比7个多，也有可能比7个少或者刚好7个。让学生感受到一个数发生了变化，这组数据的平均水平也会发生变化，发现平均数"非常'敏感'，易变化"的特点。"画一画"的环节，结合条形统计图，直观地让学生明白平均数虽然容易变化，但平均数不可能比7小，也不可能比12大，它的变化是介于最小数和最大数之间，是有一定范围的。"估一估"的环节，再一次巩固了求平均数的方法，学生可利用数形结合，通过"移多补少"的方法，判断平均数最有可能在的位置。

以深层变式的学习任务促进学生的深度探究，通过三个变式环节的任务设计，借助条形统计图，层层递进，让学生直观感受平均数的特点，通过"说一说""画一画""估一估"等活动，使其深刻认识平均数。

以真任务驱动探究，让学生在探究中深化知识的联系、深化对变式的认识，增强对知识的理解，对方法的运用，让学生的探究学习螺旋上升，真正实现学习进阶。

三、以真应用深化实践，升华学习价值

"真应用"意味着学生将新知应用于新的情境中，能够解决不同的实际问题。学生在应用的过程中能够发展理解力、迁移力、创造力，"真应用"是对学生多元综合的高要求。平均数来源于生活，又应用于生活。那在本节课，如何进行实践性的"真应用"？

真应用一：在实践中灵活选择，体会平均数的作用

人员	第一次	第二次	第三次	第四次	第五次	平均数
小明	7	7	7	7	10	7.6
小蓝	7	8	9	12	9	9.0
小亮	8	10	病假	10	6	8.5
小张	2	3	13	11	14	8.6

1.四年级2班派出的一名比赛选手，1分钟踢毽子平均水平是8.8个，我们班该选谁去比赛？

2.四年级3班派出的选手更厉害，1分钟踢毽子平均水平是13个，这时又该选谁去比赛？

"真应用一"的第一个问题，可以巩固新知，根据他们求出的平均数大小，可以推断出，派小蓝去参赛，更有利。而第二个问题，则进行了变式的应用，让学生感受到平均数有一定的优势，但是具体问题应具体分析，此时小张有1次超过13个，而其他选手都没有超过13个，派小张参赛更有利。通过真应用一，让学生在实践中懂得灵活选择，知道平均数能作为参考的依据，但不是绝对的标准，体会平均数的作用。

真应用二：在实践中自主分析，升华对平均数的认识

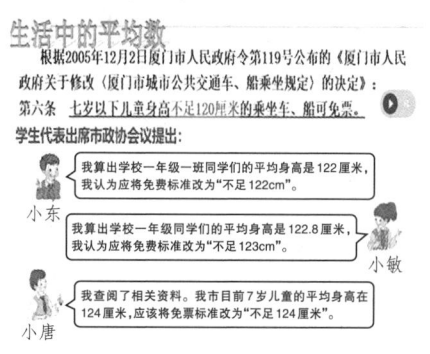

生活中的平均数

根据2005年12月2日厦门市人民政府令第119号公布的《厦门市人民政府关于修改〈厦门市城市公共交通车、船乘坐规定〉的决定》：

第六条 七岁以下儿童身高不足120厘米的乘坐车、船可免票。

学生代表出席市政协会议提出：

小东：我算出学校一年级一班同学们的平均身高是122厘米，我认为应将免费标准改为"不足122cm"。

小敏：我算出学校一年级同学们的平均身高是122.8厘米，我认为应将免费标准改为"不足123cm"。

小唐：我查阅了相关资料。我市目前7岁儿童的平均身高在124厘米，应该将免票标准改为"不足124厘米"。

1.三个学生代表提出各自的观点，你同意谁的观点？

2.姚明女儿7岁就已经1.6米了，一些人认为应该修改为1.6米以下免费乘坐车、船，你认为呢？

"真应用二"是一道实践创编题，融入了实时热点问题。通过三个学生代表的对话形式，分析得出：一般情况下，样本容量越大，越有代表性。而对"1.6米以下免费乘坐车、船"的建议，进行自主的分析：不能因极端数据来修改免票标准,应根据普遍大众的平均数来修改。

真应用三:在实践中渗透德育,融合学科育人价值

冬冬身高140厘米,平均水深110厘米,他下水游泳会有危险吗? 思考:如果让你来修改警示牌,可以怎么修改?

通过对例题的改编,让学生在实践中灵活应用平均数的知识修改警示牌,既巩固了对平均数的理解,又实现了育人价值。

通过三个层次的真应用,将深化实践从课内走向课外,让学生体会平均数的应用价值,在具体的情境中,灵活地分析问题。这样也能够充分尊重学生,并且能进行德育渗透、安全教育,提醒孩子要注意防溺水。

基于数学课程标准,立足学情,把握真问题,设计真任务,引导学生经历知识学习的探究过程,实现真应用,提升学生对知识本质的理解,促进学生真学习,努力构建师生、生生学习的最真实的课堂样态,这些是我们不懈的追求。

真问题 真情境 真分析
——"复式折线统计图"教学实践与思考

统计与我们的生活是紧密相连的,折线统计图能更清楚地反映出数据的增减变化。折线统计图的教学主要是帮助学生了解折线统计图的特点和思想,根据折线的变化特点对数据进行简单的分析,更好地了解统计在现实生活中的意义和作用,有效建构数据分析观念。因此在教学时,教师要基于真问题,创设真情境,展开真分析,从构图识图到析图辨图,挖掘复式折线统计图在统计学领域内的价值意义,提升学生获取信息的能力,发展学生的数据意识。

一、应需要而生:聚焦问题巧合一

复式折线统计图是呈现数据的一种形式,它是把统计数据随变量如时间的变化有序排列,并通过描点连线而得到的。经历复式折线统计图产生的过程,认识其要素、特点和作用,能根据图上所呈现的信息进行一些简单的分析、比较、判断、推理,感受统计知识和方法对于分析和解决问题的价值,是学生的学习目标。学习本节课前,学生已接触了几种较常用的收集数据方法,认识了统计表(单式、复式)、条形统计图(单式、复式)和折线统计图(单式),积累了一定的数据分析经验。因此,复式折线统计图的教学需要立足知识的来源、形成过程,以及学生的实际学习起点,才能使数学课堂更高效、更理性。那么,可以创设怎样的活动,让学生感受到单式折线统计图在解决问题中的局限性,感受学习复式折线统计图的必要性,在描述、分析数据的活动中深刻认识复式折线统计图的特征呢?

真问题一:

为何要将两幅单式折线统计图合并成复式折线统计图?如何合二为一呢?

真情境:

素材1:2001—2010年上海出生人口数统计图。

人口数/万人

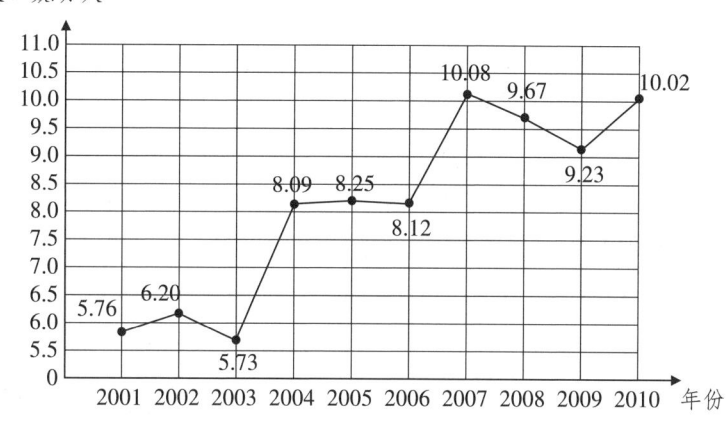

年份	2001	2002	2003	2004	2005	2006	2007	2008	2009	2010
人口数	5.76	6.20	5.73	8.09	8.25	8.12	10.08	9.67	9.23	10.02

素材2:2001—2010年上海死亡人口数统计图。

人口数/万人

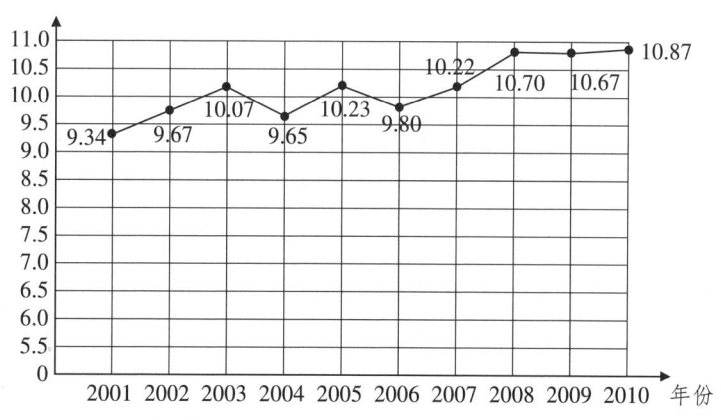

年份	2001	2002	2003	2004	2005	2006	2007	2008	2009	2010
人口数	9.34	9.67	10.07	9.65	10.23	9.80	10.22	10.70	10.67	10.87

师呈现以上两幅图,并出示3个问题:①上海2008年的出生人口是多少万人?②上海2001—2010年中,哪一年的死亡人口数最少?③上海2001—2010年中,哪一年出生人口数和死亡人口数差距最大?

真分析：

生1：第③题，我是通过计算得到的，10.07-5.73=4.34（万人），对比其他年份，是差距最大的。

生2：第③题我是目测的，2003年的时候出生人口数很少，死亡人口数又很高，看过去就是2003年差距最大。

生3：目测和计算虽然都能得出结果，但目测不一定准，计算又很麻烦，所以我建议将两幅单式折线统计图合并为一幅复式折线统计图。

（学生思考，并在学习单上尝试，随后小组上台展示。）

小组1：我们是通过描点、连线、标数，先把其中一条线画好，再用另一种颜色画另外一条线，这样就把2幅图合二为一了。（无图例、无标题）

小组2：我们小组有补充，你们这样画缺少了图例，别人不知道你哪条线代表的是出生人口，哪条线代表的是死亡人口，所以应该在旁边用图例标注清楚。（有图例，无标题）

小组3：我们也觉得应该要有图例，但是这样还不够，还需要有标题，不然别人就不知道我们在统计什么了，所以还应该加上标题：2001—2010年上海出生人口数和死亡人口数统计图。

小组4：我们小组还有个不一样的地方，你们是用颜色区分这两条线，我们是用虚实线区分的。

在"老龄化问题"的真情境下，关注学生对复式折线统计图的构图和读图能力，不断深化数据资源，在学生思维发散处、知识关键处、知识疑难处追问。学生在具体情境中经历了把单式折线统计图合并成复式折线统计图的过程后，脱口而出："2003年出生人口数和死亡人口数差距最大，2007年出生人口数和死亡人口数差距最小，现在比较起来方便多了！"学生只有经历"算"的麻烦才能体会到"并"的需求，从而激活其将"单式折线统计图"合并为"复式折线统计图"的学习经验，这样的过程有利于学生体会知识发生、发展的真实过程，深切感受复式折线统计图产生的必要性及其要素、特点和作用，为学生有效发现和创生复式折线统计图提供条件。

二、应价值而析：深入研数有见地

课堂应该是师生共同追求真理、探求知识、开启智慧的地方，是学生智慧发展、思维生长和生命成长的地方。《义务教育数学课程标准（2022年版）》强调将对统计图的认识与现实问题相结合，引导学生在应用统计知识解决问题的过程中，对数据进行整理、比较、分析，体验数据分析的过程与方法，获得决策的依据及优化处理问题的方法，形成科学预测、决策的思维与能力，积累统计活动经验，感受统计的价值。那么，如何引导学生从观察点状的数转而观察整体的形、从关注折线起伏本身转而关注统计图的整体布局，从而脱离局部细节而进行整体把握、学会统计判断、深切体会统计价值呢？如果说显性数据能为视觉思维提供直接材料的话，那么隐性数据则能锻炼学生的深度思维，其需要学生先对感性意象进行加工，再读取并加以分析。

真问题二：

从上海市的数据你发现了什么，对比全国的数据又有何发现？和同伴说说你的发现并提出建议。

真情境：

素材1：2001—2010年全国出生、死亡人口和人口自然增长数变化情况统计表。

指标	2001年	2002年	2003年	2004年	2005年	2006年	2007年	2008年	2009年	2010年
出生人口/万人	1 708	1 652	1 604	1 598	1 621	1 589	1 599	1 612	1 619	1 596
死亡人口/万人	821	823	827	835	851	895	916	938	942	953
人口自然增长数/万人	887	829	777	763	770	694	683	674	677	643

素材2：2001—2021全国出生、死亡人口及人口自然增长数变化情况统计图。

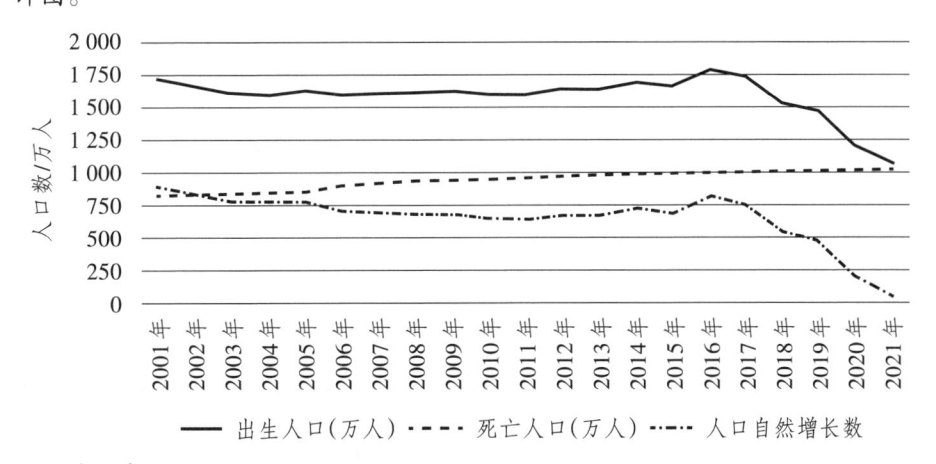

真分析：

生1：我发现，通过复式折线统计图可以很直观地看出上海市出生人口数呈

209

现明显上升的趋势,死亡人口数呈现缓慢上升的趋势,两条线一开始差距很大,后来有变小的趋势。

生2:图中上海每年的死亡人口数都超过了出生人口数,说明每年的人口都是负增长。

师:火眼金睛!虽然看过去只有2条线,其实还隐含着"人口负增长"这条线,它其实就是导致上海市老龄化的一个重要因素。大家在分析数据时,既要注意显现出来的数据,又要重视隐含在背后的信息挖掘。

生3:我想提个问题,往后10年,也就是2010年之后上海市的人口会怎么变化呢?

(生预测后,教师呈现统计表和条形统计图,学生都觉得不直观,于是出示下图)

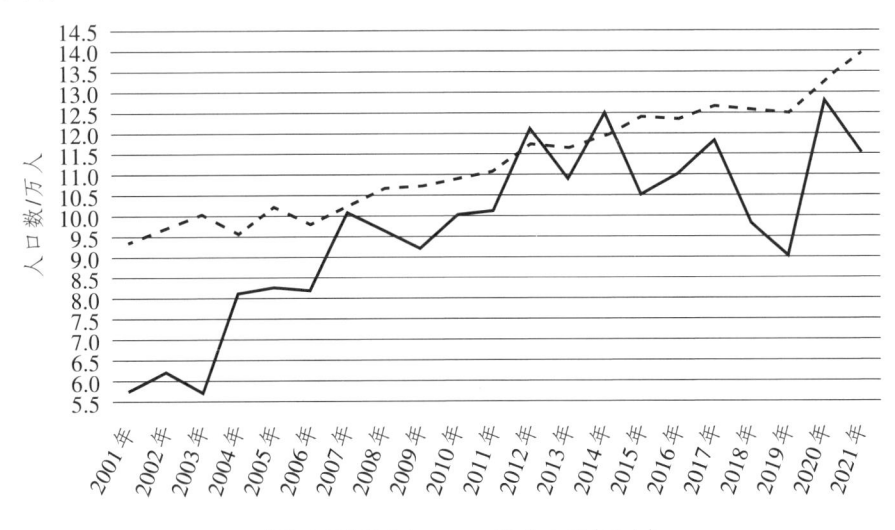

2001—2021年上海出生人口、死亡人口数统计图

生4:我们能看到出生人口数和死亡人口数都是呈现缓慢上升的趋势,在2012年和2014年,出生人口数还超过了死亡人口数。但是大部分情况,都是死亡人口数比较高,说明人口负增长的问题依然存在。

师:不错,不仅观察到每组数据的变化情况,还关注到数据间的差异。上海的老龄化现象如此突出,对比全国的数据看看有何发现?和同伴说说你的发现并提出建议。

生5:从统计表中可看出,全国出生人口呈现下降趋势,死亡人口呈现上升趋势,人口自然增长数呈现下降趋势。但是表格不容易分析数据间的差异,复式折线统计图会更加直观。

师(呈现前10年的部分):现在出现3条线了,还是复式折线统计图吗?

生6:是,复式折线统计图研究的是两组及两组以上的数据。

生7:我发现2001—2010年这三条线的变化幅度不大,但是人口自然增长数在逐渐下降。后10年,我猜人口自然增长数会和上海市的一样,继续慢慢减少。

(师呈现后10年的部分)

生8:哇!没想到全国人口自然增长数下降得这么明显,老龄化问题更严重了。

生9:看"人口自然增长数"这条线是一直往下的趋势,都快接近0了,2021年之后可能会出现人口负增长!

生10:我发现了!全国人口数据和上海市的一样,都反映出了老龄化问题!

复式折线统计图是以图线的上升或者下降来表示数据增减变化的统计图,不仅可以表示数量的多少,而且可以反映同一事物在不同时间里的发展变化情况,多组数据时还能反映数据间的差异。本环节,引导学生依据复式折线统计图整体研判事件的变化趋势,自觉地从图中提取信息、理解相互之间的关系、学会提出有思维含量的问题,科学、系统地对复式折线统计图中的显性数据进行比较,发现隐性信息,引导其从一个城市的数据看全国的数据,寻找共同的规律。合理预测环节,不仅需要学生联系日常生活经验,根据数据可能的变化趋势作出判断,还需要学生通过想象在头脑中构造出相应折线的走势,并做出合理的解释。折线统计图的走势和显性的数据,直观地对学生的视知觉注入感性意象,使学生明白图中点、线存在的意义与价值,感悟到复式折线统计图与之前学习的图形、图像分析方法的异同点,需要结合数据背景作出合理推断。随后辅以视频,引发头脑风暴,引导学生辩证地看待"人口增长"话题:人口增长速度缓慢,会使得社会赡养老年人的负担加重、购买力下降、投资减少、劳动力短缺、兵源不足,但印度的人口增长速度过快,也同样带来多方面的问题,因此应采取经济奖励、教育普及等方法来控制人口的增长。学生在多种感官的冲击下,了解国家政策、感受国家发展,切身感受统计的价值。这对学生统计思维的发展、数据意识的形成都是十分有益的。学生在体验中获得问题解决的经验,真正感受到数据分析的魅力。

三、应障碍而设:再议数据研本质

折线统计图与条形统计图在视觉上最大的区别就是"线",对线的研究绝不应止于表面上的陡缓。笔者在教学实践中发现两个问题。其一,部分学生通过图能读懂数据并分析数据背后隐藏的信息,但是反过来,根据信息选出对应的复式折线统计图,学生存在一定的困难。其二,部分学生根据情境选择合适的统计图有一定认知障碍。一般认为,条形统计图和折线统计图都能直观地刻画数据的多少和变化情况,但是在数据的呈现上,条形统计图不如折线统计图直观,不能清楚地反映数据的增减变化趋势;在适用范围上,条形统计图更倾向于用离散的点来统计数据,折线统计图中连续的数据涉及年份等时间背景,则蕴含着数据的发展变化。为了助力学生攻克以上两个障碍,于是设计了以下两道练习题。

真问题三:

你能根据问题情境和数据特点做出正确的选择吗?

【片段一】下面5幅复式折线统计图可能表示下面哪件事情?

真情境:

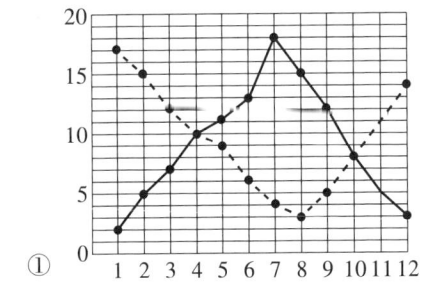

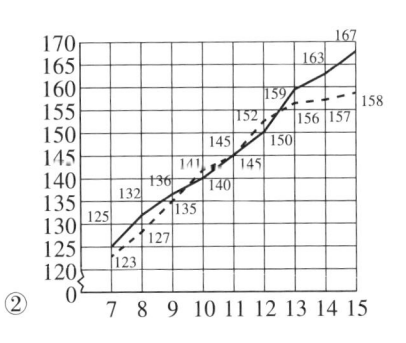

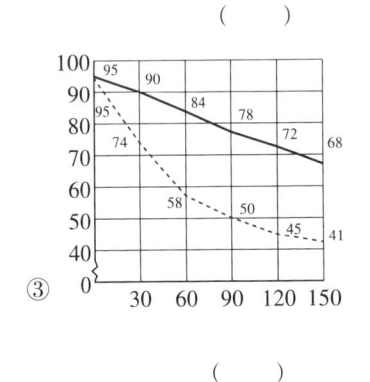

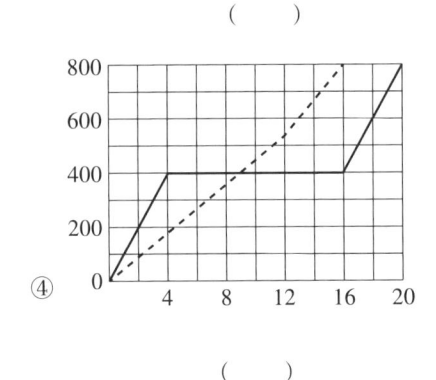

第八章 基于"真数学"的案例分析和单元教学设计

⑤

（　　）

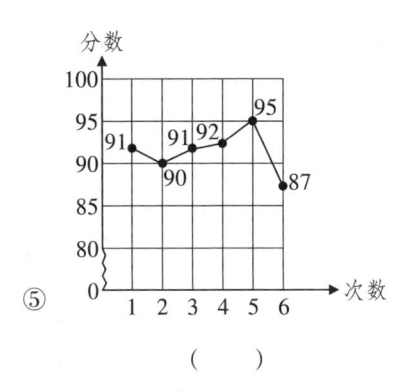

上面五幅图,分别代表下面哪件事情呢? 说说自己的理由与发现。

A.淘淘(男生)和欢欢(女生)身高变化统计图

B.甲乙两地全年气温变化统计图

C.聪聪六次数学练习得分情况统计图

D.不锈钢和陶瓷保温杯水温变化情况统计图

E.童话故事里的龟兔赛跑情况统计图

真分析:

小组1:A选项对应图②,因为平均身高都随着年龄的增加而增高。从图中我们发现女生13岁后身高的增长趋于平缓,增长速度要比男生的速度慢。7—9岁时男生身高增长快,9—13岁时女生身高增长较快,13—15岁时,男生增长速度更快,增长幅度也更大。

小组2:B选项对应图①,我们小组是用排除法,把其他的几个都排除掉得到结论,我们发现甲乙两地一年气温变化的趋势正好相反。

小组3:不锈钢和陶瓷保温杯水温变化情况应该是逐渐下降的,只不过陶瓷保温杯水温下降的速度会快一点,所以选项D对应图③,而且我们能肯定虚线代表陶瓷保温杯,实线代表不锈钢保温杯。

小组4:我们都听过龟兔赛跑的童话故事,图④中间平平的这段,就代表兔子在睡觉。

师:瞧,耳熟能详的一个故事,可以通过数学的语言——数据和图像来描述它,神奇吧!

小组5:C选项最容易了,因为它统计的只是一个项目,所以看看哪幅图是单条线的就可以了,只能是图⑤了,而且可以看出聪聪前几次都考得挺好的,最后一次退步太严重了!

(生普遍认为:聪聪前五次不错,第六次练习成绩大退步。)

师(继续呈现第二根折线):现在你觉得呢?

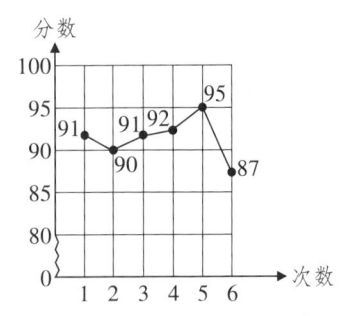

聪聪6次数学练习得分变化情况统计图

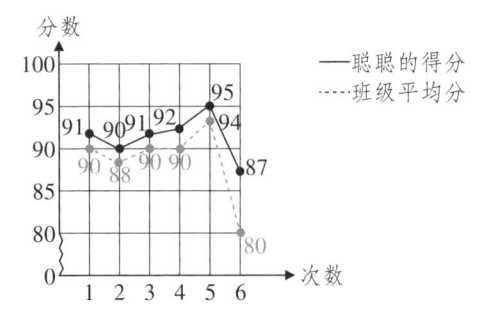

聪聪6次数学得分与班级平均分变化情况统计图

生1:原来聪聪并没有退步!我们可以看到第六次虽然聪聪成绩不高,但是班级平均分更低,他已经比平均分高出7分了!

生2:而且前几次聪聪都只比平均分高了一两分,而第六次高了7分,说明第六次不是退步,反而是进步呢!

学习复式折线统计图,自然要涉及生活中的素材,虽然在生活中能轻而易举地寻找到相关联的两组数据,让学生解读其中的数量变化趋势,但仅停留在数量的变化解读上是完全不够的。因此,本环节充分信任孩子,让学生直面这五幅图作整体观察、比较,发挥其学习潜能。虽然一开始呈现的是不完整的统计图,但实际表明,学生完全有能力根据折线图分辨不同背景下的折线形态特征,将思维聚焦在"折线"上,实现对折线统计图理解的内化和提升。如图①,借助于两地月平均气温的分析,联系到实际的两个城市,让学生提建议;图②,借助男女生身高的变化情况,让学生关注到自身身体的发展变化,适当进行健康教育;图③,借助不同材质保温杯水温的变化情况,让学生留意生活;图④,借助童话故事,让学生感受到数学与其他学科的联系;图⑤,学生从复式到单式,再从单式到复式,自然地感受到复式折线统计图的优势与作用,加深了对复式折线统计图的认识。这样的素材设计,使学生置身于真情境、真问题、真分析中,在解读统计图的同时,把数学的分析与对人文、自然的思考有机融合在一起,更好地激发了学生学习数学的兴趣。

【片段二】你能根据问题背景选择合适的统计图吗?

真情境:

素材1:厦门市和上海市2019年就业类型(部分)人数统计表。

单位:万人

城市	建筑业	餐饮业	金融业	房地产业	教育行业
上海市	32.38	29.91	37.89	30.12	40.05
厦门市	24.28	4.01	3.83	5.74	7.38

素材2:上海市和厦门市年平均工资统计表。

单位:元

城市	2012年	2013年	2014年	2015年	2016年	2017年	2018年	2019年	2020年
上海市	80 191	91 475	92 190	100 966	120 503	130 765	142 983	160 256	174 678
厦门市	52 673	58 005	63 062	66 930	69 218	75 452	85 166	97 779	108 554

真分析:

生1:第二个表格有年份,能看到两个城市随着时间的数据发展变化,用复式折线统计图比较好,用条形统计图的话,很难让人关注到2个城市的年平均工资增减变化情况。

生2:第二个表格用条形统计图也是可以的,也能看到数据的多少和变化情况,只是变化情况不明显而已。

生3:可以是可以,但如果要看数据的增减变化或数据间的差距,还是选复式折线统计图更为直观。

生4:同意,复式折线统计图既能比较数量的大小,又能看出数量增减的变化趋势,还能对比分析多组数据,有需要的话还能进行合理预测,特别方便,要看我们自己的需要。

生5:第一个表格我觉得用复式折线统计图也可以,因为统计了厦门市和上海市2个城市。

(13位同学同意此观点,占比27.1%。)

生6:不同类型的就业情况,线这样连接,折线看着没什么意义,不像刚才那样是随着年份,有顺序地一年一年发展变化的。

生7:我也改变自己原来的观点了,用折线统计图的话,数据这样连续没有什么意义。

生8：我也是，原来我想错了，当统计项目的数量之间没有直接关联时，画成条形统计图比较适合。

师：了不起，关注到了"顺序"。当数量之间没有关联，与顺序无关时，用条形统计图较合适；当数量之间有一定关联，表示在一定顺序下的数据变化趋势时，用折线统计图较合适。

同样是两个城市的数据，一个统计的是不同就业类型的人数，一个统计的是年平均工资，两种对比鲜明的统计表呈现在学生面前，部分学生不容易感悟到它们之间的联系与区别，但在一番对话、质疑、释疑中，学生逐渐感悟到了其中的道理。在这样的真问题、真情境、真分析下，学生深刻领悟到，有的数据需要用条形统计图来表示，有的则用折线统计图来表示比较好。当数量之间有一定关联的时候，我们可以画成条形统计图，也可以画成折线统计图；当数量之间没有关联，与顺序无关时，则选用条形统计图更为合适。从而更为深刻地认识到，复式折线统计图既能比较数量的大小，又能看出数量增减的变化趋势，多组数据时，还可以进行对比分析，合理预测，关键要根据问题的背景和自己的需要来选择。

本节课，学生经历用复式折线统计图表示数据的全过程，了解了复式折线统计图与单式折线统计图及条形统计图在要素、特点和作用上的异同点，能根据复式折线统计图所显现出的事实，挖掘其背后隐藏的数学信息与价值，感受到数据会"说话"，会给我们的判断带来依据，也深刻体会到学好数学不光是今后学习的需要，也是将来从事工作、生活的需要。整个过程，老师与孩子们在对话中共情共探，引发真思考，开展真讨论，经历真体验，获得真成长，学生深刻感受到数学知识与方法对于分析和解决问题的价值，求得真知，开阔视野，发展了数据意识，是深度学习的应然追求，也是求"真"课堂的又一次有效实践。

教学重构 "三算"合一 感悟本质

——"三位数乘两位数"教学实践与思考

《义务教育数学课程标准（2022年版）》强调要"设计体现结构化特征的课程内容"，即教师要对现有内容进行结构化整合，聚焦学生核心素养的发展设计教学内容。基于目标整体性和内容结构化，对人教版四年级上册第四单元"三位数乘两位数"进行了教学重构，旨在引导学生灵活运用不同的运算方法解决问题,感悟运算的本质,提升运算能力。

一、教材与学情分析,重构教学内容

"三位数乘两位数"是小学阶段整数乘法的最后一个知识点。此前,学生学习的两位数乘一位数、三位数乘一位数、两位数乘两位数的计算,是学习本单元的学习起点。从知识地位来看,本单元的教学具有"承上启下"的作用:通过探索乘法运算的一般性规律,完整理解并掌握整数乘法的算理、算法,为后续小数乘法的学习积累经验。口算、估算、笔算三种运算方式的灵活运用,是检验学生运算能力的一项标准。通过课前调查与访谈,发现虽然大多数学生会迁移应用两位数乘两位数的计算方法,正确计算三位数乘两位数,但不理解其中的算理,看到题目时,不假思索地进行笔算,没有在头脑中对解题策略进行筛选、判断,不懂如何灵活运用口算、估算和笔算来解题,而且几乎没有学生想到用积的变化规律来解决问题。可见,学生受以往学习经验的影响较大,缺乏灵活运用不同运算策略解决问题的意识。基于学情,可梳理出本单元的三条教学主线:一是凸显小学阶段整数乘法知识的关联性,提升学生对算理算法的迁移应用能力;二是围绕口算、估算、笔算三者的关系,让学生运用口算、估算、笔算灵活解题,丰富学生的运算策略;三是根据重点目标"理解三位数乘两位数的算理",让学生在常见的数量关系探究中感悟运算本质,发展运算能力。本单元可安排3—4个课时完成。由于仅涉及三位数乘两位数这一知识点,本单元的课时结构可设为"概念课-探究课-复习课",其中,概念的学习与理解是单元学习的重点。因此,下面以本单元的第一课时教学为例,阐述做法。

二、教学实施:教学评一体

(一)以真知激兴趣:在新知引入中渗透"三算"一体化

《义务教育数学课程标准(2022年版)》指出,教师除了要整体把握好教学内容间的联系,还要把握好教学内容主线和核心素养发展的联系;学生不但要对所学知识进行记忆、理解、运用,还要学会分析、评价和创造。因此,导入环节,教师联系学校开设美食社团的活动,创设问题情境,引导学生体会口算、估算、笔算三种算法在特定条件下的优势,感受三种算法之间的联系与差别。这既能反馈学生运用不同算法分析问题的能力,又能培养学生自发地、合理地运用不同算法解决问题的意识。问题如下:

学校要开设美食社团,陈老师准备再买12个电磁炉,每个电磁炉145元,一共要花多少钱?

217

①1 720　　②435　　③1 450　　④1 740

课堂上,教师提示学生先运用所学知识,用排除法解决问题。有的学生结合课前复习的45×12=540,排除选项②;有的学生根据最小的三位数乘两位数10×100=1 000,口算发现435比1 000少,排除选项②;有的学生通过估算,把12估成10,计算145×10=1 450,排除选项③和选项②……但选项①和选项④要选择哪一个,学生始终难以判断。教师便顺势引入"列竖式笔算",进入单元目标的教学。在这个导入环节中,学生从选择答案入手,先运用口算、估算探索问题,既唤醒已有的运算经验与记忆,又能在口算和估算难以解决问题时,认识到笔算的必要性,体会不同计算方法在解决问题中的不同作用。这能有效激发学生的学习兴趣,避免学生被动地学习运算。

(二)以真教促真学:在探究算理算法中形成结构化认知

《义务教育数学课程标准(2022年版)》强调对教学内容的结构化整合,教师要探索有利于学生核心素养发展的教学方法。因此,在算理与算法的探究环节,教师要注重新旧知识的对比、迁移,把握知识间的内在联系,引导学生感悟整数乘法的本质是"几个相同加数的和的简便运算",培养学生的运算能力。

在学生列竖式计算"145×12"时,教师先唤醒学生计算"45×12"的记忆,比较分析三位数乘两位数与两位数乘两位数在算法与算理上的异同点:二者都要把12拆成10加2,再用10与2分别去乘第一个因数每一个数位上的数,最后将几个一与几个十……进行累加;二者的区别是三位数乘两位数中,第二个因数的个位和十位多乘了第一个因数百位上的数。有了这一认识,学生就能迁移应用,归纳出三位数乘两位数的竖式算法。接着,教师让学生借助数学模型,经历从三位数乘两位数,到四位数乘两位数,再到多位数乘多位数这一"从特殊到一般"的过程,促使学生意识到,只要准确理解"算几个一和几个十累加"背后的道理,就能以此类推,掌握多位数的乘法计算。这既有益于加深学生对竖式计算算理的理解,又有助于学生提高相应的口算能力——可通过口算将第二个因数的个位和十位分别乘第一个因数的每一位数来得到结果,验证笔算。在此基础上,教师还引入估算,让学生调整因数进行"估一估",判断结果是否合理,由此感悟积的变化规律。如此,学生便可进一步感受口算、估算和笔算之间的关系。而后,教师提出问题"除了第一个因数发生变化,还可能出现什么情况",让学生有序表达想法。无论两个因数的位数如何变化,都是将几个一、几个十、几个百……进行累加。这个辨析过程意在让学生更理性地认识整数乘法算法与算理上的一致性,理解乘法的本质是计数单位的累加过程,为之后学习小数及分数乘法做准备,为中学学习多位数乘多位数打好基础。以上教学过程,学生在教师的引导下主动、积极地参与学习,不仅明白了算理,掌握了算法,还把两位数乘两位数的运算方法迁移到三位数乘两位数,并类推到多位数乘多位数。教学结构如下图所示,学生在真实的学习过程中形成了结构化认知。

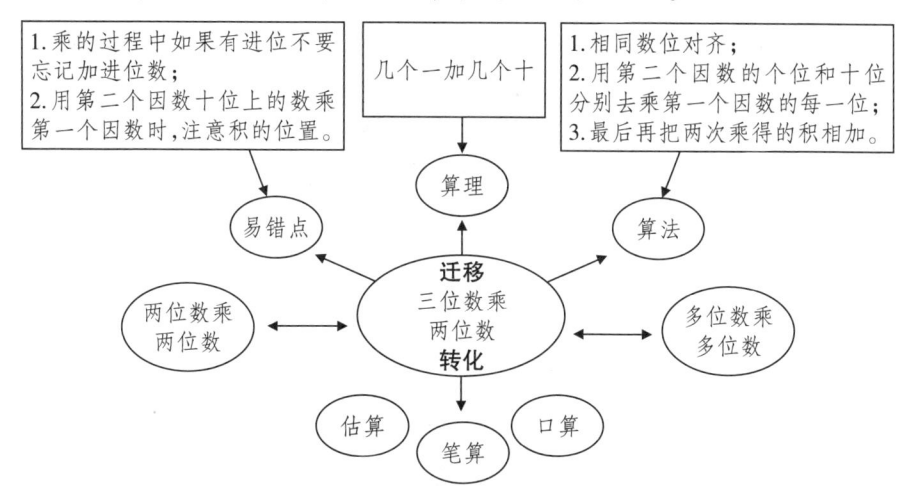

```
                 几个一加几个十
1.乘的过程中如果有进位不要                    1.相同数位对齐;
  忘记加进位数;                              2.用第二个因数的个位和十位
2.用第二个因数十位上的数乘                      分别去乘第一个因数的每一位;
  第一个因数时,注意积的位置。                 3.最后再把两次乘得的积相加。
          ↓            算理              ↓
        易错点                         算法
                    迁移
    两位数乘    ← 三位数乘 →    多位数乘
      两位数        两位数          多位数
                    转化
          估算      笔算      口算
```

(三)以真评提素养:在练习环节中实现学习进阶

《义务教育数学课程标准(2022年版)》指出,习题的设计要关注数学的本质,关注通性通法,满足巩固、复习、应用、拓展的学习需要。因此,在练习环节,教师继续将口算、估算和笔算相融合,纵向结合小学阶段的乘法知识,设计如下进阶题组:

(1)选一选:□□□×□□=? 请说一说以下四个选项可以先排除哪个选项,为什么? 哪一个是正确选项,为什么?

①998 ②9 990 ③99 901 ④100 001

(2)辨一辨:下面是张玲同学做的几道计算题,哪个乘法算式的计算结果是1 976,你是怎么想的?

①109×34 ②164×12 ③154×14 ④104×19

写一写:除了104×19=1 976,你还能写出哪个算式,使□□□×□□=1 976?

第(1)题的设计与导入环节创设的问题情境相类似,但更具思维含量。本道题将具体的三位数乘两位数的计算进行抽象化,在进一步培养学生运用口算、估算和笔算解决问题的能力的基础上,引导学生在建模的过程中加深对数学模型的感受与理解。学生通过分析问题与辨析选项,能够明白三位数乘两位数的积最小为100×10=1 000,最大不超过1 000×100=10 000,这有助于增强学生的数感。第(2)题则再次激活学生思维的火花。第一小题,学生需要经历思辨过程,合理选用口算、估算和笔算三种方式,简便地解决问题;第二小题,学生需要经历"试错",即尝试把104除以2,19乘2……,写出52×38、26×76、13×152,通过列出这些式子,应用积的变化规律,体会不同式子之间的联系。练习环节的两道习题和新知教学的问题情境前呼后应,让口算、估算和笔算皆成为学生解决问题的需要。这既能加深学生对乘法运算算理的感悟,又能让学生学会选择合理简洁的运算策略解决问题。基于知识结构化,将三种不同的运算方式连缀起来,引导学生学习新的运算知识,能够使其更好地感悟运算的本质,发展运算能力。

"尺""规"配合见真知　把握本质育素养
——"用尺规作等长线段"教学实践与思考

尺规作图是古希腊数学研究的重要课题之一,数学家欧几里得在《几何原本》中进行了系统性的研究。从《几何原本》中的几何命题到古希腊著名的"三等分任意角""立方倍积""化圆为方"三大作图难题,尺规作图有着悠久的历史,能提高学生的几何直观、数学量感、推理意识、创新意识与应用意识,并深刻影响着他们核心素养的发展。《义务教育数学课程标准(2022年版)》中指出:用尺规作等长线段应让学生通过几何作图的方法,在操作过程中形成对几何图形的感觉,感受两点确定一条线段的意义;体会用直尺可以确定直线,用圆规的两脚可以确定线段的长短。教学时如何贯彻落实这一课标要求,引导学生经历用无刻度的直尺(或不看直尺的刻度)和圆规,作一条与给定线段长度相等的线段的过程,感受"尺"和"规"的相互作用,理解尺规作图的基本原理和本质,培育数学核心素养呢?可以从以下三方面入手:

一、在比线段长短中"移一移""画一画",助推理意识培育

无刻度的直尺和圆规对学生来说是新接触的学习工具,学生对"尺"和"规"在作图中的作用还一知半解,教学时如何让学生在尝试中感受无刻度的直尺虽然不能测量,但它可以画直线,圆规可以确定线段的长短呢?教师可以在比较线段长短的过程中,让学生借助圆规把要比较的线段进行迁移,与其他线段重叠后再比较,然后引导学生思考:为什么线段可以迁移?迁移后线段的长度变

了吗？为什么？还有其他相等的线段吗？如果有请画出来。画完后继续追问：能画出几条？为什么？为什么所画的这些线段长度都相等？这样通过移一移、画一画，让"尺""规"的作用彰显，推理意识也得到了很好的培养。

教学时，教师首先创设班里有三个同学参加学校实心球队选拔情境，并出示三个同学的选拔成绩(如图1)，接着让学生思考如何判断这三个同学能否进入校队，引出任务1：用尺规比较线段的长短。然后放手让学生尝试比较。有的学生把圆规的两脚张开先确定出表示校队标准线段的距离，再分别移动到与表示三个学生成绩的线段重叠，然后用圆规的笔尖画短弧做标记(如图2)后，再进行比较；有的学生把圆规的两脚张开先分别确定出表示三个学生成绩的线段的距离，再分别移下来和表示校队标准的线段重叠，同样用圆规的笔尖画短弧做标记(如图3)后，再比较；也有的学生把圆规的两脚张开先确定出表示校队标准线段的距离，再移动把圆规的针尖与表示三个学生成绩的线段的中心重合，然后用笔尖直接画出一条长弧做标记(如图4)后，再进行比较。接着教师便引导学生对比三种方法，重点引导学生思考：只画一条长弧可以吗？为什么？并让学生继续寻找并画出与校队标准同样长的线段(如图5)，能画几条就几条，最后引导学生围绕为什么可以画出无数条，为什么这无数条线段长度都相等进行说理。这样学生在"移一移""画一画"的过程中经历用尺规比较线段长短的全过程，深刻感受尺规的作用，深刻理解了把圆规的两脚张开表示出线段长度后，移动的过程中，圆规两脚张开的距离始终保持不变，因此连接中心到笔尖所画的长弧上的任意一点间的所有线段都相等，而弧上有无数多个点，所以可以画出无数条等长线段，学生在边移动、边画、边说的过程中推理意识得到了很好的培养。

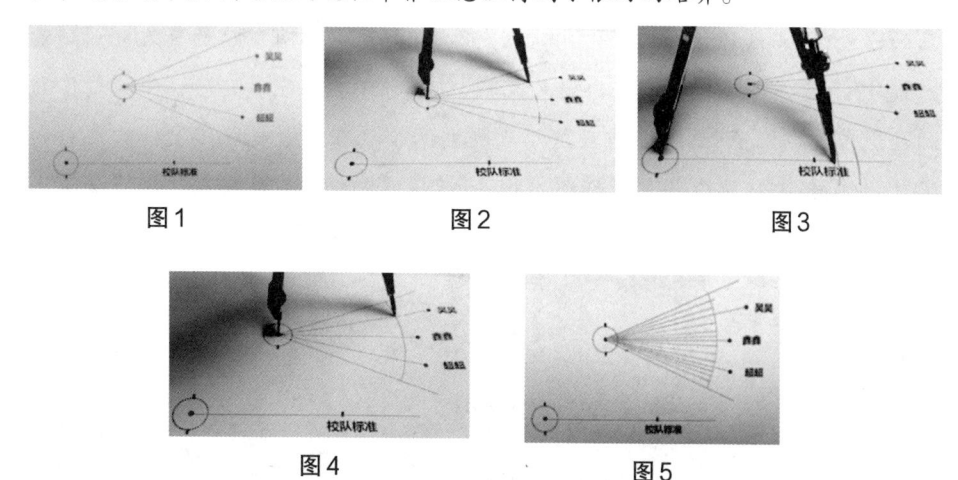

图1   图2   图3

图4   图5

二、在作等长线段中"量一量""验一验",助几何直观能力培育

用尺规作等长线段是小学阶段学习尺规作图的伊始,也是后续继续学习尺规作图的基础。教学时引导学生理解尺规作图的基本原理,感受画图和作图虽只有一字之差,但要求却不尽相同,画图只要简单地画出图形的样子,而作图要求有序、规范、精准,这也是激发学生今后进一步学习尺规作图的兴趣点与需求点。教师可以等学生在用尺规画完等长线段后,让其借助有刻度的直尺分别量出给定线段与用尺规所画的线段长度,然后进行数据对比,验证用尺规画等长线段的准确性。这样学生在经历量一量、验一验的过程中直观感受到用尺规作图的精准性,同时学生在操作作图的过程中几何直观能力也得到了很好的培养。

任务1完成后,学生已经积累了在多条线段中"截"出等长线段的经验,于是,教学时教师继续出示第二个任务:请你画一条线段CD,使它的长度和线段AB相等。然后便放手让学生尝试完成。有的学生选择用有刻度的直尺画,先用直尺测量线段AB的长度,再画一条跟AB一样长的线段,标上CD就可以了;也有的学生选择借助尺规画,可以先用圆规"量"线段AB的长度,然后分别在圆规的针尖和笔尖上标出点C、点D,再用尺子连线(如图6);也可以先画一条直线,再用圆规"量"线段AB的长度,然后用圆规在直线上截取和线段AB一样长的线段,针尖和笔尖上标出点C、点D(如图7);还可以先画一条射线,同时在射线的端点上标上C,再用圆规"量"线段AB的长度,接着把圆规针尖与点C重合,笔尖画出短弧并标上点D(如图8)……最后师生交流优化作图方法。如果教学仅仅停留于此的话,学生对尺规作图的掌握只会停留于机械操作的技能层面,无法直观体会到尺规作图的精准性,明白尺规作图的基本原理。因此教师引导学生继续思考:用尺规画的线段CD与线段AB相等吗?如何验证?让学生利用有刻度的直尺分别测量出线段AB和线段CD的长度,再进行比较,这样让学生在测量与验证中深刻体会到尺规作图的准确性,进一步理解了圆规的两个脚在这个过程中发挥的度量和定长的作用,也便明白了尺规作图的基本原理,同时让学生从形象的思维视角逐步向抽象的空间形式转化,有助于学生几何直观能力的培养。

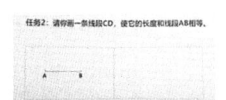

图6

图7

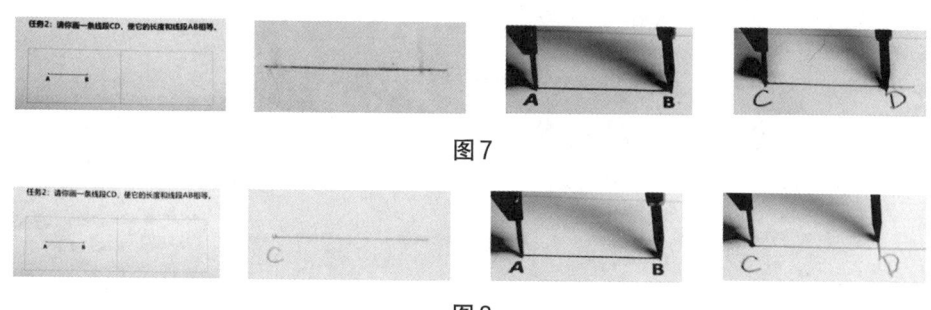

图8

三、在变式作图中"比一比""辨一辨",助思维品格培育

任何新鲜事物人们在接受的同时,都需要经历一个认可、同化、顺应的过程。比较线段的长短、作等长线段借助以前学过的有刻度的直尺一种工具就可以完成了,为什么还要学习借助无刻度的直尺和圆规两种工具来完成呢?这样岂不更麻烦,与数学所追求的简洁美不是背道而驰了吗?那么教学中如何帮助学生感受尺规作图的优势,悦纳并自觉选择用"尺"和"规"来作图呢?教师可以让学生用尺规进行变式作图,在变式作图中引导学生比较不同作图方法的优缺点,在对比中感受尺规作图的简洁、直观、精准,辨析尺规作图的优劣,在"比一比""辨一辨"中学生的思维品格得到了很好的培养。

教学最后环节,教师出示任务3:请你画一个三条边都与线段EF相等的三角形。教师放手让学生独立完成,有意识地要求学生保留调整痕迹,便于后面进行比较。有的学生选择用有刻度的直尺,先画一条与给定线段相等的线段,然后分别以线段的其中一端为端点,继续画两条与给定线段等长的线段,此时学生会发现,另外两条线段的端点不是离得较远(如图9),就是两条线段交叉了(如图10),然后再把离得远的往里调,把交叉的往外调,调到两条线段的端点重合为止;也有的学生选择用无刻度的直尺和圆规来画,先画一条与给定线段相等的线段(具体步骤与任务2相同),接着用圆规的针尖分别与线段的一端重合,笔尖画出一条弧,然后移动圆规,保持圆规两脚间的距离不变,继续用针尖再与线段的另一端重合,笔尖再作出一条弧,两条弧相交于一点,这一点就是三角形的第三个顶点了,再用尺子把这个顶点与线段两端的端点连接起来(如图11);还有的学生选择交叉使用有刻度的直尺和圆规来画,先用尺子测量给定线段,接着画出一条与给定长度相等的线段,然后借助圆规找出三角形的第三个顶点(方法同上),再把顶点与所画的线段的两个端点连接起来。最后,教师引导学生对比三种方法,借助所保留的作图痕迹,学生一下子就能明白,只借助有刻度的直尺,要顺利找到三角形的第三个顶点需要进行多次调整,而借助圆规无须调整,又对又快,这样尺规作图的简洁性、直观性、方便性凸显出来,在比一比、辨一辨中学生不仅学会了怎样用尺规作图,而且也明白了为什么要用尺规作图,学生知其然,更知其所以然。

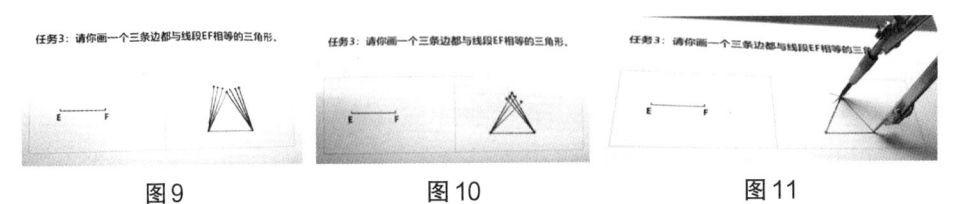

| 图9 | 图10 | 图11 |

总之,尺规作图植根于几何图形的内在特征和图形之间的联系,作图不仅仅是一种操作,更是数学探究和思维的过程,是联系、重构、内化几何知识的过程。作为小学教师应充分探索其教学实施路径,发掘其教学价值,让学生在玩中学、做中学、创中学,积累活动经验,培养几何直观能力、推理意识和思维品格,最终提高学生的数学核心素养。

第二节 基于"真数学"的单元教学方案设计

《义务教育数学课程标准(2022年版)》的颁布,明确了学科的核心素养。学科核心素养对教学提出了新要求,必然要求课堂教学进行转型。当代课程专家钟启泉教授提出:"核心素养—课程标准(学科素养/跨学科素养)—单元设计—课时计划"这一环环相扣的教师教育活动的基本链环中,单元设计处于关键的地位,是撬动课堂转型的一个支点。一线教师必须基于学科核心素养展开单元设计的创造。数学学科专家曹培英认为:所有的学科核心素养,都是跨课时、跨学期、跨学年的,特别需要从整体到局部的研究。因此,改进、加强单元设计,是现阶段"上挂下联"有效落实的可行对策。崔允漷教授也指出:学科核心素养的出台倒逼教学设计的变革,教学设计要从设计一个知识点或课时转变为设计一个大单元。①《义务教育数学课程标准(2022年版)》在"教学建议"中指出要重视单元整体教学设计。要改变过于注重以课时为单位的教学设计,推进单元整体教学设计,体现数学知识之间的内在逻辑关系,以及学习内容与核心素养表现的关联。单元整体教学设计要整体分析数学内容本质和学生认知规律,合理整合教学内容,分析主题-单元-课时的数学知识和核心素养主要表现,确定单元教学目标,并落实到教学活动各个环节,整体设计,分步实施,促进学生对数学教学内容的整体理解与把握,逐步培养学生的核心素养。

然而一线课堂教学中,教师一般多按照教材编排的"单元"和"课时"顺序进行教学,一方面教学缺乏整体性把握,忽视知识间的内在联系与深层价值;另一方面采用传统的讲授法和问答法等教学方法,忽视学生主体地位。"真数学"强调把握"真知",即在知识和方法上进行整体认知,整体建构,形成系统,并在教学中让学生感悟知识的系统性;"真数学"还倡导在教师教与学生学的过程中进行全面的、多元的、循证式的评价,这与《义务教育数学课程标准(2022年版)》提

---

① 于丽萍.基于标准的教学:"教-学-评一致性"区域实践[M].北京:中国社会出版社,2021:213-214.

出的推进单元整体教学的要求以及"教-学-评一体化"、基于证据的评价是一致的。下面以人教版四年级下册"运算律"、六年级下册"圆柱与圆锥"、三年级下册"年、月、日"单元为例,从单元整体教学设计的视角谈谈"真数学"的运用。

关注运算本质　感悟模型思想
——"运算律"单元教学方案设计

一、单元内容解析——明真知,知学情

(一)课标分析

"运算定律"(也称运算律)是"数与代数"领域"数与运算"主题第二学段的内容,查阅新课程标准,"运算律"单元的学段目标、内容要求、学业要求及教学提示如下:

学段目标	内容要求	学业要求	教学提示
★能进行较复杂的整数四则运算,理解运算律 ★形成数感、运算能力和初步的推理能力	探索并理解运算律(加法交换律和结合律、乘法交换律和结合律、乘法对加法的分配律),能用字母表示运算律	★能说出运算律的含义,并能用字母表示 ★能运用运算律进行简便运算,解决相关的简单实际问题,形成运算能力	通过实际问题和具体计算,引导学生用归纳的方法探索运算律、用字母表示运算律,知道运算律是确定算理和算法的重要依据,形成初步的代数思维

可以看出"运算律"单元的教学主要落实的核心素养目标是数感、运算能力、推理意识的培养,重点指向运算能力的培养。

(二)教材分析

1.纵向分析

教材在运算律内容安排上,其实前有铺垫后有拓展。在这一单元学习之前,教材早有渗透,例如:一年级学习五以内的加减法,两个算式交换加数的位置和不变;二年级学习表内乘法,交换乘数位置积不变;三年级学习长方形周长等。显然虽然教材没有出现具体概念和定义,但在问题的解决中,学生对运算律已经积累了一定的知识经验,只是对运算律尚未进行系统的梳理归纳概括。而运算律的学习又将为后续小数、分数运算的学习打下基础。运算律是数学运算应当遵循的,是数学运算固有的性质。在数学不同的领域,运算律都有所体现,它是运算的"通性通法",在运算教学中具有核心的地位。

人教版教材"学生学习时间轴"

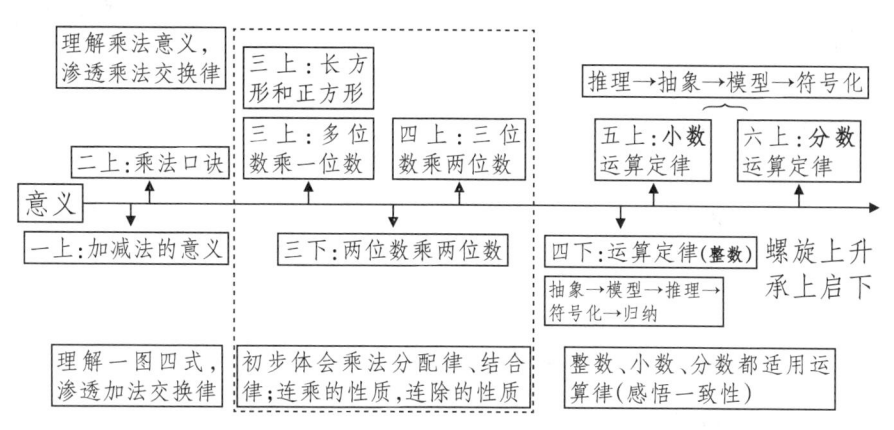

```
理解乘法意义,      三上:长方              推理→抽象→模型→符号化
渗透乘法交换律     形和正方形
              三上:多位   四上:三位   五上:小数    六上:分数
    二上:乘法口诀  数乘一位数  数乘两位数  运算定律    运算定律
意义
    一上:加减法的意义  三下:两位数乘两位数   四下:运算定律(整数)   螺旋上升
                                    抽象→模型→推理→   承上启下
                                    符号化→归纳
    理解一图四式,   初步体会乘法分配律、结合   整数、小数、分数都适用运
    渗透加法交换律  律;连乘的性质,连除的性质  算律(感悟一致性)
```

引导学生用归纳的方法探索运算律,感知运算律是确定算理和算法的重要依据,形成初步的代数思维。
——摘自《义务教育数学课程标准》(2022年版)

本单元的主要学习内容是加法交换律、结合律、乘法交换律、结合律与分配律,以及这五条运算律在整数四则运算中的简单运用。数学中,研究数的运算,在给出运算的定义之后,最主要的基础工作就是研究该运算的性质。在运算的各种性质中,最基本的几条性质,通常称为运算律。也就是说,运算律是运算体系中具有普遍意义的规律,是运算的基本性质,可作为推理的依据。如根据运算律来证明运算的其他性质,根据运算律和性质来证明运算法则的正确性等。

本单元所学习的五条运算律,不仅适用于整数的加法和乘法,也适用于其他有理数的加法和乘法。随着数的范围的进一步扩展,在实数甚至复数的加法和乘法中,它们仍然成立。因此,这五条运算律在数学中具有重要的地位和作用,被誉为"数学大厦的基石"。

数学大厦的基石(整数、小数、分数):乘法分配律、加法交换律、乘法交换律、加法结合律、乘法结合律

2.横向分析

人教版和苏教版以一种运算为单位进行结构安排,强调的是相同运算交换律与结合律的异同,便于学生理解知识之间的内在联系与区别。

版本	第1课时	第2课时	第3课时	第4课时	第5课时	第6课时	第7课时	第8课时
人教版四下	加法交换律	加法结合律	加法运算定律的应用	连减的简便运算	乘法交换律	乘法结合律	乘法分配律	解决问题策略多样化
苏教版四下	加法交换律和结合律	加法运算定律的应用	乘法交换律	乘法结合律	乘法分配律1	乘法分配律2	乘法分配律的应用	
北师大版四上	四则混合运算顺序	加法、乘法的交换律	加法结合律	乘法结合律	乘法分配律1	乘法分配律2		
浙教版三年级	加法、乘法的交换律(三上)	加法、乘法的结合律(三上)	简便计算(三上)	乘法分配律(三下)	乘法分配律的应用(三下)			

北师大版、浙教版以同类定律为单位进行结构安排,聚焦的是相似模型、相同结构,意在体现运算规律的相似性和对应关系,进而加深学生对运算律的理解,实现"制式"之间的互联互通,促进学生对知识的有效沟通、迁移、拓展和整合。

3.启示、整合

通过比较发现:加法交换律和乘法交换律如同孪生兄弟,联系得更紧密,如果统称为"交换律"更有利于学生系统地构建完整的知识结构;加法结合律和乘法结合律也是如此,合为一体统称为"结合律"也更合理;还有减法的性质和除法的性质也有类似之处,也可合二为一进行教学。同时如果分割了形式上较为接近的乘法结合律和乘法分配律,也能使学习内容之间的相互抑制大大减少。经过整合,编排如下:

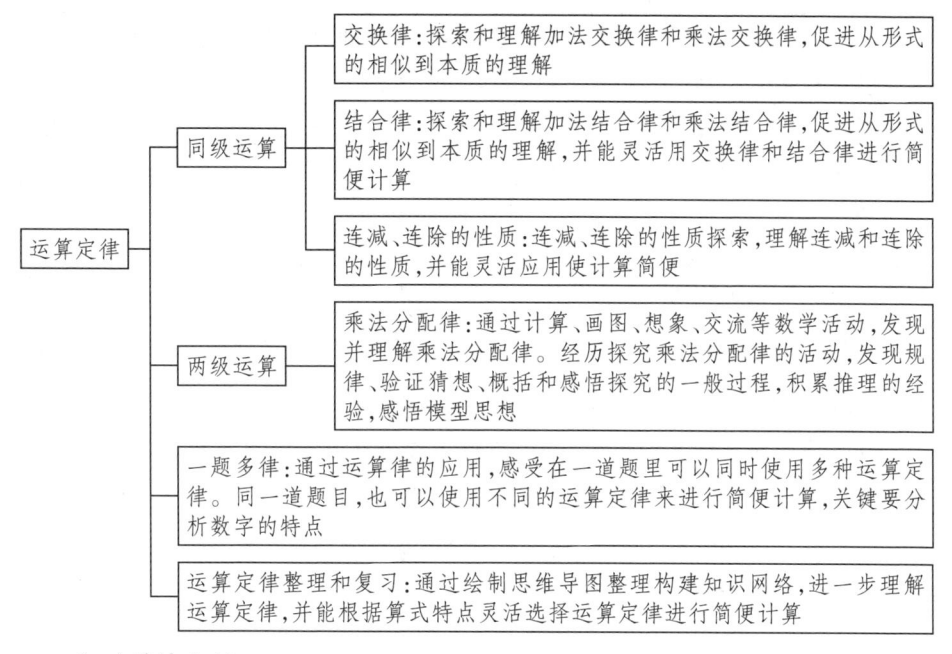

```
                    ┌─ 交换律:探索和理解加法交换律和乘法交换律,促进从形式
                    │  的相似到本质的理解
                    │
              ┌同级运算┼─ 结合律:探索和理解加法结合律和乘法结合律,促进从形式
              │     │  的相似到本质的理解,并能灵活用交换律和结合律进行简
              │     │  便计算
              │     │
              │     └─ 连减、连除的性质:连减、连除的性质探索,理解连减和连除
              │        的性质,并能灵活应用使计算简便
运算定律 ─────┤
              │     ┌─ 乘法分配律:通过计算、画图、想象、交流等数学活动,发现
              │两级运算┤  并理解乘法分配律。经历探究乘法分配律的活动,发现规
              │     │  律、验证猜想、概括和感悟探究的一般过程,积累推理的经
              │     └─ 验,感悟模型思想
              │
              ├─ 一题多律:通过运算律的应用,感受在一道题里可以同时使用多种运算定
              │  律。同一道题目,也可以使用不同的运算定律来进行简便计算,关键要分
              │  析数字的特点
              │
              └─ 运算定律整理和复习:通过绘制思维导图整理构建知识网络,进一步理解
                 运算定律,并能根据算式特点灵活选择运算定律进行简便计算
```

(三)学情分析

已有知识和技能: 以往的学习资源中都有意无意地渗透着运算定律的思维。比如一年级的"一图四式",二年级乘法口诀,三年级的两位数乘两位数笔算算理理解、周长的计算。由此可见,学生在学习"运算律"这一单元之前已经有了一定的知识经验,只是这些知识是碎片化的,学生并未进行总结梳理形成结构化知识。所以,四年级学习运算定律就需要帮助学生唤醒已有的认知经验,在归纳总结中形成结构化的知识网络。

学习困难与学习心理: 此时的学生并没有清晰地把两个数合并成一个数用加法来计算,合并是不考虑先后的认知经验。也没有把一种数学现象抽象、概括、提炼成一种对规律的意识和运用能力。对于四年级的学生来说,运算律的概括有一定的抽象性,乘法分配律,无论从形式还是内涵理解上较之乘法交换律和乘法结合律都难。因此,课堂上努力在上述几个方面深化学生的认识,培养学生数学符号意识和建模意识。渗透初步的代数思想,让学生体会"变"与"不变"的辩证思想。

教学前测分析: 结合教科书"运算定律"的具体编排内容和课标要求,设计前测评价内容,包含三部分,填空题、计算题、解决问题。从三个层次的试题中了解学生对运算定律的认知情况以及对运算定律的实际运用情况。学生前测试题的解答情况如下。

前测意图:了解学生是否会运用交换定律进行简便解答				
填空题	34+( )=65+( )	( )+43=( )+26	( )×12=( )×37	5×( )=( )×23
运用定律	46.7%	48.2%	54.3%	14.4%
凑值计算	27.4%	27.5%	25.1%	73.9%
计算错误	25.9%	24.3%	20.6%	11.7%
结果分析:部分学生了解运算定律,但对运算定律的运用能力偏弱。				

根据填空题的数据分析,不难看出,如果学生知道"交换加数的位置和不变、交换乘数的位置积不变",那么填空题将会变得十分简单。但部分学生用"凑值"的方法计算,可见,部分学生对加法交换律和乘法交换律有一定的了解。但是当我询问简便计算的学生"什么是加法交换律"时,学生对运算定律的概念含糊不清,能看出学生对运算定律"知其然,而不知其所以然"。

前测意图:了解学生是否会运用运算定律进行简便计算					
计算题	2.7+3.8+1.2	357−199−1	490÷35÷2	7×25×4	49×99+49
简便计算	46.7%	48.2%	54.3%	67.6%	2.7%
直接计算	27.4%	27.5%	25.1%	20.7%	69.3%
计算错误	25.9%	24.3%	20.6%	11.7%	28.0%
结果分析:应用运算定律简便计算意识较弱。					

根据数据分析,可见部分学生具有一定的数感,能发现算式中数字的规律进行简便计算。而对于连乘的简便计算、连除的简便计算,很多学生直接计算,说明其应用运算定律简便计算的意识较弱。

前测意图:了解学生是否能用乘法分配律解决生活中实际问题			
解决问题	冬奥会商店一只冰墩墩售价55元,一只雪容融售价45元,如果冰墩墩和雪容融各买5只,一共需要多少钱?	简便计算	59.7%
^	^	直接计算	40.3%
结果分析:应用运算定律简便计算意识较弱。			

根据解决问题的数据分析,部分学生会用运算定律的思维简便解决问题,但很少有学生能说明白什么是运算定律,可见学生对运算定律的概念并不熟悉。

综上发现学生存在以下问题:综合运用运算定律的能力不足;对运算定律的运用形式化;主动运用运算定律的意识不强。

基于以上问题,在设计中将:

(1)更加关注学生对运算律本质的理解。

张奠宙先生在《正本清源,通过"数数"活动理解运算律——关于加法和乘法交换律的讨论》一文中建议"回到'数数'这个原始的数学操作活动",从知识的本源、运算的意义理解运算律。

(2)更加关注学生数形结合的直观理解。

尝试将运算律以直观化的方式表征出来,利于学生更好地理解运算律的本质意义。

(3)更加关注运算律教学的价值,关注运算律背后的运算能力、推理能力等。

(四)单元学习目标

基于课标、教材、学情分析,制定以下单元学习目标:

1.基于生活情境,探索加法交换律、结合律,乘法交换律、结合律和分配律,并能运用运算律进行一些简便计算。

2.基于结构,理解加法交换律、结合律,乘法交换律、结合律和分配律,并能运用运算律进行一些简便计算。

3.基于体验,能够结合具体情况,灵活选择合理的算法,培养用所学知识解决简单的实际问题的能力。

二、教学内容架构——依本质,重建构

(一)单元内容重构

将加法交换律和乘法交换律整合为"交换律",加法结合律和乘法结合律整合为"结合律",连减的性质和连除的性质整合为"连减、连除的性质",乘法分配律为一课时;将一道题可以用多种运算定律进行简便计算合并为"一题多'律'";新增运算定律整理复习,对本单元知识进行结构化整合扩展。

整合前	整合后	
加法交换律 例1	同级运算	交换律(例1、5)
加法结合律 例2		结合律(例2、6)
加法运算定律的应用 例3		
连减的简便计算 例4		连减、连除的性质(例4,例8部分)
乘法交换律 例5 乘法结合律 例6	两级运算	乘法分配律(例7)
乘法分配律 例7		一题多"律"(例3,例8部分)
解决问题策略多样化 例8		运算定律整理复习(新增)

231

(二)单元设计流程图

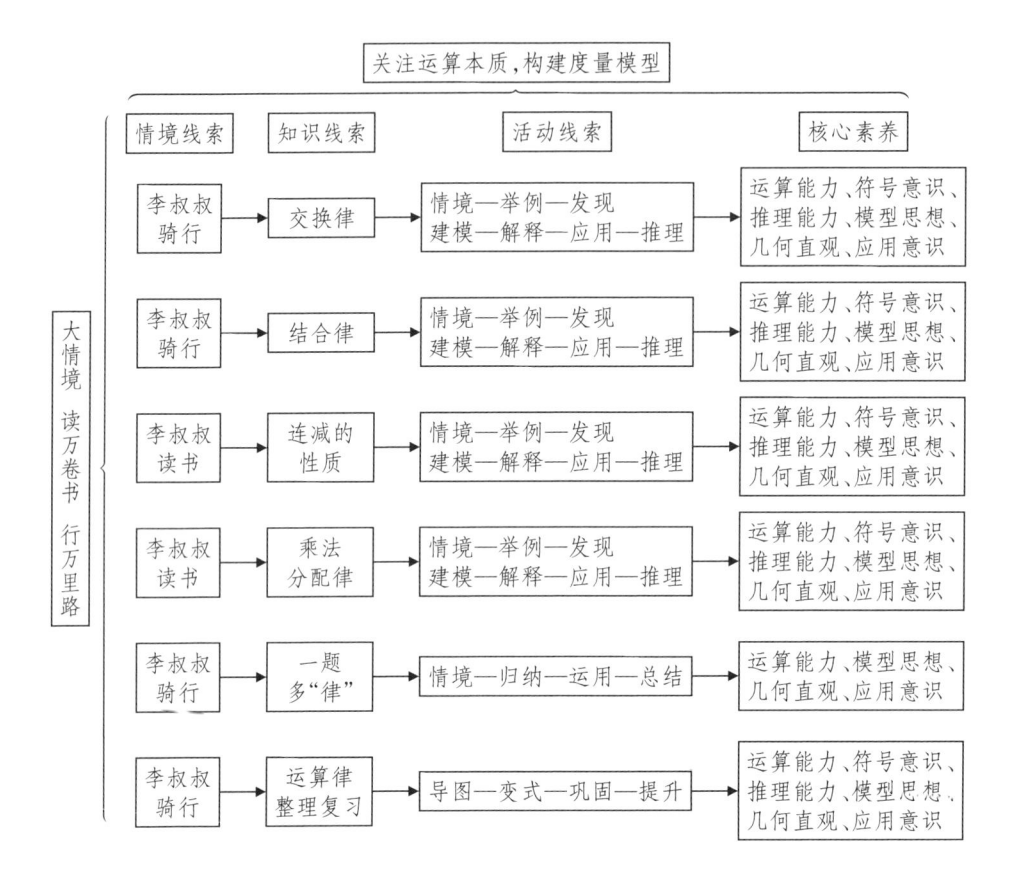

```
                    关注运算本质,构建度量模型
        ┌──────────────────────────────────────────┐
        情境线索    知识线索      活动线索              核心素养

大       李叔叔  →  交换律  →  情境—举例—发现   →  运算能力、符号意识、
情       骑行              建模—解释—应用—推理    推理能力、模型思想、
境                                                  几何直观、应用意识

读       李叔叔  →  结合律  →  情境—举例—发现   →  运算能力、符号意识、
万       骑行              建模—解释—应用—推理    推理能力、模型思想、
卷                                                  几何直观、应用意识
书
        李叔叔  →  连减的  →  情境—举例—发现   →  运算能力、符号意识、
行       读书      性质    建模—解释—应用—推理    推理能力、模型思想、
万                                                  几何直观、应用意识
里
路       李叔叔  →  乘法    →  情境—举例—发现   →  运算能力、符号意识、
        读书      分配律   建模—解释—应用—推理    推理能力、模型思想、
                                                    几何直观、应用意识

        李叔叔  →  一题    →  情境—归纳—运用—总结 →  运算能力、模型思想、
        骑行      多"律"                             几何直观、应用意识

        李叔叔  →  运算律  →  导图—变式—巩固—提升 →  运算能力、符号意识、
        骑行     整理复习                            推理能力、模型思想、
                                                    几何直观、应用意识
```

三、单元学习评价——精设计,提素养

(一)过程性评价

领域	一级指标	二级指标及基本要点
品格与价值观	数学价值观念	①科学价值:能够认识数学是其他学科的基础,数学的广泛应用性,数学在科技社会发展中的巨大作用,形成热爱数学、积极向上的学习态度。 ②文化价值:能够理解数学思想方法,体会数学精神。理性思维,形成数学审美意识,并能将其转化在自己的学习行动和树立个人发展的理想信念中。 ③育人价值:能够理解数学对人的思维发展的作用,形成刻苦训练、不畏艰难、积极向上的优良品格。

续表

领域	一级指标	二级指标及基本要点
品格与价值观	数学思维品格	①理性思维:具有崇尚真理信念和求实精神,形成严谨的思维品质,能够理性地分析和解决问题。 ②批判质疑:能够进行独立思考,独立判断,敢于质疑,能够用辩证的观点分析问题,做出正确的抉择。 ③勇于探究:具有好奇心和想象力,有探究问题的意识,有不畏困难、坚持不懈的探索精神。
	数学学习态度	①乐于学习:具有积极的学习数学动机。有兴趣、自信,能够对学习结果作出正确归因,能够体会到学习的乐趣。 ②主动学习:在数学学习中主动意识强,有积极的自主学习心态和主动学习行为。 ③坚毅执着:具有坚持不懈学习数学的毅力、克服学习困难与挫折的勇气,并能转化为一种稳定的个人品格。
	学会数学学习	①合作交流:养成良好的学习态度和学习习惯,形成与他人主动合作与交流的意识和行为。 ②善于学习:具有反思习惯,善于总结经验。形成有效的学习策略。了解自己的学习风格,能有效地选择适合自己的学习方法。

品格与价值观评价量表

学校:　　　班级:　　　姓名:　　　学号:　　　日期:

	一级指标	二级指标	自我评价	同学互评	教师评语
品格与价值观	数学价值观念	科学价值	★	★	
		文化价值	★	★	
		育人价值	★	★	
	数学思维品格	理性思维	★	★	
		批判质疑	★	★	
		勇于探究	★	★	
	数学学习态度	乐于学习	★	★	
		主动学习	★	★	
		坚毅执着	★	★	
	学会数学学习	合作交流	★	★	
		善于学习	★	★	

填表说明:自我评价和同学互评只需在星星前面写上对应的数字,完成很好3,完成一般2,还需加油填1。

(二)总结性评价

1.评价目标

(1)理解加减乘除四则运算顺序,能区别容易混淆的运算定律。

(2)运用运算定律灵活选择合理的算法,进行一些简便计算。

(3)运用运算定律审视新旧知识,感受解决问题策略的多样化。

(4)拓展思维,培养合作交流的能力,发展应用意识。

2.评价内容

(一)单元知识整理

1.关于"运算律"你知道了哪些知识,请用你喜欢的方式整理出来,比一比谁整理得更全面。

2.复习自己的错题本,整理"运算律"这个单元的典型易错题,做一份手抄报。

评价方式:

①过程性评价:完成作品可获得3张争星章;

②生生互评:一等奖奖励3张争星章,二等奖奖励2张争星章,三等奖奖励1张争星章。

【设计意图:学生结合自己错题集,通过整理、筛选典型易错题,对"运算律"这个单元的知识进行有针对性的复习,深化对运算定律的理解和运用。】

(二)基础性练习

1.回顾:

(1)填一填,在○里填上">""<"或"="。

①160-30-20 ○ 160-(30-20)　②480÷12÷6 ○ 480÷(12×6)

③160-30-20 ○ 160-(30+20)　④480×12÷6 ○ 480×(12÷6)

⑤160+30-20 ○ 160+(30-20)　⑥480÷12+6 ○ 480÷(12-6)

⑦160-30+20 ○ 160-(30-20)　⑧480÷12×6 ○ 480÷(12÷6)

(2)辨一辨,上述哪组算式可以说明下列表述,把相应的序号填在括号里。

A:只有加减的算式中,括号前面是"+",去括号不变号。(　)

B:只有加减的算式中,括号前面是"-",去括号要变号。(　)

C:只有乘除的算式中,括号前面是"×",去括号不变号。(　)

D:只有乘除的算式中,括号前面是"÷",去括号要变号。( )

(3)编一编,根据上述表述再编一组算式。

A:_____=

B:_____=

C:_____=

D:_____=

【设计意图:通过四则运算比较,理解运算法则的意义及运算顺序。】

2.区分:

(1)连一连

15×(2+4)　　　　15×1×15×4　　　　　　乘法结合律

　　　　　　　　　15×2+15×4　　　　　　乘法交换律

　　　　　　　　　15×2+4　　　　　　　　加法结合律

15×(2×4)

　　　　　　　　　15×2×4　　　　　　　　乘法分配律

(2)画一画

要弄清两个算式的意思,画一画就能找到区别了。

15×(2+4)　　　　　　　　15×(2×4)

【设计意图:乘法交换律和乘法分配律需要更深入地理解,运用数形结合的方法,在意义上对这两个定律进行区分和巩固。】

3.巩固:简便计算。

635-143+43　　　　104×35-4×35　　　　4500÷15÷3

44×25　　　　　　660÷12　　　　　　　68×99+68

【设计意图:加强基本训练,重视基本技能的形成。简便运算从高频错题和方法多样化两个角度设计,高频错题是在学生困惑处入手,力求错题不再错。此外,44×25和660÷12可以用多种方法计算,学生可以根据自身的认知

水平,灵活选择计算方法。】

4.联系:从以下知识中能找到运算定律吗?

(1) 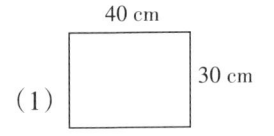 长方形 40 cm × 30 cm

计算这个长方形的周长
可以写成算式(　　　);
也可以写成算式(　　　);
与(　　　)定律有关。

(2) 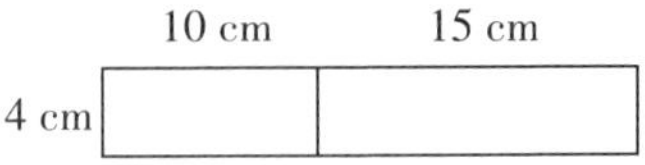 大长方形 4 cm,分成 10 cm 和 15 cm 两部分

计算这个大长方形的面积
可以写成算式(　　　);
也可以写成算式(　　　);
与(　　　)定律有关。

(3) 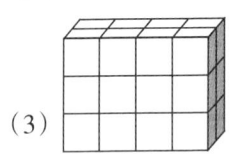 长方体

计算这个长方体的体积
可以写成算式(　　　);
也可以写成算式(　　　);
与(　　　)定律有关。

(4) 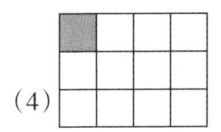 大长方形(方格图)

计算这个大长方形的面积
可以写成算式(　　　);
也可以写成算式(　　　);
与(　　　)定律有关。

【设计意图:通过本单元视角审视旧知,实现知识联通。运用数形结合的方法深入理解乘法结合律和分配律,真正做到以形助数,以数解形。】

5.应用:联系生活,选择一个你喜欢的运算定律或运算性质,编一道解决问题策略多样化的问题。

【设计意图:编题,学以致用,培养应用意识。应用意识是核心素养的表现之一,对其的培养有助于用学过的知识和方法解决简单的实际问题,养成理论联系实际的习惯,发展实践能力。】

涂一涂:请对"运算定律"这份练习掌握程度进行打分,满分是5☆	
自评	
师评	

评价方式:自评+师评。

(三)拓展性练习(选做)

1.思维性作业：

★(1)计算下列各题,你能发现什么规律？

$\begin{cases} 320÷8+160÷8= \\ (320+160)÷8= \end{cases}$　　$\begin{cases} 217÷7+63÷7= \\ (217+63)÷7= \end{cases}$

①观察上面的算式,请你照样子再写2组这样的算式：

②发现：求两个数除以同一个数(0除外)的商的(　　),可以先求这两个数的(　　),再(　　)这个相同的数。

③用你喜欢的方式表示上面的规律：

【设计意图：通过观察、发现、列举、推理、归纳等方法抽象出初步的数学模型,再用个性化表征的方式,用数学的语言表达,发展数学核心素养。】

评价方式：完成的得到2张争星章,优秀的同学额外奖励1张争星章。

★★(2)巧算

39×99+39　　39×99+99　　999×222+333×334　　123+132+213+231+312+321

评价方式：前3道题做对1道得1张争星章,做对第4道奖励2张争星章。

★★★2.合作性作业：

(1)小组合作编题

根据小组各成员的错题本,讨论并筛选典型易错题,出一份A4双面单元练习,并附答案。

评价方式：完成的小组每个成员获得3张争星章,优秀的小组每个成员获得5张争星章。

(2)组间挑战争霸

小组讨论决定挑战哪一组,达成共识后,小组每一个成员都要完成对方的单元练习,并且一对一进行批改,准确率高的小组获胜。

评价方式：获胜小组每个成员获得5张争星章,参与挑战的小组获得3张争星章。

【设计意图：《义务教育数学课程标准(2022年版)》指出：激发学习数学的

兴趣,养成独立思考的习惯和合作交流的意愿。思维性作业是独立思考的作业,根据学情分析,关注到孩子的喜爱度,是习题继续延伸的方向。合作性作业是合作交流的作业,开放式的小组合作编题,挑战性组间答题,小老师式生生互评,充分发挥小团队的作用,让学生原有的个体竞争向团队合作转变,有效解决学生差异问题。团队的奖励也让更多学生得到被肯定的机会,体验成功的快感。】

四、重构课时案例分析

关注运算本质,发展推理意识

——以"交换律"教学为例

通过课标、教材和学情分析,为了促进运算定律教学的一致性,促进方法的迁移,本单元将"加法交换律"和"乘法交换律"整合为"交换律",将"加法结合律"和"乘法结合律"整合为"结合律"。下面结合"交换律"一课的教学谈谈如何进行"真数学"的实践。

(一)教材与学情分析——明真知,知学情,定策略

交换律是人教版义务教育教科书四年级数学(下册)第三单元"运算律"中的例1和例5讨论的内容。学生在掌握了四则运算和混合运算顺序的基础上,进一步学习运算定律,对数的运算过程中的基本规律进行归纳和总结。按教材的编排,本单元应先教学加法运算律,再学乘法运算律,但在备课过程中发现加法交换律和乘法交换律无论在形式上还是方法上都存在相似相通的联系,所以将"加法交换律"与"乘法交换律"整合为同一课时。整合后,从学生熟悉的生活情境入手,让学生经历运算律的发现过程,并在合作与交流中对运算律的认识由感性逐步发展到理性,合理地建构知识。

四年级学生的思维发展正处于以形象思维为主向以抽象思维为主的转折期,虽然运算律的概括有一定的抽象性,但学生在之前的学习中都接触过大量的加法交换律和乘法交换律的例子,积累了一定的活动经验,只是没有明确地概括。本节课的教学很大程度上是要将学生以前比较零散的感性认识经过整理、明晰后上升为理性认识。所以教学中要充分发挥学生的主体作用,让每个学生自主参与探究规律的学习活动,促进学生抽象概括能力、逻辑推理能力的发展,培养学生模型思想。

(二)教学实施——悟定律,学推理,建结构

加法交换律与乘法交换律在探究方法以及数学模型上是相似的,所以在教学时可以让学生从熟悉的生活情境问题入手,引导学生通过观察、发现、猜想、验证等活动探究加法交换律,积累探究经验,再放手让学生自主探究"减法、除法和乘法是否有交换律"。让学生在交流质疑中将原来零散的感性认识上升为理性认识,最后通过概括和符号表示建立数学模型。教材的整合,有利于学生对比感悟四则运算在交换律方面的内在联系和区别,便于学生形成完整的认知结构,掌握数学知识的本质,并结合之前的学习,建立起交换律与二年级乘法口诀和三年级笔算加法验算的联系,感受知识的螺旋上升结构。具体如下:

首先教师出示"李叔叔骑车旅行的场景",学生自主列式解决问题。在此基础上,学生独立思考,交流讨论两种解题思路:40+56=96(km),56+40=96(km)。通过讨论发现:两个算式左右相等,可以用等号连接,得到一个等式。教师引导学生说说这个等式的意义,并举几个相同的例子,学生举例后发现,两个加数交换位置,和不变。除了用文字表示算式的含义外,有的学生用符号、图形或举生活中的例子等解释交换律。在这个过程中,学生经历计算、观察、发现、猜想、验证的数学活动过程。在此基础上,教师提问:看着这些算式,你们有什么联想?学生在四人小组讨论的基础上,提出"减法、除法和乘法是否有交换律""三个数甚至更多的数相加有交换律吗?"。学生带着这些问题进行举例验证,在验证中推翻"减法交换律"的猜想和"除法交换律"的猜想,发现"加法交换律对多个数相加同样适用"和"两个因数相乘,交换因数的位置,积不变"的规律。此时教师引导学生对加法交换律和乘法交换律进行对比,发现两个定律在结构上是相同的,因此在学习时可以把加法交换律的学习方法迁移到乘法交换律。在这个过程中,学生对交换律的内容结构有了完整的认知,掌握了交换律的本质。学生学会用批判的眼光发现问题、审视问题、提出问题、分析问题和解决问题。课末教师提出"之前我们在哪些地方的学习也运用了交换律?"引发学生的思考。学生通过回顾二年级上册乘法口诀和三年级上册笔算加法验算,能感受知识之间的内在联系。

在"交换律"的教学过程中,除了根据教材提供的素材让学生运用举例的方式,通过不完全归纳法来证明定律的正确外,教师还进一步引入几何直观,阐明本质,比如两条乃至多条线段连成一条线段的总长度,可以是任意顺序的不同条线段的长度之和。借助直观图可见,不同的方法就是加法交换律的体现。借

"形"更能丰富学生的思考过程，从而促进深度学习。此外，本课教学还体现了方法上的融合。方法融合指的是对于不同模块的核心概念突破，可以采用相同的研究方法、建构方式，用同样的方法解决不同的问题，从而提升学生自主学习的能力。在意义建构上，借助情境、借助意义、借助图形、借助变换、借助计算等来多维化立体建构交换律的模型。在延伸内涵方面抓住"变与不变"的本质，变的是运算的顺序，不变的是运算的结果，始终把握"合理快捷计数"这一本质内涵。并与加法计算、乘法口诀、长方形和正方形的面积建立联结，从而形成知识体系。

维度转化建结构　路径探寻促迁移
——"圆柱与圆锥"单元教学方案设计

一、单元内容解析——明真知，知学情，定目标

（一）课标解读

研读《义务教育数学课程标准（2022年版）》的内容要求、教学提示和学业要求后，明晰了本单元学生学习途径主要包括观察、操作、猜想、验证等，强调在具体情境中探索圆柱和圆锥的度量方法，进而发展学生的空间观念、量感、推理能力、几何直观，使其积累数学活动经验。

【内容要求】认识圆柱圆锥，探索并掌握圆柱、圆锥的体积和圆柱的表面积的计算公式，能解决简单的实际问题。

【教学提示】学生从度量的角度认识立体图形的特征。通过操作、转化等活动，探索立体图形的体积和表面积的计算方法。

【学业要求】认识圆柱、圆锥，能说出圆柱、圆锥的特征，会计算圆柱圆锥的体积和圆柱表面积；能解决简单的实际问题。

【核心素养】空间观念、量感、推理能力、几何直观。

结合图形认识和图形度量的大观念，基于课标研读和教材分析，归纳提炼了本单元三个"单元具体观念"。

大概念一：维度转化中明晰图形关系。

大概念二：猜想验证中凸显度量本质。

大概念三：类比建构中实现自主迁移。

根据课标的解读，我们主要要做到以下三点：

一是重实践，在维度转化中体会要素之间、图形之间的关系；启思维，自主

发现与刻画特征。

二是多角度,了解二维平面图形与三维立体图形之间的转化多样化;促想象,发展观念。

三是重猜想,加强知识之间的联结;促迁移,发展推理能力。

(二)教材分析

1.纵向分析

"圆柱与圆锥"的教学是人教版小学数学六年级下册的内容,是"空间与图形"领域中图形的认识部分,是学生在小学阶段最后认识的两个几何图形。纵向分析如下图所示:

小学阶段图形学习脉络

立体图形 ——→ 平面图形 ——→ 立体图形

从上图可以看出,人教版一年级上册是初步认识,主要是直观感知,学会直观辨认;六年级下册是"再"认识,重点是理性分析、刻画特征,能依据特征来判断,能够做出图形框架或模型并想象图形的样子。

本单元学习路径是:通过看、摸、比等活动发现图形要素特征,在展开的操作过程中建立面与体的关系。

2.横向分析

横向对比人教版、北师大版、苏教版三大版本教材,其单元知识序列如下:

不同版本教材对比

人教版	苏教版	北师大版
围绕"圆柱""圆锥"两条主线展开教学,先认识圆柱及其表面积、体积公式,再认识圆锥及其体积。	围绕"圆柱""圆锥"两条主线展开教学,先认识圆柱及其表面积、体积公式,再认识圆锥及其体积。	经历"点动成线""线动成面""面动成体"的过程,引导学生结合空间想象体会立体图形的形成过程。

从对比中可以看出,三个版本教材都重视数学与现实生活的联系,都是从

实物中抽象出直观模型进行教学；在探索表面积、体积的计算方法上，主要让学生动手操作，剪一剪，展开，在观察与探索的过程中自主获取圆柱表面积及圆柱、圆锥体积；教材注意精心选择数学问题，引导学生回顾之前的学习中曾经运用转化的方法解决过的问题。通过转化思想的应用，为学生提供了解决现实问题的策略，注重培养应用意识和创新意识。但同时也存在以下问题：①缺乏对图形特征的对比和关联。点、线、面、体之间是存在联系的，人教版教材在探究圆柱、圆锥特征的时候，呈现素材单一，缺乏对图形有效的关联，不利于发展学生的空间观念。②缺乏二维与三维之间的联系。平面图形与立体图形的度量关系、立体图形与展开图形的关联体现较少。③缺乏思维方法建构。在"圆柱与圆锥"这个小学图形研究的最后一个单元，我们希望引导学生将立体图形学习方法迁移到新知，并形成研究立体图形的视角、方法和思维方式，落实"一致性"的要求。

3.教材分析启示

基于教材分析可将人教版本单元内容从图形认识、图形测量、图形应用三方面进行整合：

（1）可将人教版本单元内容从图形认识、图形测量、图形应用三方面进行整合：

（2）从整体感知到要素定性、定量刻画。教学过程中，可以通过"设计圆柱、圆锥名片""玩转圆柱、圆锥"等学科实践活动从定性、定量角度深入探究圆柱与圆锥的特征，使学生积累感性经验，进而形成空间表象，发展空间观念，获得度量公式。

（3）注重二维、三维转化，建立一维、二维和三维之间的关联，发展学生的空间思维。在教学过程中，要让学生经历卷、转、移、切等动态转化过程，感受"面动成体"的过程，经历圆柱切、叠过程，有利于学生猜想圆柱体积；通过旋转长方形和三角形分别得到圆柱与圆锥，引导学生猜想、验证圆锥体积公式。

(4)通过类比推理获得圆柱、圆锥体积计算公式。教学中,要让学生对圆柱、圆锥进行猜想,并尝试迁移、应用学习经验,验证自己的猜想,发展空间观念、推理能力和问题解决的能力。让学生掌握定性研究与定量研究图形的方法,目的是让学生在研究其他立体图形的过程中,基本实现本单元的迁移目标。

二维与三维转化关系

(三)学情分析

"圆柱和圆锥"各知识点前测分析

对3个班级的146名学生进行前测,前测结果如下:

前测题目	前测结果	前测分析
1.看图选填(选择合适序号填在□里) A.底面 B.侧面展开图 C.高 D.半径 E.底面周长 F.直径	水平一 51% 水平二 44% 水平三 5%	水平一:51%学生会辨认圆柱、圆锥底面、侧面。 水平二:44%学生能辨认高,但不能辨认出侧面展开图上的名称。 水平三:5%学生会辨认底面周长。
2.你知道圆柱体的表面积怎么计算吗?( ) A.知道 B.不知道 如果选择A请继续回答下面问题。 请你写出圆柱体表面积的计算公式: 你是怎么知道圆柱体表面积计算公式的?在下面写一写。	水平一 45% 水平二 20% 水平三 35%	水平一:45%知道圆柱表面积是由"侧面积+2个底面积"组成的,但不会计算。 水平二:20%能迁移长方体表面积学习经验,但不会求侧面积,导致无法推导出圆柱表面积公式。 水平三:35%能迁移长方体表面积学习经验,能正确推导出圆柱表面积公式。
3.请你根据长方体、正方体的学习经验,猜测圆柱体积,并把推导过程写下来。 ① ②	水平一 54% 水平二 42% 水平三 4%	水平一:54%对图形的测量不能用系统的、联系的、运动的观点进行研究,缺乏方法支撑。 水平二:42%学生面对一个新的立体图形时,有一定直觉,但是尚未形成系统的研究方法。 水平三:4%学生对图形的要素及关系有一定的理解,具备了较为系统的研究方法。

243

根据范希尔几何思维水平理论,六年级学生的几何思维水平处在分析期,此时的学生具有丰富的视觉辨别经验,能分析图形的组成要素,但是不能清楚地解释性质之间的关系。也就是说,学生已经能从圆柱、圆锥中找到底面、侧面、高各自的特征,只是在建立这些特征之间的联系上存在困难。为了帮助学生克服这个困难,我们思考:①如何让学生主动关注各要素之间的关系?②通过什么途径能构建面与体的关系,实现二维平面图形和三维立体图形的转化呢?通过二维与三维的转化,可以实现学生对图形特征的深度认知,帮助学生构建二维、三维图形之间的联系,并迁移到度量维度的猜想与发现,进而发展学生的空间观念和推理能力。学生利用二维与三维的转化研究图形的意识比较薄弱,主要集中在围一个圆柱或圆锥,教学中应着力渗透多种二维与三维转化的方法。

类比长方体、正方体和圆的度量经验,也是探索圆柱与圆锥体积计算公式的重要方法。教学中可以为学生提供更多展示、交流与分享的机会,使学生形成类比猜想、推理验证等思维经验,发展推理能力。

基于对课标、教材和学情的分析,本单元的单元目标确定如下:

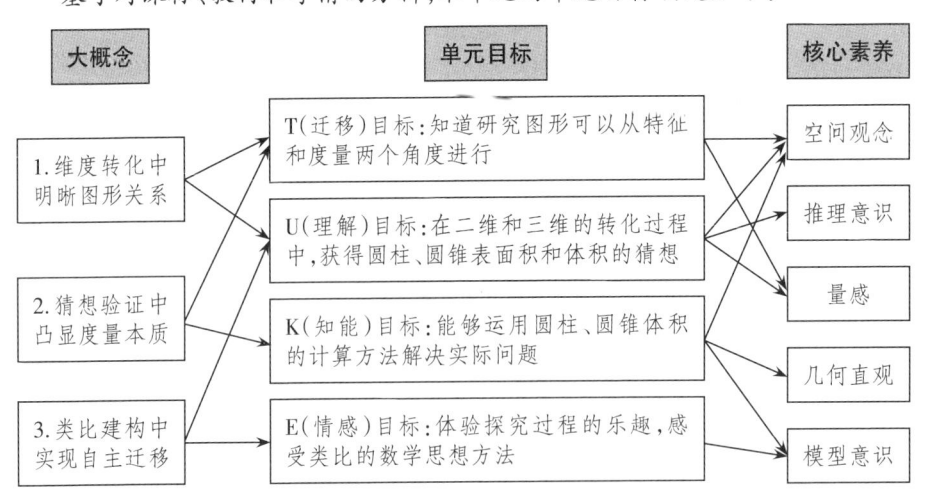

大概念

1. 维度转化中明晰图形关系
2. 猜想验证中凸显度量本质
3. 类比建构中实现自主迁移

单元目标

T(迁移)目标:知道研究图形可以从特征和度量两个角度进行

U(理解)目标:在二维和三维的转化过程中,获得圆柱、圆锥表面积和体积的猜想

K(知能)目标:能够运用圆柱、圆锥体积的计算方法解决实际问题

E(情感)目标:体验探究过程的乐趣,感受类比的数学思想方法

核心素养

空间观念

推理意识

量感

几何直观

模型意识

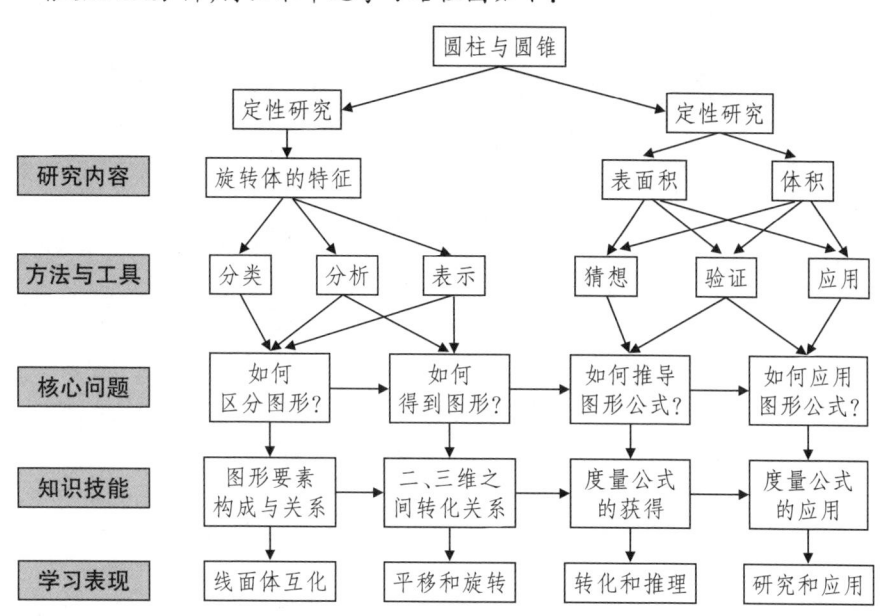

根据以上分析,得出本单元学习路径图如下:

研究内容	圆柱与圆锥 → 定性研究 / 定性研究 → 旋转体的特征 / 表面积、体积
方法与工具	分类、分析、表示 / 猜想、验证、应用
核心问题	如何区分图形? / 如何得到图形? / 如何推导图形公式? / 如何应用图形公式?
知识技能	图形要素构成与关系 / 二、三维之间转化关系 / 度量公式的获得 / 度量公式的应用
学习表现	线面体互化 / 平移和旋转 / 转化和推理 / 研究和应用

二、单元内容重构——建结构,促真学

(一)单元内容重构思考

基于课标、教材、学情分析,学生结合已有的经验,已初步认识了圆柱和圆锥,因此,将圆柱的认识和圆锥的认识分为两课时,显得较为生硬,且没有很好地建立知识之间的联系。圆柱的体积与圆锥的体积之间也存在着巧妙的联系,可将这两课时整合为一个系列,让学生深刻、直接地感受到圆柱与圆锥体积的关系。因此,可以将本单元内容进行以下整合:

1.将圆柱的认识和圆锥的认识整合到认识圆柱与圆锥中,让学生通过对比的方式加深对圆柱和圆锥各部分特征的理解,同时梳理圆柱和圆锥之间的关系,加深印象。

2.通过二维与三维的转化,可以实现学生对图形特征的深度认知。学生经历圆柱展开与折叠,了解二维与三维各部分之间关系,为推导表面积公式奠定基础;经历圆柱切截与叠加过程,有利于学生推导圆柱体积;通过旋转长方形及三角形分别得到圆柱与圆锥,引导学生猜想、验证圆柱与圆锥体积公式。因此在认识圆柱、圆锥后有必要加一节学科实践活动课——"圆柱、圆锥创'做'秀",让学生认识圆柱、圆锥三维立体图形与展开得到的二维平面各要素之间的关联,为后续学习圆柱与圆锥的表面积和体积奠定想象基础,进而发展空间观念。

圆柱圆锥单元大概念与课时关系

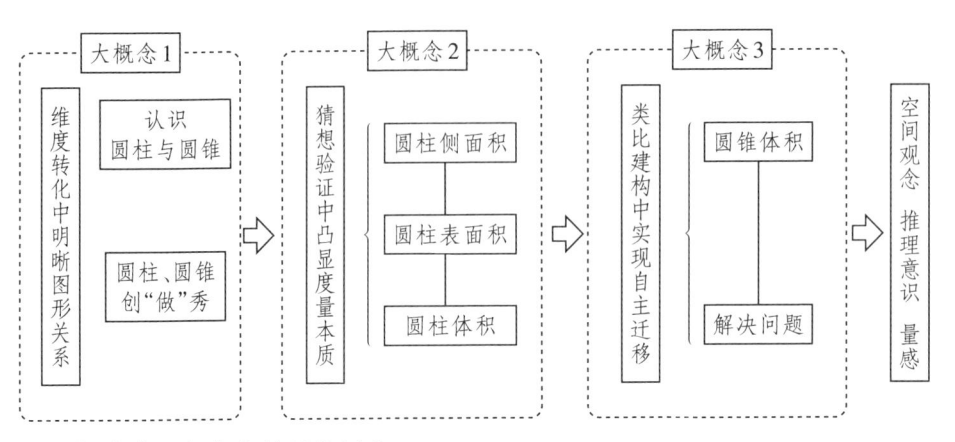

```
大概念1                    大概念2                   大概念3
┌─────────────┐        ┌──────────────┐        ┌──────────────┐      ┌────┐
│维  认        │        │猜  ┌圆柱侧面积┐│        │类  ┌圆锥体积┐ │      │空   │
│度  识        │        │想  │         ││        │比  │        │ │      │间   │
│转  圆        │        │验  │圆柱表面积││   ⇒    │建  │        │ │ ⇒    │观  推│
│化  柱        │ ⇒      │证  │         ││        │构  │        │ │      │念  理│
│中  与        │        │中  │圆柱体积 ││        │中  │解决问题│ │      │    意│
│明  圆        │        │凸  └─────────┘│        │实  └────────┘ │      │量  识│
│晰  锥        │        │显             │        │现             │      │感    │
│图            │        │度             │        │自             │      │     │
│形  圆柱、圆锥│        │量             │        │主             │      │     │
│关  创"做"秀  │        │本             │        │迁             │      │     │
│系            │        │质             │        │移             │      │     │
└─────────────┘        └──────────────┘        └──────────────┘      └────┘
```

（二）单元内容安排调整划分

教材安排			统整后单元整体教学			
教学内容	例题	课时数	课时主题	课型	课时	单元大概念
圆柱的认识	例1、2	2	认识圆柱与圆锥	基础激发课	1	大概念1：维度转化中明晰图形关系
圆柱表面积	例3、4	1	圆柱、圆锥创"做"秀	主题学科实践课	1	大概念2：猜想验证中凸显度量本质
圆柱体积	例5、6	1	用纸面积是多少——表面积计算	探究活动课	1	
解决问题	例7	1	圆柱体积猜猜看	难点聚焦课	1	
圆锥的认识	例8	1	圆锥体积猜猜看	迁移运用课	1	大概念3：类比建构中实现自主迁移
圆锥的体积	例9、10	1	圆柱、圆锥问题解决	升华拓展课	1	
整理复习课		1	整理复习课	综合运用课	1	

（三）单元设计思路

基于"做中学"理念，创设学生深度体验实践、建构重塑、迁移应用、反思自省的创新教学模式，能使教与学回归认知建构的本真，从而促进学生的思维生长和素养提升。《义务教育课程方案（2022年版）》强调要突出"学科实践"，注重"做中学""用中学""创中学"，让学生经历发现问题—解决问题—建构知识—运用知识的全过程。

"圆柱与圆锥"是小学图形研究的最后一个单元,教师可以以圆柱和圆锥为载体,整体建构学生研究立体图形的视角、方法与思维方式,培养学生的自主学习能力,以迁移到对其他立体图形的研究过程中。单元教学研究思路如下图。

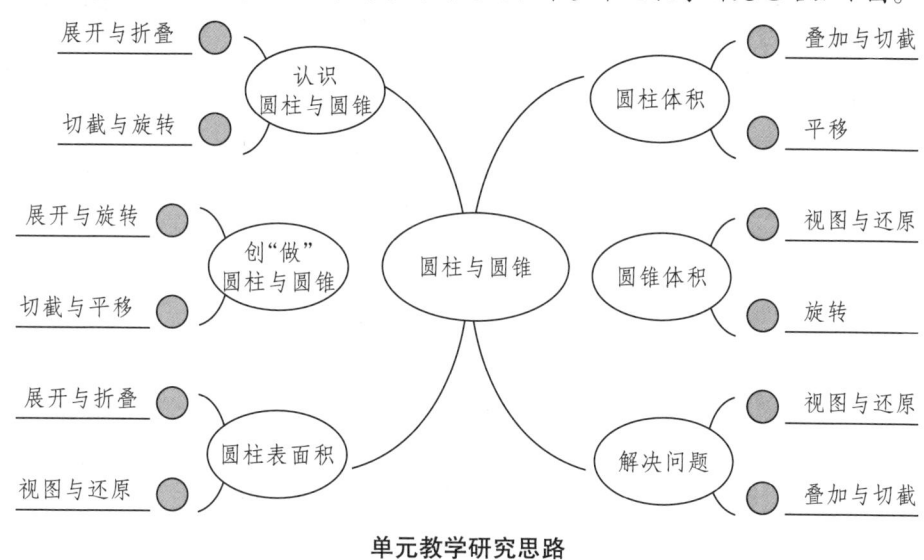

```
展开与折叠 ──○                    ○── 叠加与切截
            认识圆柱与圆锥            圆柱体积
切截与旋转 ──○                    ○── 平移

展开与旋转 ──○                    ○── 视图与还原
            创"做"圆柱与圆锥  圆柱与圆锥  圆锥体积
切截与平移 ──○                    ○── 旋转

展开与折叠 ──○                    ○── 视图与还原
            圆柱表面积              解决问题
视图与还原 ──○                    ○── 叠加与切截
```

单元教学研究思路

1. 做中学:深度实践,形成空间表象

《义务教育课程方案(2022年版)》提出"变革育人方式,突出实践",加强知行合一、学思结合,倡导"做中学""用中学""创中学",就是要高度链接生活真实场景,以问题导向的任务引领学生深度学习。"圆柱和圆锥"教学单元中,教师用跨学科任务——"制作水火箭"这一真实情境贯穿起来,让学生基于这一真实大任务细分出"明规格""制模型""装燃料"三大核心任务,由此确定"什么是圆柱圆锥? 有什么特征?""如何制作圆柱、圆锥?""什么是圆柱表面积? 如何测量?""如何测量圆柱体积? 你是如何猜想的?"等系列核心问题。学生基于"水火箭"建造师真实问题展开真研究、真体验,经历从知识理解、应用到迁移的完整过程,进而完成认知的深化,完善认知结构,积累空间表象。

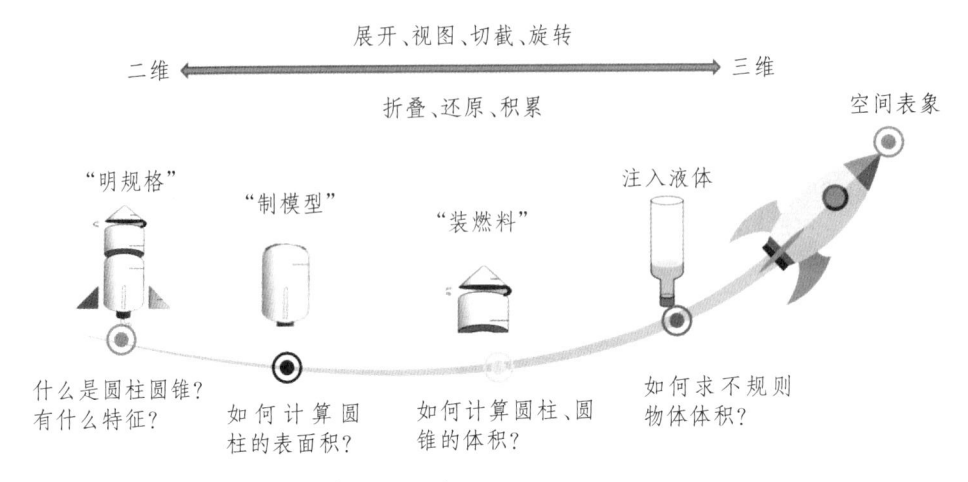

```
            展开、视图、切截、旋转
二维 ←――――――――――――――――――→ 三维
            折叠、还原、积累
```

"明规格"　"制模型"　"装燃料"　注入液体　空间表象

什么是圆柱圆锥？　如何计算圆　如何计算圆柱、圆　如何求不规则
有什么特征？　　　柱的表面积？　锥的体积？　　　物体体积？

2. 用中学：转化维度，建立结构关联

史宁中教授认为："图形抽象的本质就是把三维空间的物体表达在二维平面上，研究的问题主要是位置关系、变化规律。"因此，教学中通过圆柱展开与折叠让学生感受二维与三维各部分之间的联系，突破圆柱表面积学习难点。学生经历圆柱切、叠过程，有利于学生猜想圆柱体积；通过旋转长方形和三角形得到圆柱与圆锥，引导学生猜想、验证圆柱与圆锥体积公式。教学中为让学生充分进行操作与想象，建立二维与三维图形之间的联系，找到对应的图形元素，深化对图形特征的认知，特地设置一节学科实践课——"圆柱、圆锥创'做'秀"。

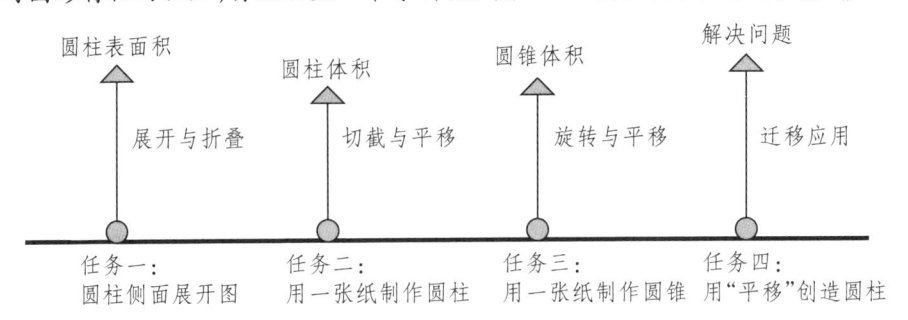

圆柱表面积　　圆柱体积　　圆锥体积　　解决问题

　展开与折叠　　切截与平移　　旋转与平移　　迁移应用

任务一：　　　任务二：　　　任务三：　　　任务四：
圆柱侧面展开图　用一张纸制作圆柱　用一张纸制作圆锥　用"平移"创造圆柱

学科实践课"圆柱、圆锥创'做'秀"与各课时之间关系

3. 创中学：探寻路径，实现迁移应用

学生的素养体现在解决新情境下的复杂问题时表现出来的思维品质和做事风格，而这些的形成需要学生理解与迁移学习过程中蕴含的思想方法、思维方式、情感态度等。为此，在本单元教学过程中，认识圆柱、圆锥图形特征运用了定性研究与定量研究的方法，探究圆柱表面积、圆柱圆锥体积时鼓励学生通过回顾已有学习经验，对圆柱、圆锥进行猜想，并尝试迁移、应用学习经验，验证自己的猜想,发展空间观念、推理能力和问题解决的能力。最后设计了"探秘立体图形"这一拓展性单元长作业,目的是让学生在研究其他立体图形的过程中,基本实现单元的迁移目标。

(四)单元任务序列及核心问题

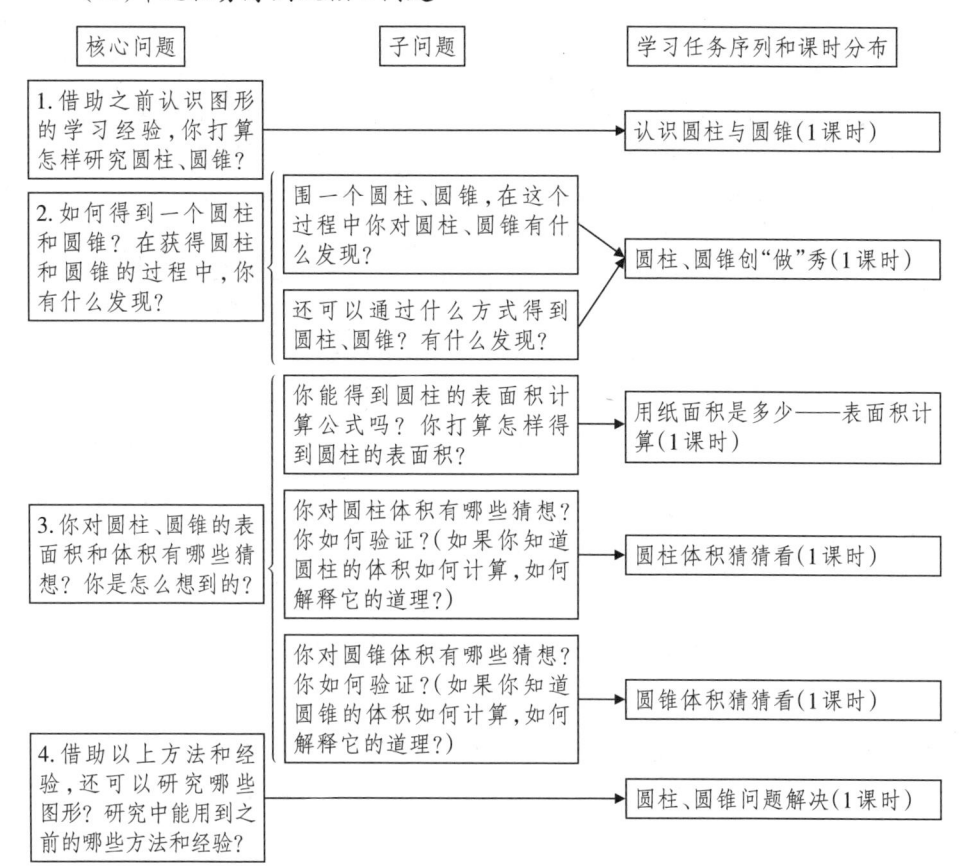

核心问题	子问题	学习任务序列和课时分布
1.借助之前认识图形的学习经验,你打算怎样研究圆柱、圆锥?		认识圆柱与圆锥(1课时)
2.如何得到一个圆柱和圆锥?在获得圆柱和圆锥的过程中,你有什么发现?	围一个圆柱、圆锥,在这个过程中你对圆柱、圆锥有什么发现?	圆柱、圆锥创"做"秀(1课时)
	还可以通过什么方式得到圆柱、圆锥?有什么发现?	
3.你对圆柱、圆锥的表面积和体积有哪些猜想?你是怎么想到的?	你能得到圆柱的表面积计算公式吗?你打算怎样得到圆柱的表面积?	用纸面积是多少——表面积计算(1课时)
	你对圆柱体积有哪些猜想?你如何验证?(如果你知道圆柱的体积如何计算,如何解释它的道理?)	圆柱体积猜猜看(1课时)
	你对圆锥体积有哪些猜想?你如何验证?(如果你知道圆锥的体积如何计算,如何解释它的道理?)	圆锥体积猜猜看(1课时)
4.借助以上方法和经验,还可以研究哪些图形?研究中能用到之前的哪些方法和经验?		圆柱、圆锥问题解决(1课时)

（五）单元流程图

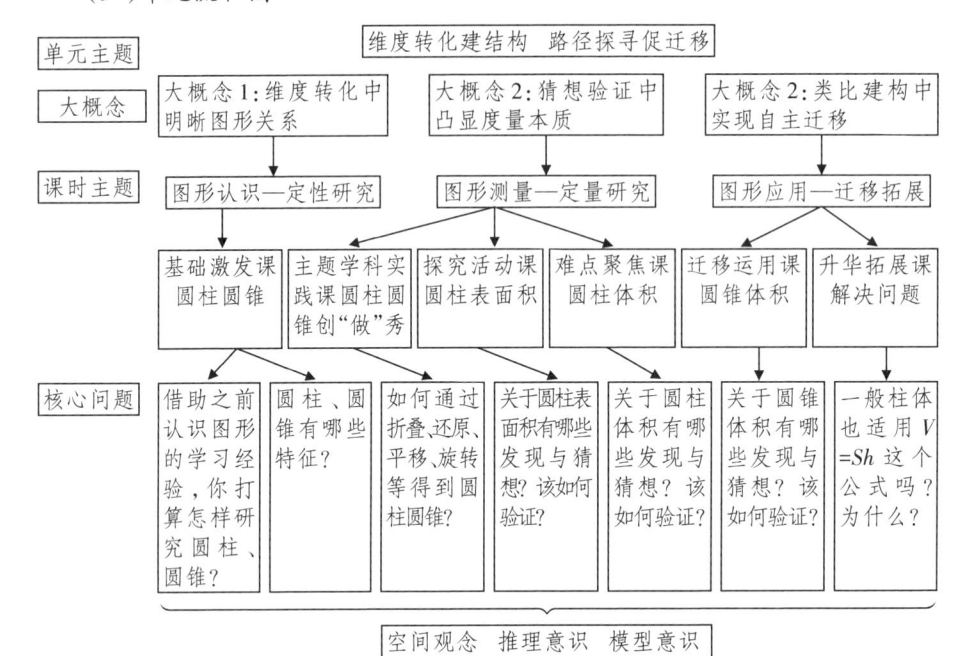

单元主题	维度转化建结构　路径探寻促迁移

大概念	大概念1：维度转化中明晰图形关系	大概念2：猜想验证中凸显度量本质	大概念2：类比建构中实现自主迁移

课时主题	图形认识—定性研究	图形测量—定量研究	图形应用—迁移拓展

	基础激发课圆柱圆锥	主题学科实践课圆柱圆锥创"做"秀	探究活动课圆柱表面积	难点聚焦课圆柱体积	迁移运用课圆锥体积	升华拓展课解决问题
核心问题	借助之前认识图形的学习经验，你打算怎样研究圆柱、圆锥？	圆柱、圆锥有哪些特征？	如何通过折叠、还原、平移、旋转等得到圆柱圆锥？	关于圆柱表面积有哪些发现与猜想？该如何验证？	关于圆柱体积有哪些发现与猜想？该如何验证？	关于圆锥体积有哪些发现与猜想？该如何验证？	一般柱体也适用$V=Sh$这个公式吗？为什么？

空间观念　推理意识　模型意识

三、单元学习评价——精设计，提素养

（一）单元学习评价理念

《义务教育数学课程标准（2022年版）》指出，单元整体教学设计不仅关注基础知识和基本技能、基本思想和基本活动经验，还关注居于课程中心、需要持久理解的大概念或核心概念。本单元立足学生的认知规律及学习需求，优化设计了"圆柱和圆锥"单元学习评价。秉持评价的全面性、发展性、多元性、层次性、生活性、操作性等原则提高学生的学习积极性，培养学生的实践能力，从而使其有效地巩固课堂所学内容。

（二）单元学习评价设计思路

根据学生的学习结果表现，对本单元的重要内容设计评价任务和对评价量规进行考察。单元学习评价设计思路如下：

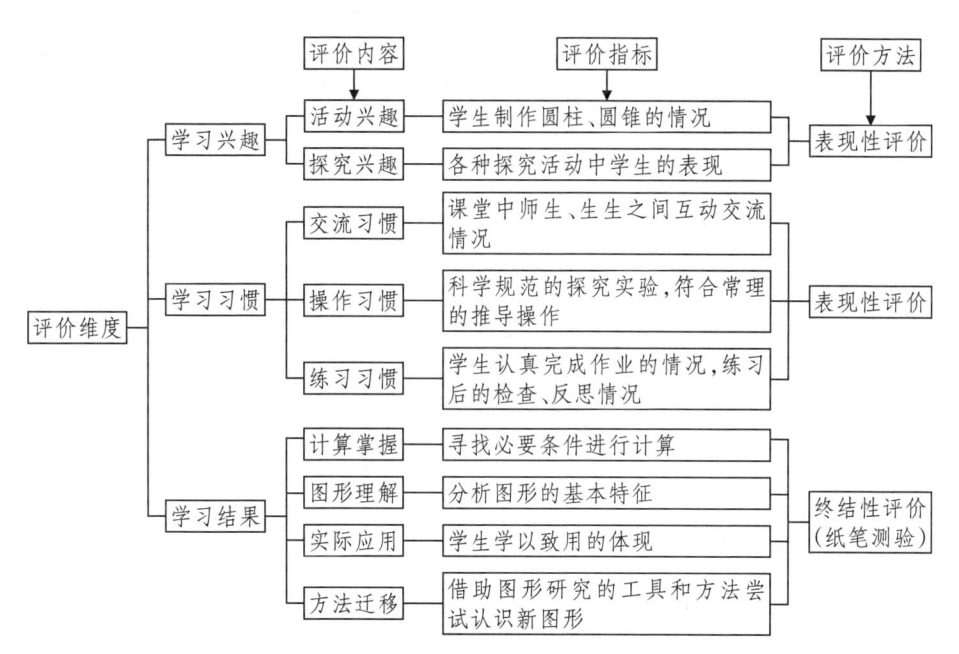

第八章 基于"真数学"的案例分析和单元教学设计

```
                    评价内容    评价指标              评价方法
                      ↓         ↓                   ↓
          ┌─活动兴趣──学生制作圆柱、圆锥的情况──┐
   学习兴趣┤                                    ├─表现性评价
          └─探究兴趣──各种探究活动中学生的表现──┘

          ┌─交流习惯──课堂中师生、生生之间互动交流情况──┐
   学习习惯┤─操作习惯──科学规范的探究实验,符合常理的推导操作├─表现性评价
评价维度  └─练习习惯──学生认真完成作业的情况,练习后的检查、反思情况─┘

          ┌─计算掌握──寻找必要条件进行计算──┐
   学习结果┤─图形理解──分析图形的基本特征──  ├─终结性评价
          │─实际应用──学生学以致用的体现──  │ (纸笔测验)
          └─方法迁移──借助图形研究的工具和方法尝试认识新图形─┘
```

单元评价是检测学生在完成相关单元学习内容后所要达到的要求和能力水平,单元教学目标是课程目标在教学中的具体体现,单元评价要依据单元目标展开。在具体操作上,单元评价目标是单元教学目标的转化,是单元评价内容设计的基础。

(三)单元学习评价目标

单元学习评价目标	记忆	理解	应用	分析	评价	创造	核心素养
能从度量的角度认识圆柱和圆锥,并能说出其特征							
了解圆柱和圆锥的底面、侧面和高的含义							
能感悟点、线、面、体的关系,理解长度、面积、体积是相应度量单位的累加							空间观念 推理能力 量感 几何直观 模型意识
了解圆柱展开图,能辨认圆柱的展开图							
探索并掌握圆柱表面积的计算公式,会计算圆柱表面积							
能与他人合作交流,综合运用数学学科和跨学科的知识与方法解决问题							
探索并掌握圆柱体积的计算公式,会计算圆柱的体积							
体验不规则物体体积的计算方法							
探索圆锥的体积,会计算圆锥的体积							

251

(四)单元评价量表

评价维度	评价指标	评价等级 ★	评价等级 ★★	评价等级 ★★★	自我评价	同伴互评	教师评价
数学思维	探索表面积及各元素之间的关系	在实际情境中经历"圆柱展开""卷成圆柱"等过程	在实际情境中经历"圆柱展开""卷成圆柱"等过程,并正确计算出圆柱的侧面积	在实际情境中用"化曲为直"的思想正确计算出圆柱表面积	☆☆☆	☆☆☆	☆☆☆
数学思维	探索圆柱与长方体之间的关系	能在教师引导下探究圆柱底面、高与拼成的近似长方体的底面积、高之间的关系	能在小组合作中探究圆柱底面、高与拼成的近似长方体的底面积、高之间的关系,推导出圆柱的体积公式	能自主探究圆柱底面、高与拼成的近似长方体的底面积、高之间的关系,推导出圆柱的体积公式	☆☆☆	☆☆☆	☆☆☆
数学思维	探索等底等高的圆柱与圆锥的关系	能在教师引导下探索等底等高、等积等底的圆柱和圆锥之间的关系,理解完整的推导过程并得出正确结论	能在小组合作中探索等底等高、等积等底的圆柱和圆锥之间的关系,理解完整的推导过程并得出正确结论	能自主探索等底等高、等积等底、等积等高的圆柱和圆锥之间的关系,理解完整的推导过程并得出正确结论	☆☆☆	☆☆☆	☆☆☆
数学实践	探索圆柱与圆锥的关系	能从实物中抽象出圆柱、圆锥的特征,制作任意一个圆柱与圆锥模型	能在教师引导下通过模型制作总结圆柱与圆锥的相同点和不同点	能通过"剪一剪"的探究活动,发现圆柱、圆锥侧面展开图的长、宽与底面周长、高之间的关系	☆☆☆	☆☆☆	☆☆☆

续表

评价维度	评价指标	评价等级 ★	评价等级 ★★	评价等级 ★★★	自我评价	同伴互评	教师评价
数学实践	探索圆柱与圆锥的转化	能在教师引导下猜测圆柱体积的计算方法，通过切割拼合活动将求圆柱体积转化为求长方体的体积	能在教师引导下猜测圆柱与圆锥体积的关系，并通过倒水等探究活动发现圆柱和圆锥之间的体积关系	能在合作交流中总结归纳圆柱与圆锥的体积计算公式，并利用体积公式解决实际问题	☆☆☆	☆☆☆	☆☆☆
数学实践	单元学习的思维导图	能利用文字简单地描述圆柱和圆锥的知识体系	能利用图文大致呈现圆柱与圆锥的知识体系	能利用图文有条理、完整地梳理圆柱和圆锥的知识体系	☆☆☆	☆☆☆	☆☆☆
态度责任	数学活动	对数学有好奇心，愿意参与圆柱与圆锥的认识与测量学习活动	对数学有求知欲，主动参与圆柱与圆锥的认识与测量学习活动	对数学有求知欲，在圆柱和圆锥学习活动中，体验立体图形与生活的联系	☆☆☆	☆☆☆	☆☆☆
态度责任	数学应用	在解决圆柱与圆锥相关问题的过程中，体验克服困难的成就，体会数学的作用	在解决圆柱与圆锥相关问题的过程中，体验成功的乐趣，感受数学的价值	在解决圆柱与圆锥相关问题的过程中，相信自己能学好数学，体验并欣赏数学美	☆☆☆	☆☆☆	☆☆☆
态度责任	数学习惯	在圆柱与圆锥的学习过程中，能独立完成任务，并能提出自己的想法	在圆柱与圆锥的学习过程中，乐于合作，能和同学交流	在圆柱与圆锥的学习过程中，能独立思考，并能在交流中反思、质疑	☆☆☆	☆☆☆	☆☆☆

四、重构课时案例分析

维度转化　培养空间观念

——以核心构造课"圆柱、圆锥创'做'秀"为例

"圆柱、圆锥创'做'秀"是教学重构后新增的一节主题学科实践课。新增这节课的目的是在学生初步认识圆柱和圆锥特征的基础上，通过动手操作创"做"

圆柱、圆锥，一方面加强学生对其特征的理解掌握，另一方面培养学生的动手能力、空间想象能力，发展学生的空间观念。

(一)教材学情分析——明真知，知学情，定目标

"圆柱和圆锥"是在学生已经掌握了长方体、正方体、圆的有关知识的基础上进行教学的，是学生在小学阶段最后认识的两个几何图形。教材让学生结合实物探索圆柱、圆锥的特征。教材从生活情境引入，让学生结合实物图片从整体感知圆柱、圆锥，帮助学生抽象出圆柱圆锥表象。然后引导学生通过观察、比较、测量、交流等活动，进一步探索圆柱圆锥的特征。在此基础上，结合圆柱圆锥的直观图，介绍圆柱的底面、侧面和高。通过快速旋转长方形、直角三角形硬纸的操作活动，引导学生结合空间想象，体会立体图形的形成过程，发展学生的空间观念。通过剪开圆柱形罐头盒的商标纸，让学生充分探究，把圆柱侧面展开后得到的长方形的长和宽与圆柱的相关量对应起来，为后面学习圆柱的表面积计算作准备。从前文的分析可见，圆柱和圆锥的学习都重视二维与三维的转化，转化的方法除了教材的方法外，还有卷、叠、移等，可在本节课进行教学，丰富学生的空间想象能力。

在平时的教学中，我们可以发现，数学课堂中存在"伪操作""被动操作"的现象：操作之前不明白为什么要这样操作；操作之中，不知道怎么去聚焦问题的本质；操作之后，不会将操作的结果跟问题进行对比联系，从而解决问题。作为"圆柱和圆锥"的一节设计制作课，知识与技能的目标是"让学生经历观察、想象、操作等数学活动过程，厘清面和体之间的联系"，而过程与方法的目标则是"在活动中进一步积累空间与图形的学习经验，增强空间观念，发展数学思考"。

三、教学实施——在操作中发展空间观念

下面是一道前测题：把圆柱的侧面沿高剪开后，展开平铺在桌面上，猜一猜侧面展开后可能是什么形状？它们之间有什么联系？请写一写。

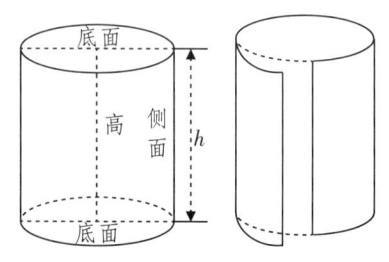

95.3%的学生结合直观图，能想象出剪开是长方形，但只有32%的学生能找到长方形长、宽和原来圆柱各部分之间的关系。据此，教师出示三个任务，学

生在任务的驱动下进行想象、动手操作,实现二维与三维的转化,理解、掌握平面图形与转化后的立体图形各部分之间的联系,发展学生的空间观念。

任务一:请用长6厘米、宽4厘米的长方形(右图)"创造"一个圆柱,思考你是如何操作"创造"出圆柱的? 这张长方形纸与圆柱之间有怎样的联系? 学生经过独立思考、操作、小组交流,得出了以下方法。

方法一:卷。

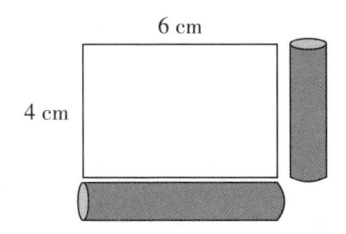

方法二:旋转。①以长为轴;②以宽为轴;③以两条宽中点连线为轴;④以两条长中点连线为轴。

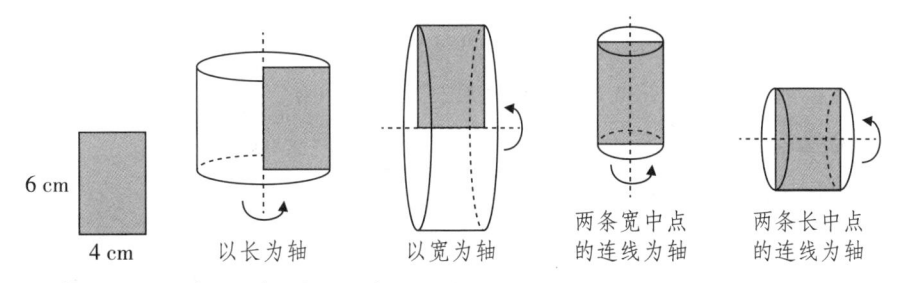

学生通过观察、思考、交流,有以下发现:

生1:无论是"卷"还是"旋转",都是把二维图形变成了三维立体图形。

生2:以长为轴"卷"成的圆柱的高是长方形的长,圆柱的底面周长是长方形的宽,圆柱的侧面积其实就是长方形的面积。

生3:我的圆柱比较"胖"(以宽为轴),"卷"成的圆柱的高是长方形的宽,圆柱的底面周长是长方形的长,但面积是一样的(指圆柱侧面积与长方形面积)。

生4:把长方形旋转成圆柱有很多种方法,以谁为轴谁就是高,但半径是不一样的,有时是长,有时是宽,有时是长或宽的一半。

学生在操作、观察和交流中感受其中的"变"与"不变",以及二维图形与"创造"的立体图形各部分之间的联系,发展了空间观念,积累了丰富的问题解决活动经验。

任务二:请用底3厘米、高7厘米的三角形(右图)"创造"一个圆锥,你是如何操作"创造"出圆锥的?这个三角形与圆锥之间有怎样的联系?学生经过独立思考、操作、小组交流,得出了以下方法。

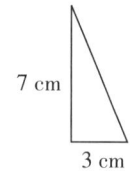

方法:旋转。

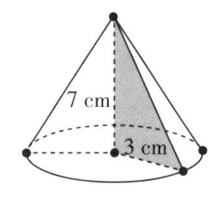

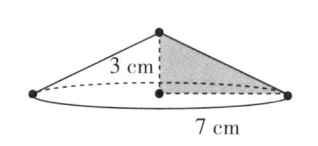

①以长直角边为轴,短直角边是圆锥的底面半径,长直角边是圆锥的高;②以短边为轴,短直角边是圆锥的高,长直角边是圆锥的底面半径。这一过程主要是让学生经历知识形成的过程。让学生在动手操作中,通过观察、想象、猜想、验证、总结等过程,探究圆锥的基本特征,并自主构建圆锥的概念。从中不断积累探究立体图形的活动经验。

任务三:思考我们把圆柱横切可以得到圆,如果把一个圆垂直向上平移能否得到圆柱?让我们一起动手,尝试用"平移"的方法得到底面直径是8厘米、高是15厘米圆柱。你能有什么发现?能提出什么新猜想?

生1:一张圆片也是圆柱,然后好多张堆在一起,也是圆柱,堆得越多,圆柱越高。

生2:不用一堆,我就用一个圆片,用一个圆片,向上一拉,走过的"路程"就是圆柱。

生3:圆柱既是柱体,又是旋转体。

师:是的,所以它既有柱体的特征,又有旋转体的特征。现在你知道圆柱为什么上下一样粗,侧面是一个曲面吗?

生4:因为圆柱是一个长方形旋转而成的,旋转一周,侧面是曲面。

教师总结后,呈现知识结构图(右图)。

这一过程通过创造圆柱,让学生感受圆柱可以由长方形以多种方式旋转而成,也可以由圆平移而产生。

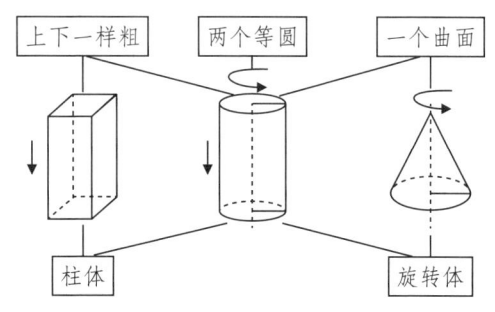

借助几何体的产生,教师介绍了柱体和旋转体,把圆柱和以往学习过的立体图形建立起联系,从而形成完整的知识结构。圆柱的产生,可以解释圆柱诸多的特征,因此,在本环节,教师最后追问:圆柱为什么上下一样粗,侧面是一个曲面?目的是让学生形成完整的认知结构:因为圆柱既是柱体又是旋转体,因此既具备上下等面、一样粗的柱体特征,又有侧面是曲面的旋转体的特征。

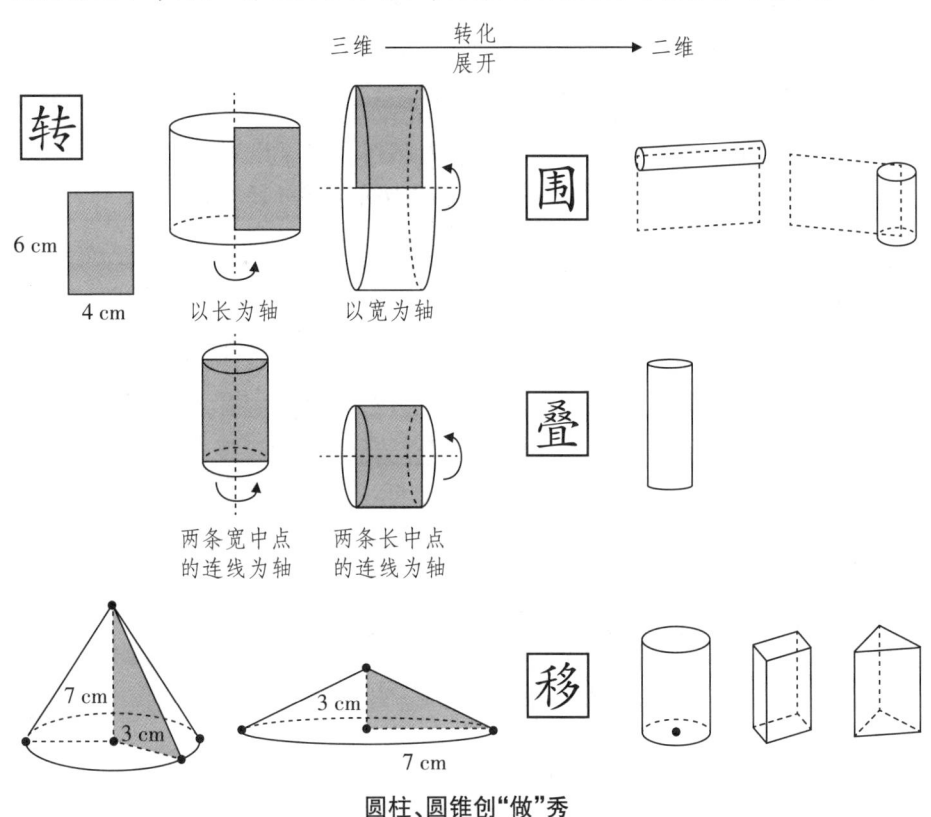

圆柱、圆锥创"做"秀

空间观念是一个人对周围环境和实物的形状、大小和相互位置关系的表象认识。对二维和三维图形及其性质的感知和领会,图形之间的相互关系和图形的变换是空间观念的重要内容。认识图形这部分内容的教学无疑是培养、发展学生空间观念的重要载体之一。在学生初步认识圆柱的特征之后,"创造圆柱圆锥"这一活动又进一步促进了学生空间观念的发展。从"用一张长方形纸围成圆柱",到"用若干个一样的圆片叠成圆柱",再到"一个长方形通过旋转也可以形成圆柱",当学生的视角、观念逐步由静态走向动态时,他们对图形的认识也完成了一次从二维到三维的重大飞跃。当学生有意识地分析平面与立体之间的联系、想象其他平面图形的旋转时,他们的空间观念也无形中得到了进一步的发展。

整体把握时间概念　凸显度量本质
——以人教版数学三年级下册第六单元"年、月、日"为例

一、单元内容解析——明晰真知，确定策略

(一)课标分析

原内容要求(学什么)：认识时间单位年、月、日，知道平年、闰年等方面的知识，记住每个月以及平年、闰年各有多少天；知道24时计时法，会用24时计时法表示时刻；初步理解时间和时刻的意义，学会计算简单的经过时间。

新内容要求(学什么)：知道24时计时法；认识年、月、日，知道它们之间的关系；能运用年、月、日的知识解释生活中的问题，增强初步的应用意识(例54)。了解中国古代如何认识一年四季，了解中华优秀传统文化(例55)。

学业要求(学到什么程度)：知道24时计时法与钟表上刻度的关系，能用24时计时法表示时间；知道年、月、日之间的关系，以及相关的简单历法知识；知道一年四季的重要性，了解中国古代是如何通过土圭之法确定一年四季的，培养家国情怀。

教学提示(怎么学)：认识年、月、日等更为一般的时间概念。引导学生尝试用学过的知识解决应用性的数学问题和简单的实际问题，体会数学的价值，提升应用意识。引导学生查阅资料，知道中国古代那些与量有关的概念的由来，培养家国情怀，积累学习经验。

"年、月、日"原属于数与代数领域。2022年版数学课程标准把这部分知识划分到了综合与实践的领域。综合与实践是小学数学学习的重要领域，学生将在实际情境和真实问题中运用数学和其他学科的知识与方法，经历发现问题、提出问题、分析问题、解决问题的过程。感悟数学知识之间、数学与其他学科知识之间、数学与科学技术和社会生活之间的联系。积累活动经验，感悟思想方法，形成和发展模型意识、应用意识、创新意识，提高解决实际问题的能力，形成和发展核心素养。

(二)教材分析

1.纵向分析

"年、月、日"是人教版小学数学三年级下册第六单元的内容。学生将学习关于时间的基本概念，如年、月、日以及它们之间的关系。此外，还将涉及24小

时制的理解和应用,能计算经过时间,感悟时间特性。同时,学生将通过实际活动体验合理安排时间的重要性,体会中国古代科学家孜孜以求的探索精神,了解中华优秀传统文化,感悟家国情怀。

一年级上册"认识钟表"单元中主要认识整时;二年级上册"认识时间"单元中呈现的内容由认识整时过渡到认识几时几分;三年级上册"时、分、秒"单元中不但认识秒,完成对钟面上时间元素的认识,还增加了有关时、分、秒各单位之间的换算与计算的内容;三年级下册"年、月、日"单元是时间相关教学内容的终篇。年月日的教学,无论是有关量感体验的难度,还是有关时间单位的换算,都与"时、分、秒"的学习有较大差异。

年级	教材页码	单元名称	单元内容	课时安排
一上	84—87	"认识钟表"	"认识钟表""认识整时"	2课时
二上	90—96	"认识时间"	"认识几时几分"	3课时
三上	2—8	"时、分、秒"	"秒的认识""时间单位的换算""简单的时间计算"	3课时
三下	70—82	"年、月、日"	"年、月、日""平年闰年""24时计时法""制作活动日历""经过时间的计算""土圭之法和二十四节气"	7课时

"认识钟表"和"年、月、日"在《义务教育数学课程标准(2011年版)》中隶属于"数与代数"领域,2022年版课标则将其归入"综合与实践"领域,以"主题活动"的形式出现。第一学段"时间在哪里"要求侧重认识时、分、秒等生活中最常见的表示时间的量;第二学段"年、月、日的秘密"要求认识年、月、日等更为一般的时间概念,还要引导学生尝试用学过的知识解决应用性的数学问题和简单的实际问题。

2.横向分析(参考教材:人教版、北师大版、苏教版)

三个版本教材编排共同点:

(1)精心选取和学生生活联系密切的素材:教材十分关注学生的生活经验和情感经验,有意识地精选与学生生活联系密切的素材,引导学生主动地观察、探究、发现其中的知识。

(2)为学生创设自主建构知识的活动和思考空间:教材在编排时,注意为学生搭建自主学习、主动建构知识的平台,为学生亲历知识的形成过程提供机会。

(3)借助几何直观,帮助学生理解抽象的概念:教材借助多种直观方法帮助学生理解抽象的知识,如"年历表""时间轴"等。

三个版本教材编排不同点:

(1)本单元的学习,人教版和苏教版均安排在三年级下册,北师大版安排在三年级上册。

(2)苏教版和人教版的课时安排比较相近,其中制作月历的活动,人教版放在最后作为综合实践活动课进行,苏教版则是安排在"年月日"的学习之后。北师大版整个单元主要包括3个部分——"看日历""一天的时间""时间表",其中"时间表"一课拓展了"时区与时差"的知识。

(3)经过时间的计算一课,人教版主要涉及3种方法:一是在钟面上数一数,二是分两段计算,三是运用24时计时法计算;苏教版在此基础上增加了作图法,用线段图来计算经过的时间;北师大版结合学生作息时间表安排在"时间表"里学习,融合了"时区与时差"的知识。

(4)人教版介绍了平年闰年的判断方法、二十四节气及时区与时差的知识;苏教版介绍了一年四季的划分方法、平年闰年的判断和时区的划分。

(三)学情分析

本单元,利用三年级"数据收集和整理"的数学知识,引导学生根据调查需要设计调查表,并完成前置作业。

(1)前置作业

①观察2023年年历,填一填。

节日	日期(几月几日)	星期	前一天日期	后一天日期
劳动节				
儿童节				
建党节				
元旦节				

你知道哪些特殊的节日?请标注在2023年的年历上。

②查阅连续四年的年历,在表格中记录每月的天数。

年份	1月	2月	3月	4月	5月	6月	7月	8月	9月	10月	11月	12月

你会区分平年、闰年吗?请标注在上表中。

③关于年月日,你知道了什么?想了解什么知识?

④你听说过24时计时法吗?它和12时计时法有什么关系呢?

(2)前测情况如下(共调查年级278位学生)

①对于每月的天数(包括规律),仅有52%的同学能完整写出并找到规律,其他同学相对模糊。

②56.8%的同学听说过平年、闰年,对于判断方法多不知,仅有6人提及可以用"年份÷4",没有人提及整百年份要"÷400"。

③84.2%的同学通过电视、电脑等途径听说过24时计时法,但对于12时计时法和24时计时法之间的关系,仅有17.3%的学生能说出。

在调查中,学生意识到:虽然"年月日"的知识就在我们的日常生活中,但有许多我们未发现的知识等待我们去探索。

(3)前测情况分析(可能的学习障碍)

学生虽然在实际生活中对"年月日"有过一些感受和初步的经验,但是缺乏清晰的、全面的认识。

①时间认识很抽象:虽然学生每天都有较固定的作息时间表,都在时间里进行学习和生活,但其只是执行者,而非时间表的设计者和协调者,仅有极少数学生能关注到时间的变化及其与学习、生活的真正关联。学生通过对时间的认识——与数的认识、物体的轻重和大小、认识人民币及购物等相比,积累到的感性经验远远不够。

②时间知识点很多:"年、月、日"单元知识点多且关系密切,一旦某个环节出错,便能导致整个认知混乱无序。

首先是时间单位的进率,时分秒之间的进率为60,1时=60分,1分=60秒,日

(天)与时的进率为24。在"年月日"的学习中,学生需要弄清楚,1日=24时,1星期7天。一年12个月分大月小月,大月每月31天,小月每月30天,特殊月平年28天和闰年29天。1个季度3个月,半年6个月,平年上半年181天,闰年上半年182天,下半年平闰年均是184天。

其次是计算经过的天数及知道某一天为星期几,问指定的某一天为星期几,需要学生通过列表,综合运用知识才可以寻找到答案。但三年级学生耐性不足,往往难以顺利解决问题。

再者是"一天的时间"有12时计时法和24时计时法,两种计时法进行互换时,学生需要在12时计时法前面冠以说明时段的标识,如上午、下午、晚上等,或者下午起需要加上12转换成24时计时法。而"时间表"里要弄清楚经过的时间,对于学生来说也不容易,可借助实物细看,或者通过计算得到结果。在计算时,依照竖式的算法,需要学生特别注意时与分的进率为60,更需要学生有细致的观察和分析。

(四)单元学习目标

《义务教育数学课程标准(2022年版)》指出,教学目标除了包含对常见的量的数学知识要求,还包括关注学生活动经验的获得和情感态度的发展。课标体现出的进阶维度主要有四个方面:数学知识的内容进阶(计时法、年月日、四季的周期性等)、核心素养进阶(时间量感)、问题情境的复杂程度进阶(生活事件、古代历法、立杆测影[①]、滴水实验、体育中的计时等)、情感态度进阶(积极参与、交流表达、家国情怀等)。因此,"年、月、日"主题活动的"长程单元"教学目标的设定,主要从两个角度考虑。

1.数学理解与迁移,指向学科大观念

(1)能梳理总结对年、月、日的认识,知道大月、小月、闰月及其相关知识;了解平年、闰年等方面的最基本知识。(知识技能)

(2)在生活情境中感悟年月日及其相互关系,在实际情境中初步形成对时间长短的量感,感悟一年四季的周期性和重要性,懂得遵守时间、珍惜时间。(量感素养)

(3)知道24时计时法,会用24时计时法表示时刻;会计算简单的经过时间;

[①] 古代称"立竿测影",《义务教育数学课程标准(2022年版)》称"立杆测影",本书采用了课标的说法。——编辑注

结合具体的生活情境,体会时刻与经过时间之间的区别与联系,能解决简单的实际问题。(问题解决)

(4)能结合生活事件、古代历法知识、立杆测影等丰富情境,主动了解我国古代计时工具的创造与发明,体会数学文化对于人类生活和科学发展的重要意义,感受中国的历史和文化传承。(情感态度)

2.公民素养,指向共通性素养

(1)在主题化活动中,提升动手实践能力和创新意识与应用意识。

(2)在小组活动中,能够良好沟通、有效协作、乐于尝试、敢于挑战。

(3)懂得珍惜时间,遵守时间,管理时间。

(五)教学策略

根据课标、教材、学情分析,制定以下教学策略:

1.关注学生的生活经验,在生动具体的情境中感受时间

(1)选用贴近学生生活实际的素材;

(2)设计一系列活动,如制作月历、编制暑假计划等。

2.多种途径引导,弘扬中华优秀传统文化

(1)创设一些现实性情境;

(2)布置一些实践性任务;

(3)设计一些具有挑战性的问题。

3.重视直观教学,充分发挥教具和学具的作用

(1)使用钟表模型等教具或学具;

(2)准备时间尺,借助几何直观帮助学生理解24时计时法。

4.注意课内、课外结合,主动跨界

(1)设计预学单,让学生先预习或收集相关知识;

(2)课堂上设计一些空间相对大一些的问题,让学生围绕问题进行交流和研讨;

(3)设计和布置实践性作业,让学生课后(甚至用更长的时间)去完成。

二、教学内容重构——遵循规律,凸显本质

(一)单元内容重构

"年、月、日"原属"数与代数"领域"常见的量"的内容,2022年版数学课程标准把这部分知识划分到了"综合与实践"领域,以主题活动的形式呈现。虽然新教材尚未发布,但从新课标中可见,"24时计时法"的学习已经前置,安排在"我

的一天时间规划"主题活动中,本单元结合"年、月、日的秘密"及"土圭之法的故事"主题活动指导内容,进行重组开发。

> **例54 年、月、日的秘密**
>
> 通过对现实世界时间的描述,进一步认识年、月、日这些"长"时间单位,感悟时间是对过程的度量。
>
> 【说明】学生依托生活经验,了解24时计时法,会用24时计时法表示时刻;梳理总结对年、月、日的认识,探索它们之间的关系;感受生活中时间单位的应用,提高应用意识。
>
> 此主题活动可作如下设计。
>
> (1) 我的一天时间规划
> 结合多个生活情境,指导学生理解12时计时法和24时计时法的联系;指导学生用 24时计时法或自己喜欢的其他方式记录一天的生活,并作出周末某一天的时间规划;组织学生展示自己的一天时间规划,互相交流评价。
>
> (2) 日历中的发现
> 创设活动,指导学生探索日历、月历中的信息,使学生结合生活经验,认识年、月、日以及它们之间的关系。
>
> (3) 年、月、日知多少
> 活动前查找关于年、月、日的由来,以及历史故事、历法发展等资料,召开"年、月、日知多少"故事会。协助学生分类和归纳年、月、日等知识,加深对年、月、日的长度及关系的理解,初步感知时间单位与星象运动的关系,扩展对其他计时单位及历法的了解,感受生活中各种时间单位的应用。
>
> (4) 制作月历牌
> 指导学生选择有纪念意义的一年,如自己出生的年份、爸爸和妈妈结婚的年份、奥运会召开的年份等,设计、制作这一年的月历牌,并相互欣赏评价。

从知识结构上看,"年"和"月",是在"日"这个基本单位的基础上产生的。将"24时计时法"前置,先学习"日",再学习"年"和"月",学生能深刻领悟到"年"和"月"是对"日"这个基本单位的累积,而"时""分""秒"则是对"日"这个基本单位的细分,形成认知结构,这样更符合学生的认知规律。

根据以上分析,本单元教学进行了如下重构:

统整前(7课时)		统整后(6课时)	
内容	课时	内容	课时
"年、月、日"	1课时	"24时计时法"	1课时
"平年闰年"	1课时	"经过时间的计算"(含练习课)	1课时
练习课	1课时	"年、月、日"	1课时
"24时计时法"	1课时	"平年闰年"	1课时
"经过时间的计算"	1课时	"制作活动日历"(含整理与复习)	1课时
"整理和复习"	1课时	"土圭之法和二十四节气"	1课时
"制作活动日历"(综合实践)	1课时	总计6课时	
总计7课时			

(二)单元课型规划

	课时主题	素养指向	课型
第1课时	"24时计时法"		种子课
第2课时	"经过时间的计算"		生长课
第3课时	"年、月、日"	时间量感	种子课
第4课时	"平年闰年"		生长课
第5课时	"制作活动日历"		衍展课
第6课时	"土圭之法和二十四节气"		衍展课

(三)单元教学流程图

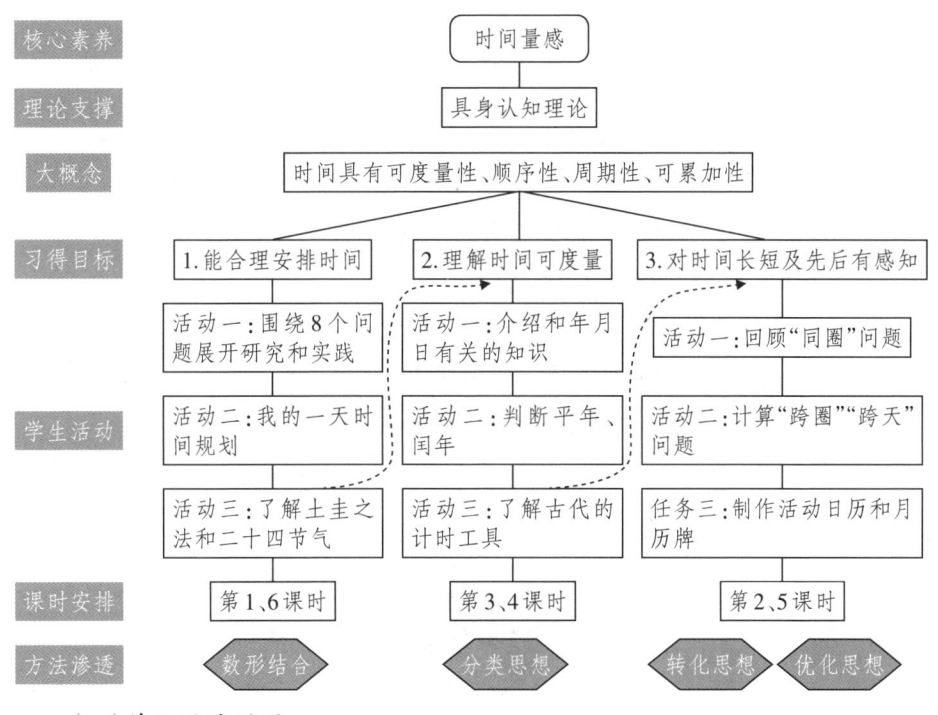

核心素养	时间量感
理论支撑	具身认知理论
大概念	时间具有可度量性、顺序性、周期性、可累加性
习得目标	1.能合理安排时间　2.理解时间可度量　3.对时间长短及先后有感知
学生活动	活动一:围绕8个问题展开研究和实践　活动一:介绍和年月日有关的知识　活动一:回顾"同圈"问题 活动二:我的一天时间规划　活动二:判断平年、闰年　活动二:计算"跨圈""跨天"问题 活动三:了解土圭之法和二十四节气　活动三:了解古代的计时工具　任务三:制作活动日历和月历牌
课时安排	第1、6课时　第3、4课时　第2、5课时
方法渗透	数形结合　分类思想　转化思想　优化思想

(四)单元设计说明

1.关注学科融合

2022年版义务教育课程方案和数学课程标准中强调应设立跨学科主题学习活动,关注学科间的联系,加强全学科融合的教学实践。"年、月、日"单元属于综合实践领域,通过多学科教学活动的融合来培养学生观察、分析、推理等数学思维。数学学科中的关键核心素养"量感",可以助力学生形成良好的时间观念;科学学科中的"探究实践",可以帮助学生探究计时工具的发明原理;道德与法治学科中的"健全人格",可以帮助学生合理安排时间,养成良好的生活习惯。各个学科都在从不同的角度进行着"学科育人"。于是在单元整体设计时,联合科学组、道德与法治组进行跨学科教研,探讨学科融合的关键点,打破学科边界,更加完整和综合地实现课程育人。

2.强化学科实践

实践是认识的根本路径,从核心素养的培养视角来说,只有基于实践、通过实践的认识,才能发展学生的核心素养。本单元,基于真实情境与问题进行学习,注重具身参与和亲身经历,使抽象的时间量感变得表象清晰、直观可感,突破时间量感培养的教学难点。

例如,制作时间尺,化"曲"为"直",探究计时法;"我的一天时间规划",合理安排时间;制作活动日历,综合应用年月日知识等。有效形成感性认识与理性认识的转化关系,并促使感性认识与理性认识形成良性循环。

3.挖掘学科本质

小学阶段的量感培养主要集中在两部分内容上:一是图形与几何,是在传统的度量领域如长度、面积、角度、体积等属性中,培养学生的量感;二是综合与实践,包括对货币、时间和质量等的认识。

传统的度量属性,学生理解起来比较容易。但货币、时间的度量单位相对抽象。于是在"年、月、日"单元不同的课时中,进行时间量感不同维度的渗透,让学生感受到时间的顺序性、周期性,可累加、可测量等特点。

三、单元学习评价——实现真评,提升素养

(一)单元评价设计原则

(二)单元评价目标、内容、任务及评价方式

基于《义务教育数学课程标准(2022年版)》,可以看到"年、月、日"这一主题活动主要有四个进阶维度(数学知识的内容、核心素养、问题情境的复杂程度、情感态度),基于四个进阶维度以及本单元的教学目标和进阶点,设计单元评价

任务及评价方式如下：

教学目标类型	评价内容要点	评价任务设计	评价方式			
			纸笔评价	选择性反应式评价	表现性评价	个别交流式评价
数学知识的内容进阶	计时法、年月日、四季的周期性等	任务一：完成单元素养测评 任务二：完成课时题组练习	√			
核心素养进阶	时间量感	任务一：单元学习前，围绕8个问题展开研究和实践 任务二：介绍和年月日有关的知识；说一说一年、一月、一日的长度		√	√	
问题情境的复杂程度进阶	生活事件、古代历法、立杆测影、滴水实验、体育中的计时等	任务一：制作活动日历 任务二：搜集资料，了解土圭之法、二十四节气、古代计时工具			√	√
情感态度进阶	积极参与、交流表达、家国情怀	任务一：我的一天时间规划 任务二：制作时间尺		√		√

（三）单元学习任务的评价量规

水平	进阶变量（基于SOLO分类理论）			
	数学知识的内容进阶	核心素养进阶（量感）	问题情境的复杂程度进阶	情感态度进阶
水平0 前结构	不知道年、月、日，无法准确读出日历，无法理解24时计时法。	不能感受到时间的特性。	时间安排不合理。	不知道珍惜时间，无法养成良好作息习惯。
水平1 单点结构	知道年、月、日，能准确读出日历；知道24时计时法，能准确读出24时计时法的时间。但无法顺利将24时计时法和12时计时法进行转换。	能体会到时间量感的某一维度。	时间安排合理，没有考虑到睡眠、体育锻炼、学习、用眼卫生等要求。	知道珍惜时间，了解古代计时工具。

267

续表

水平	进阶变量(基于SOLO分类理论)			
	数学知识的内容进阶	核心素养进阶（量感）	问题情境的复杂程度进阶	情感态度进阶
水平2 多点 结构	能内化所学知识,也能将两种计时法进行转换。但对于理解年、月、日之间的关系,感悟土圭之法及四季变化等有困难。	能体会到时间量感的不同维度,但无法建立起关联。	能用所学内容安排作息时间,可以考虑到睡眠、体育锻炼、学习、用眼卫生等一到两项的要求。	养成良好作息习惯,初步感受到古人的智慧。
水平3 关联 结构	知道年、月、日之间的关系,感悟四季变化;愿意主动了解土圭之法及二十四节气。	能体会到时间量感的不同维度,如对时间长短有感知,对时间先后有感知,且能建立起关联。	时间安排合理,较为合理地安排多项活动的作息时间和活动时长。	能感悟到时间的周期性变化,有好奇心,愿意主动查找资料解疑。
水平4 抽象 结构	知道闰年和大、小月并会进行判断;能将两种计时法进行转换。知道年、月、日之间的关系,感悟四季变化;经查资料,能理解土圭之法及二十四节气的特点。	能整体把握时间概念,体会到时间量感的不同维度,对时间长短、先后有感知,理解时间是如何度量的,理解合适的时间做合适的事情。	时间安排合理,可以考虑到睡眠、体育锻炼、学习、用眼卫生等三项及以上的要求。能较为合理地安排作息时间和各项活动时长。	主动提出值得探究的问题,体会中国古代科学家孜孜以求的探索精神,感悟家国情怀。

学习任务不是一次课或一次活动就能完成的,而是会持续一段时间。有了以上进阶层级和评价量规,教师在组织活动和交流反馈作品时能够对学生情况有清晰的认识,也能关注和追踪学生在本阶段学习的进阶情况,实现"评-学-教"的一致性。

四、重构课时案例分析

感悟时间度量本质 弘扬中华优秀传统文化

——以衍展课"土圭之法和二十四节气"教学为例

一、教材和学情分析——明真知,知学情,定目标

新教材还未出台,我们根据课标要求,确定这一课时的以下学习内容。

1.了解土圭之法:(1)土圭由哪几部分组成?它的用途是什么?(2)如何用土圭准确划分一年四季,并确定二十四节气? 2.了解二十四节气:查找资料,了

解二十四节气及与之有关的故事、传说等,体会中国古代劳动人民依据太阳运动周期划分四季与节气从事农事生产的智慧,感受度量时间的意义。3.了解"立杆测影":参考资料,了解一段时间内影长的变化,交流发现及感受。

同时对学情进行分析和预估。1.学习经验(学科能力水平):学生已初步了解年、月、日以及平年、闰年的相关规律,初步经历创造的过程。三年级的小学生已经具备了一些基本的活动经验。他们能够在活动中发现问题并主动运用所学的知识与技能解决问题,能够主动思考,遇到问题愿意与小伙伴交流,能够较为有条理地表述自己的研究成果。2.学生兴趣与需求:"土圭之法和二十四节气"是"年、月、日"单元的终篇,学生有一定的兴趣。课堂上要创造机会,让学生在探究年、月、日相关知识的过程中,通过感知、观察、比较、计算、推理等一系列活动,增强发现问题和提出问题的意识与能力,培养创新意识、推理意识、模型意识和应用意识等数学核心素养。3.学习本课时可能遇到的困难:学生在查找资料时,可能难以理解其含义,需要家长、老师或小伙伴的帮助。

根据教材和学情分析,确定本节课的教学目标如下:1.知道一年四季的重要性,了解中国古代是如何通过土圭之法确定一年四季和二十四节气的,培养家国情怀,感悟中国悠久的历史和农耕文明;2.在自主探究、合作交流的过程中巩固对一年、四季、二十四节气、月、日之间关系的认识,进一步感悟时间的意义和度量时间的必要性;3.能够积极参与活动、独立思考、解决问题,加深对数学知识以及数学与其他学科关联的理解,积累数学活动经验,感悟数学的应用价值。

二、教学实施——明方法,寻联系,悟意义

本节课主要通过对历史资料的查找、讲述及探究活动,引导学生进一步感悟时间、历法与太阳运动周期的联系,感悟中国悠久的历史和农耕文明。让学生通过对中国古代运用土圭之法判别四季的了解,进一步感悟时间的意义和度量时间的必要性。本节课设计了四个任务,引导学生阅读、探究、感悟。

任务一:初识"二十四节气"。

课前布置学生查阅二十四节气的相关资料。课上教师首先出示2022年北京冬奥会开幕式二十四节气的视频,让学生初步感受二十四节气,再出示《二十四节气歌》,引导学生找出节气,并说说关于二十四节气的知识。学生课前查阅资料,课中分享交流充分,在这过程中知道中国古代那些与时间量有关的概念的由来,培养了家国情怀,积累了学习经验,同时感受到中国古人的聪明才智和传统文化的博大精深。

任务二:自主阅读,了解土圭之法与二十四节气。

学生通过阅读资料卡了解了土圭之法的传说,即上古时期尧帝命两位大臣曦叔和和叔用土圭之法(也叫立杆测影法)测量得到了一个周期也就是一年有366天,后人们用闰月的方法调配月与年,划分出了春夏秋冬一年四季,然后又将一年划分出了二十四节气。同时学生还提出想了解的问题:

生1:土圭由哪几部分组成?它的用途是什么?

生2:如何用土圭准确划分一年四季,并得到二十四节气?

生3:为什么要划分一年四季,区分不同的节气?

学生带着问题自主查阅资料,合作交流了解古人如何利用土圭之法确定四季、划分二十四节气。

生1:土圭是一种古老的测量日影长短的工具。这种测日影长短的工具构造简单,主要包含了"表"(或髀)和"圭"两部分,就是垂直于地面立一根杆,通过观察记录它正午时影子的长短变化来确定季节的变化。

生2:把地球一年的运动轨迹划分为24等份,一年有12个月,每一个等份就是一个节气,一个月就有两个节气。

生3:节气实则分为"节"与"气",一年有12个节和12个气,每月有一节和一气。每个季节的开始,叫"立",有"立春、立夏、立秋、立冬"四个节气。春天和秋天过了一半就叫"春分"和"秋分",冬天和夏天过了一半就叫"冬至"和"夏至"。

生4:农耕时代,为了知道不同的农事所对应的时间,古人们积聚智慧,探究出度量时间的土圭之法。

生5:春分、夏至、秋分、冬至这四个节气是一年的关键节点。夏至日影最短,冬至日影最长,古人根据日影的长度得到了夏至和冬至,然后再通过均分确定春分和秋分,从而确定了一年四季。

以上任务学习,学生从典籍中去搜寻土圭之法的身影,提出问题生成探究任务,初步感受中国古代劳动人民在度量时间方面所表现出来的卓越智慧。教师结合学生搜集的知识内容指导学生进行资料整理,选择合适的方式呈现研究学习结果。引导学生经历克服困难获得成功的过程,鼓励学生个体和小组在解决问题的过程中提出独特的策略和方法,激发创造热情,形成创新意识。尝试用学过的知识解决简单的实际问题,体会数学的价值,提升应用意识。

任务三:合作探究,为什么要判别一年四季,划分二十四节气?

教师首先发布探究任务,学生小组展示交流。

小组1:这源于上古时期的农耕文明,人们需要知道何时春种夏耘秋收冬藏,以完成农业生产不误时节。

小组2:许多重要的节气被作为节日保留了下来。

小组3:人们根据不同的节气选择特殊的饮食,如冬至饺子夏至面、立春咬春与尝春。

小组4:以二十四节气为规律,进行养生,如:立春补肝,立夏补水,立秋滋阴,立冬补阴。

教师进行小结,指出划分四季和二十四节气,对于我们的生产和生活有着重要的意义。2016年,二十四节气被列入联合国教科文组织人类非物质文化遗产代表作名录,它也被誉为国际气象界的"中国的第五大发明"。北京2022年冬奥会开幕式在世人面前展现了我国的二十四节气文化,让全世界见证了中国古人的聪明才智和中国传统文化的博大精深。

以上教学,通过探究了解划分一年四季及二十四节气的意义,进一步强化学生的时间量感,使其感悟中国悠久的历史和农耕文明,感受中国古人的智慧与创造,培养家国情怀,树立文化自信。

任务四:合作探究,一年四季、二十四节气与学过的年月日有什么关系呢?

学生独立完成学习单(部分如下图),并进行交流。在此基础上让学生了解古代的计时方法和工具,在《劝学》中找到计时法的知识,让24时计时法的知识横贯古今。

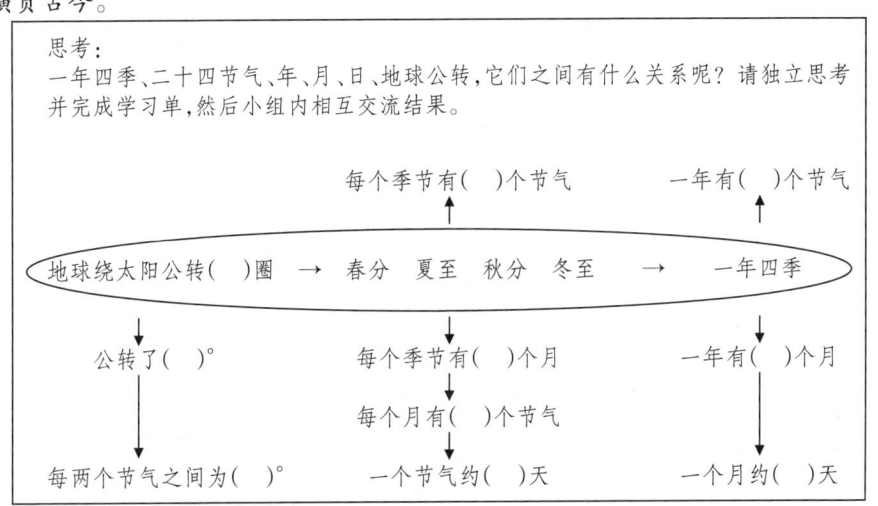

思考:
一年四季、二十四节气、年、月、日、地球公转,它们之间有什么关系呢?请独立思考并完成学习单,然后小组内相互交流结果。

每个季节有( )个节气　　　一年有( )个节气
↑　　　　　　　　　↑
地球绕太阳公转( )圈 → 春分　夏至　秋分　冬至 → 一年四季
↓　　　　　　　　　↓
公转了( )°　　每个季节有( )个月　　一年有( )个月
每个月有( )个节气
↓　　　　　↓　　　　　↓
每两个节气之间为( )°　一个节气约( )天　一个月约( )天

以真立教——"真数学"教学主张的实践与探索

除了我们这节课认识的土圭法计时,你还知道哪些计时方法和工具?

圭表　日晷　刻漏

水运浑天仪　水运仪象台

不论是古代的圭表、日晷、漏刻,还是现代的机械钟、电子表,它们都代表着一个时代对于光阴的无限追求。

课末让学生自主提出问题。有的学生提出土圭除了能计量时间,还能定方位。它是如何定方位的呢?这引发了学生课后持续的探究。课后教师设计了如下作业对学生进行评价,通过多形式、多主体的评价方式促进学生的发展。

基础加油站

1.巧解成语

有一个词语叫"每时每刻",一刻也是个时间词,每刻等于现在的十五分钟,那么下午五时三刻就是(　　　),用24时计时法表示为(　　　)。

2.数九小能手

了解《夏至数九歌》,用擅长的方式分享给身边的人,作业来稿形式不限。

能力训练营

3.一起来做"夏至面"

让爸爸妈妈带你一起动手揉面团,抻面,把煮熟的面条捞起来在清凉的水里过过水,做一碗美味的"夏至面",体验劳动的快乐吧!(用自己喜欢的方式记录下来)

4.制作春分书签

评价目标:考查学生对画面布局、色彩搭配的掌握。

评价内容:制作节气主题书签,尺寸为15 cm×6 cm,需自挖孔加上挂绳。

评价标准:一张书签自选一个节气词,图文并茂、色彩鲜艳、布局完整则得3星。

拓展提升营

5.自然观察员

夏至的十五天分为三候:一候鹿角解,二候蝉始鸣,三候半夏生。意思是说:夏至日来了,鹿角脱落了,自然界中的蝉儿开始鸣叫了,半夏也纷纷萌芽。夏天,是万物飞长的季节。热爱自然的小朋友们,快快带上你的好奇心去感受吧,对你最感兴趣的事物做进一步的探索,写下属于你的自然观察日记!

评价量规		
学生自评	完成时间	我用_____分钟完成了作业,从_____到_____(用24时计时法填起止时间)。
	完成方式	□独立完成　□同伴互助　□师长帮助
	效果自评	我对这次作业:□非常满意　□满意　□一般　□不满意
	学有所思	亲爱的同学,恭喜你完成了作业! 你有什么收获、疑问和想探究的问题呢?如果有,就写一写吧。 我的收获: 我的疑问: 我想探究:
家长评价	综合评价	□预学认真　□字迹端正　□检查认真 □专心细致　□善于思考　□积极交流 家长说:_____
同伴评价	综合评价	□端正整洁　□过程完整　□积极互动　□乐于探究 同学说:_____
教师评价	星级评价	□书写整洁★★　　□解答正确★★ □灵活应用★★★　□方法多样★★★
	激励评价	□进步快:前进的路上一直有你,你是最棒的! □书写美:书写端正整洁,是大家学习的榜样! □方法好:思维活跃,有创意,老师特别欣赏! □质量高:过程详实,方法多样,正确率很高,给你点赞!
	等级评价	□A⁺　老师说: □A □B

问题解决是创新素养的根本指向。本节课教学让学生在课前进行观察探究,分小组汇报交流,实现资源共享。学生能够发现问题、提出问题,在汇报交流中产生思维碰撞,从而选择合适的方法去解决问题。在学习单中,设置开放性的题目,如"我是这样探究的""我还有哪些困惑",激发学生思考,指向问题的解决,学生的创新素养得到培养。教师组织学生用设计手抄报、制作海报等方式展示古代的计时工具和计时工具的演变历程,立体呈现了计时法发展变化的文化历史脉络,很好地体现了数学文化的科学教育价值,也引导学生感受到每

一次的科技进步与飞跃都蕴涵着古代劳动人民独特的智慧和人类创造性思维的升华,拓宽了学生的文化视野,进而有效地将数学文化扎根于学生的认知结构中,使其深刻体会到计时工具的多样性,感受到古人的智慧和科学的进步,既使学生巩固了所学知识,又增加了数学文化的科学教育价值,也丰富了学生的精神世界。

以上单元教学方案设计,分别围绕数的运算、图形与几何、综合实践的核心素养要求,以培养学生的数感、运算能力、空间观念、综合实践能力为目标,做到真知、真教、真学、真评一体化。具体如下:真知体现在通过分析课标的学业要求、内容要求,通过纵向、横向对比分析教材,实现单元知识结构化,让教师在教学中能够准确深刻地把握数学知识结构体系,以更好地进行教学设计和教学实施;分析学生的已知、未知和困惑点、学习障碍点,设计学习路径,实现真教、真学;设计单元评价方案,对学生的学习过程、学习效果进行过程性和总结性评价,以评促教,以评促学,实现真评。

参考文献

[1]杜娟,荣维东."真语文"的特质、品质和标准--2013年度语文论著评析之十一[J].中学语文(教学大参考)(上旬),2014(11):10-13.

[2]张先华.从陶行知"求真教育"深度解读真语文内涵[J].语文建设,2013(19):22-25.

[3]陈成龙.真语文是"真知""真教""真学"的融合[J].语文建设,2013(9):13-18.

[4]张霞玲.真教:让学生从"真知"走向"真智"——以苏教版六上"长方体和正方体"单元教学为例[J].江苏教育,2018(65):53-55.

[5]王素云,代建军.真实性学习研究述评与展望[J].教育参考,2021(2):29-35.

[6]冯卫东.为"真学"而教:优化课堂的18条建议[M].北京:教育科学出版社,2018.

[7]李政涛.活在课堂里[M].上海:华东师范大学出版社,2023.

[8]于丽萍.基于标准的教学:"教-学-评一致性"区域实践[M].北京:中国社会出版社,2021.

[10]于雪棠.词源学视角下"真""真人""真知"意蕴发微[J].清华大学学报(哲学社会科学版),2022,37(1):178-186.

[11]刘臻."真知"教学追寻教学的本质[J].中国教工,2018(12):43-44.

[12]姚月红.真学习真评价——综合实践活动课堂真学习评价的实践研究[J].小学教学研究,2021(24):43-44.

[14]孔伟."为理解而教"教学模式的实践探索[J].江汉学术,2013,32(4):49-53.

[15]邹开煌.行知名言导读:千教万教教人求真,千学万学学做真人[J].福建陶研,2021(2):11-12.

[16]刘易.论"真语文"观[D].湖北师范大学,2016.

[17]唐少雄."本真数学"教学主张及构建实践[J].小学数学教育,2019(7):7-10.

[18]周秋英.周秋英:我追寻的"本真数学"[J].教育研究与评论(课堂观察),2020(1):2.

[19]杨波,李艳丽.打造"四循五环"的课堂样态 追寻"本真课堂"[J].黑龙江教育(教育与教学),2021(11):13-14.

[20]卢芬.践行出真知 教学真善美[J].中学教学参考,2019(30):56-57.

[21]李重著.贾志敏语文教学艺术研究[M].福州:福建教育出版社,2016.

[22]夏雪梅.项目化学习设计:学习素养视角下的国际与本土实践[M].2版.北京:教育科学出版社,2021.

[23]关雪梅.建构主义学习理论下"区块链+会计"课程框架构建[J].经济师,2022(1):205-208.

[24]周文叶.中小学表现性评价的理论与技术[M].上海:华东师范大学出版社,2014.